Los documentos secretos de los Legionarios de Cristo

José Martínez de Velasco

Ediciones B
GRUPO ZETA

Barcelona • Bogotá • Buenos Aires • Caracas • Madrid • México D.F. • Montevideo • Quito • Santiago de Chile

1.ª edición: octubre 2004
1.ª reimpresión: agosto 2005

© José Martínez de Velasco, 2004
© Ediciones B, S.A., 2004
    Bailén, 84 - 08009 Barcelona (España)
    www.edicionesb.com
    www.edicionesb-america.com
    www.edicionesb.com.co

ISBN: 84-666-1886-4

Impreso por Imprelibros S.A.

Todos los derechos reservados. Bajo las sanciones establecidas en las leyes, queda rigurosamente prohibida, sin autorización escrita de los titulares del *copyright*, la reproducción total o parcial de esta obra por cualquier medio o procedimiento, comprendidos la reprografía y el tratamiento informático, así como la distribución de ejemplares mediante alquiler o préstamo públicos.

Los documentos secretos de los Legionarios de Cristo

José Martínez de Velasco

A mi madre, in memoriam

A través de los años he hablado repetidamente sobre este tema (la discreción), pues ya desde los primeros momentos de la fundación me di cuenta, con la ayuda de Dios, de la necesidad de esta virtud, cristiana y humana, sea para lograr imitar a Jesucristo por medio del cumplimiento fiel de sus enseñanzas sobre la caridad, la vigilancia y la prudencia; sea como una insustituible táctica de acción para proteger debidamente a la Legión y al Movimiento, su espíritu, sus miembros y sus iniciativas apostólicas.

*Fragmento de una Carta
de Marcial Maciel sobre la discreción*
(fechada en Roma, el 27 de octubre de 1988)

Hasta la muerte por la verdad combate, y el Señor Dios peleará por ti.

Eclesiástico 4, 28

PRESENTACIÓN

Los acusadores de Marcial Maciel hemos sorteado barreras infranqueables de intereses sociales, políticos y económicos para llegar a la publicación de nuestra verdad, nuestro dolor autorreprimido y la realidad de un depredador con disfraz de cura. Al volver la vista atrás, tenemos la impresión de haber escalado un monte Everest mortalmente adverso. A pesar de que no han podido acusarnos de falsedad, nadie quería hacerse eco de nuestras denuncias contra el pederasta Marcial Maciel Degollado, fundador de los Legionarios de Cristo. No obstante, los apoyos fueron apareciendo con el paso de los años, gracias a quienes ofrecían respaldo a los débiles aun arriesgando posición social y económica. Así apareció un primer libro, *Los Legionarios de Cristo. El nuevo ejército del Papa*, obra de un tenaz investigador que, removiendo cielo y tierra, encendió las alarmas sobre la realidad *macielita*.

Lo más sorprendente es que su autor, José Martínez de Velasco, encontró el hilo conductor al cruzarse casi milagrosamente con gente que había pertenecido a la secta legionaria y que seguía sufriendo las secuelas psicológicas de la esclavitud. La obstinación del analista también ha hecho posible la obra que tengo el honor de presentar, *Los documentos secretos de los Legionarios de Cristo*, la historia documentada de tanta atrocidad en el seno de la Iglesia. No es un libro de ficción. Si lo fuera no sorprendería tanto. Se trata de la realidad vergonzosa de un cura que en los hechos demuestra que «su reino sí es de este mundo», alguien que se ha burlado de lo más sagrado que tenemos los humanos, Dios, la Iglesia de Jesucristo, la fe, la sociedad y el mismo Papa.

La tenacidad de José Martínez de Velasco logra sacar a la luz una realidad que ya se sospechaba: el fraude monumental de un Maciel camaleónico, enquistado en las estructuras eclesiales, creador de un culto exacerbado a su persona basado en aberraciones que sólo pueden explicarse en alguien que no cree en Dios.

El lector encontrará la exhibición paradójica de un fundador religioso «paranoico de poder», con sus miles de artimañas para presentarse ante la sociedad con el disfraz convincente y conveniente.

Si el dramaturgo Jean Baptiste Poquelin, alias Molière, hubiese topado con Marcial Maciel, seguramente habría enloquecido de placer gritando tantas veces el «¡eureka!» de Arquímedes. Habría encontrado al Tartufo ideal, más notable que su propia creación literaria y enriquecido con variantes que no tiene el original. Porque sin duda Marcial es un auténtico Tartufo de hipocresía probada y habilidad para mentir, que aparece aun en escritos por encargo; de increíble facilidad para limosnear inventando apostolados o misiones hiperbólicas; de cinismo audaz para presentarse como intelectual cuando no cursó primaria (sin ser un autodidacta); de habilidad reconocida para la representación y el engaño, con la ambigüedad sempiterna justificando las más bajas pasiones, perdido en sus viajes de morfina que pretende disfrazar de misticismo...

Para representar a este Tartufo de sotana recurriremos a un concepto que lo define sin ayuda de otros componentes: la «ambigüedad». Ambiguo desde su nacimiento fue perfeccionando dicha tendencia genética en el transcurso de su niñez y adolescencia, acuciado por dificultades que debió sortear en su medio hasta convertirla en el distintivo dominante de su persona. Es natural que un niño con tendencias homosexuales sufriera la pasión de Cristo en esa sociedad cuáquera de principios del siglo XX, reaccionaria y fundamentalista, rabiosa contra todo lo que se apartara de los cánones únicos señalados por la Iglesia católica.

Nadie puede ignorar la influencia definitiva del «instinto sexual» en la formación o definición de caracteres, las huellas dactilares que los expertos reconocen fácilmente y que distinguen al individuo de los demás, y que en el caso de Marcial Maciel explican sus locuras y aberraciones. Ortega y Gasset define al ser humano como «el hombre y su circunstancia». Pues bien, se aplica de maravilla a Maciel, que de niño sintió precozmente el aguijón de la carne al revés, ofendiendo la ortodoxia de su comunidad. Fue sorprendido muchas veces mientras disfrutaba de juegos sexuales con niños, no con niñas, por lo que era castigado invariablemente. Las normas eran estrictas para lo que fuese o pareciese indicio sexual, no digamos para la homosexualidad abierta. Si la inclinación lo hubiese arrastrado al juego con niñas, habría cometido pecado mortal, muy grave en sí y, en consecuencia, de condenación eterna, pero tratándose de niños era una perversión humillante para la familia.

Esta circunstancia moldeó el carácter de Marcial con el distintivo más destacado y perceptible de su personalidad a lo largo de toda la vida: la homosexualidad. Fue determinante para que el niño discurriera engaños, inventara historias piadosas, buscara escondites, ideara justificantes que lo salvaran de las palizas. Pero ante todo fue la razón para que buscara refugio en el seminario y (esto es lo más sorprendente), una vez expulsado, para que fundara una organización propia donde viviría cómodamente sin trabajar, dando pábulo a sus instintos paidófilos sin que la sociedad pudiera castigarlo ni la autoridad eclesiástica recriminarlo. Fantástico camuflaje que a la vez le sirvió de excusa y engaño. ¿Quién podría acusarlo por manipular a sus niños durante la dirección espiritual? Y aun fuera de ella, ¿quién podría notarlo?

¿O acaso podría atribuirse su obra a la fe? Es decir, ¿podríamos esperar hallar fe en alguien que peca en la sexualidad «contra natura» y obliga a pecar a sus discípulos, para luego mandarlos a comulgar con tanta serenidad sin mediar el sacramento del perdón? ¿O cuando él mismo les administra la inútil absolución *absolutio complicis*? La fe no podría moverlo a las prácticas sacrílegas, ni a los engaños que jugó a sus superiores jerárquicos, ni a la desobediencia, como hizo por sistema durante toda su vida, y en especial durante la investigación de 1956. Esta circunstancia fue perfilando al joven para organizar su culto, que no el aprendizaje académico con el que nunca pudo. Aquí se fraguó el falsificador de cartas, el estudiante perezoso, el inventor de historias, el comprador de influencias y servicios indecorosos, el negociador de bendiciones papales, el vendedor de dignidades compartiendo la simonía vaticana y, por encima de todo, el burlador de la autoridad eclesiástica, donde se moldeó el actual criminal pederasta.

Ante la contundencia de las denuncias, no le quedó más remedio que insistir en sus mentiras, hasta que un tribunal civil se lance a la tarea de juzgarlo y condenarlo, ya que la Santa Sede ha hecho oídos sordos a las acusaciones. La ignorancia es audaz; la de Marcial Maciel fue práctica, y sigue ejerciéndola con tozudez. De lo contrario no podrían explicarse los chascos reiterados, tantos errores logísticos para defenderse y la infinidad de mentiras, que el propio periódico *Hartford Courant* aceptó: por ejemplo, las dos cartas apócrifas atribuidas al franciscano Polidoro van Vlieberghe, antiguo obispo de Illapel en Chile, presentadas en diciembre de 1996 como descargo. Luego tuvo el descaro de presentar un perito en grafoscopia que afirmara autenticidad en las groseras falsificaciones. Siempre hay peritos banales que sostendrán como verdades las mentiras que pagues.

La también falsa carta presentada a los jesuitas de Comillas y supuestamente proveniente del cardenal Joseph Spellman de Nueva York en 1949. Otra carta falsa para el cardenal secretario de Estado, Clemente Míccara, quien ya gravitaba entre sus amistades muy cercanas, en la que el gobierno de México pretende la designación de su amigo monseñor Fernando Ruiz Solórzano para el arzobispado de México; carta que ordena a Salvador Andrade, entonces estudiante de juniorado, entregar al secretario de Estado del Vaticano para no arriesgar el pellejo en caso de ser sorprendido.

No se puede pasar por alto su «carisma sexual», que sin duda fue el agente de sus mejores logros económicos y de relaciones humanas. Mucho se ha esforzado en hacerlo aparecer como carisma místico. Inició el método desde niño y lo perfeccionó de adulto. Una faceta que desorienta al desconocedor por considerarlo «maniático sexual», distinto al diagnóstico del psiquiatra Ernesto Lamoglia, quien lo define como «paranoico de poder», alguien para quien todo es instrumental, la sexualidad depravada, la vida humana, la religión, el sacerdocio católico, la fe y el uso discrecional del dogma, lo que sea, en aras de lograr su cometido dorsal, sin descartar la inclinación andrógina dominante como proveedora de placer.

Analizando textos que él mismo hizo imprimir, descubrimos el trasfondo sexual como una constante, un «método y medio» eficaz para lograr su objetivo: el poder. Quien lea *Fundación en perspectiva*, una «hagiografía» escrita por el legionario Alberto Villasana y dictada por Marcial, encontrará infinidad de circunstancias que no tienen otra explicación. Citaré algunas: dentro de un cúmulo de contradicciones, de las que nunca se percata, describe la expulsión del seminario de Moctezuma. Va a México en busca de su supuesto tío, el obispo de Cuernavaca Francisco González Arias. Al no encontrarlo en Cuernavaca, se dirige a Veracruz, adonde viajó el obispo por motivos de salud. En un pueblito del camino, San Salvador el Seco, baja del autobús con todos los pasajeros a comer. Sentado a la mesa, está una persona que parece sacerdote y viaja en dirección opuesta, de Veracruz a México. Terminó siendo el obispo que buscaba. ¡Maravillosa coincidencia!, tan providencial que se ve artificial hasta el dobladillo, fue el obispo que lo ordenó el 26 de octubre de 1944, sin que, de acuerdo a su propio dicho, haya vuelto a pisar un seminario.

Al pretender que ambos viajaban en direcciones opuestas y la providencia los alcanzó, presupone tantos imposibles que resulta inverosímil, al punto de parecer más bien una luna de miel de dos enamorados, uno de veinte años y el obispo de sesenta y cinco, que fueron al puerto y elaboraron la historia para justificar la aparición de ambos juntos en la curia de Cuernavaca. Los aires marinos oxigenan la libido, aparte de esconderlos en el anonimato. Y puede preguntarse: ¿qué impulsó al obispo a desobedecer el Derecho Canónico exponiendo su puesto para ordenar a este joven de veinticuatro años, sin estudios y sin estancia en el seminario? Los datos parecen gravísimos si consideramos que es quien lo suspendió *a divinis* por la queja del señor de la isla. Podría tratarse de abuso sexual, ¿o también influyeron los celos del prelado?

Un incidente personal sugiere vivamente esta reflexión, cuando Marcial me llevó a Acapulco a una residencia lujosa de la familia Pasquel, con vistas a la bahía, piscina y aire cálido, donde desplegó su atractivo para seducirme. Igual sucedió cuando el mismo año 1962 me llevó al lago de Tequesquitengo en el estado de Morelos, donde el acoso me obligó finalmente a abandonar sus filas. Se equivocó conmigo, pero expuso el añejo hábito bajo el que podemos analizar su conducta en el incidente que relata con el obispo González Arias.

¿Qué argumentos tendría bajo la manga para obligar a este obispo a desobedecer el Derecho Canónico y violentar su conciencia de «supervisor»? La causalidad es clara si consideramos un chantaje moral, algo tan grave que sometería su resistencia para tomar tantos riesgos, no sólo sobre su conciencia, sino sobre las repercusiones canónicas y la misma destitución de su cargo. La ordenación fuera de la diócesis de por sí se presta a suspicacias. Bajo estas premisas, sólo una relación amorosa explicaría el enredo, y no los misticismos que pretende Maciel.

Este incidente significó el comienzo en su carrera ejerciendo el «carisma sexual»; luego lo probaría con bienhechores, hombres y mujeres, hasta llevarlo a personajes de la curia romana y a cuantos juzgaba que pudieran servirle, sin olvidar a sus niños, claro está. Caso de Talita Retes, que le dona una cantidad muy considerable para la fecha («toda su fortuna, 600 pesos de oro») siendo un seminarista de veinte años, joven y desconocido, expulsado de los seminarios donde militó; luego viene la hija del señor Zapata, dueño de la fábrica Corona, y siguió Flora Barragán de Garza, sin excluir posibles relaciones con otros bienhechores, como la que atribuyen a Santiago Galas.

Las damas bienhechoras nunca coexisten ni son llevadas a los claustros juntas, sobre todo las más ricas (¿quizá para evitar un antagonismo de celos?), y pasan al olvido cuando surge la siguiente. Fue el caso de Talita Retes, que desaparece como todas. La importancia económica decide su suerte; la siguiente ofuscará a la anterior, sin importar aquella gratitud tan exigida a sus discípulos. El punto no puede menospreciarse.

Hubo una dama de la que recuerdo sólo su apellido, la señorita Gómez, muy perspicaz, cetrina, en silla de ruedas, que vivía por la avenida Revolución. Una vez vi a Marcial tratar a esta mujer segura de sí misma, de unos cuarenta años de edad. Desde el saludo a la despedida, la señorita lució una sonrisa crítica que exhibía conocimiento de secretos, por lo que él se mostraba esquivo y lejano, buscando acelerar el mal paso, mientras ella parecía disfrutar de la inseguridad soltándole frases que yo no entendía y que producían desconcierto en el *santo* de treinta y dos años. Crecía la sonrisa irónica, o la ironía en la sonrisa, mientras más desconcierto mostraba Marcial, tartamudeando, buscando respuestas que lo sacasen del atolladero sin ser convincente.

En los anales de la Legión ordenados por él no quedó huella ni memoria de la señorita Gómez, ante quien perdía su natural aplomo y dominio del escenario. Tampoco me extrañó el dato. También Flora Barragán de Garza fue tornada al olvido, pero sólo cuando ya la había desplumado de su fortuna. Y lo mismo con tantas otras que engordaron la lista de ingratitud, esa virtud que Marcial no se hartaba de exaltar como «rara y hermosa entre los humanos», y que nos exigía a todos con escrupulosa perseverancia.

Posteriormente aparecieron los dignatarios del Vaticano, como los cardenales Giuseppe Pizzardo, Carlo María Confallonier, Clemente Míccara, Amleto Giovanni Cicogniani y su hermano Gaetano, Nicola Canalli... y tantos otros.

Con esto no pretendo decir que sólo su «carisma sexual» conquistó a los personajes del Vaticano y otros muchos del mundo político y académico. También los compró «tintineando los centenarios de oro», de acuerdo con la vieja sapiencia revolucionaria de Álvaro Obregón: «Los cañonazos de 50 mil pesos.» Tanto engaño en su vida da la impresión de ser «el engaño a la carta» lo que su interlocutor deseara.

En su vida sobresalen acciones en yuxtaposición de imágenes para su proyecto pantalla, camuflando el otro proyecto socavado (su «Paraíso individual», del que no hablaba), a través del supuesto «llamado de Dios» para fundar una obra nueva que salvaría a la humanidad. ¡Habiendo tantas y tan eficientes órdenes religiosas y seminarios del clero secular, sólo la suya tendría la virtud de salvar al mundo...! Una ojeada a las estadísticas nos ofrecen el alcance de la salvación aportada al mundo durante sesenta y tres años de «apostolado». Veamos:

Originalmente planeada como obra misionera, dio un giro hacia la docencia cuando advirtió que allí está el capital, no en las misiones donde se debiera invertir sacrificio y dinero, sin lucir para nada en la sociedad. Mientras que publicita infinidad de universidades y escuelas, sólo puede exhibir una misión, la de Quintana Roo en México, fachada para exagerar el apostolado. Si fuese verdad lo providencial de su obra, ¿por qué la religión católica ha perdido tantos adeptos en México y Latinoamérica?

No obstante, la presenta como «nueva arma para extender el Reino de Cristo». Los que vivimos y sufrimos *intramuros* su engaño conocemos la verdad. Si confiamos en la estadística, también debemos aceptar la consecuencia: la Legión poco o nada ha hecho para extender el Reino de Cristo. Todo lo contrario, ha contribuido a desterrarlo con su elitismo discriminante. Tampoco su organización tiene algo de nueva ni ha revolucionado la religión, como señala su hiperbólica publicidad, dando pruebas inequívocas de un conservadurismo opuesto al concilio Vaticano II.

Cabría preguntarse el papel que desempeñan sus escuelas y universidades: no se ve otro que el de EMPRESAS proveedoras de jugosos capitales para sus caprichos y la compra de influencias. Como negocios, le aportan beneficios pingües debido a los mínimos gastos, ya que son manejados con una cuerda de esclavos de votos religiosos, mano de obra «gratis», que sirven de ayuda incalculable para legalizar otros capitales ilícitos.

En sí mismas, nadie duda de que pueden considerarse buenas porque ayudan a combatir la ignorancia. Pero, como camuflaje, se trasforman en un fraude moral, que podría traer consecuencias jurídicas en el Derecho Internacional, dado que se aprovecha de personas engañadas y sometidas bajo el método del «lavado de cerebro», personas convencidas de que sirven a Dios cuando están a su camaleónico servicio. Así pues, por ningún lado aparece el engrandecimiento del Reino de Cristo, ni otro beneficio relacionado con apostolado eclesial alguno.

Continuando en México, donde tiene también el mayor número de estas «Empresas de Enseñanza» (que no educativas), tampoco ha dado réditos con los beneficios publicitados. Por el contrario, ha traído gran desprestigio a la institución religiosa y a la misma Santa Sede, con los innumerables escándalos de pederastia surgidos en ellas. Y sobre todo por las insistentes sospechas de sus nexos con el dinero ilícito, en cualquiera de sus modalidades, para bautizar capitales provenientes del crimen, lo que el mundo llama «blanqueo de dinero» del narcotráfico.

Son notorios los paraísos fiscales, gracias a la indiferencia de autoridades civiles y la negligencia y complicidad de las vaticanas. Innumerables voces señalan a la Santa Sede como cómplice de Maciel, porque se ha negado sistemáticamente no sólo a revisar el caso, sino también a someter a juicio al «santo fundador» denunciado por ocho de sus antiguos discípulos, quienes actuaron formalmente en juicio canónico ante la Sagrada Congregación para la Defensa de la Fe, comandada por el cardenal Joseph Ratzinger, el 18 de febrero de 1999.

El prefecto afirmó que «no se podía procesar a un amigo tan cercano al Papa como Marcial Maciel», y por lo tanto, el juicio canónico quedó congelado, esperando la muerte del Papa o la del acusado. Es decir, quieren que Dios los saque del atolladero, por lo que su complicidad es más que evidente y probada.

Sin duda el capítulo más relevante aparece como la

«complicidad de las autoridades vaticanas». Hasta el momento jamás han declarado inocente a Maciel, ni él mismo ha presentado documento alguno que lo demuestre. Por el contrario, el impedir un proceso canónico constituye la mayor evidencia de complicidad. Tampoco debería extrañarnos que apareciese un documento apócrifo (¡otro más!). Cuando la Santa Sede lo protege a pesar del Derecho Canónico, nos obliga a dos reflexiones:

Primera: estamos presenciando la práctica anticristiana y antisocial, condenada en el Evangelio, de la «acepción de personas», teniendo en cuenta la «praxis milenaria del Derecho Canónico» en la Iglesia.

Segunda: la complicidad incuestionable con la administración vaticana y, por lo tanto, con la misma Santa Sede. En este momento ya hay voces, especialmente de los medios norteamericanos, que afirman que esta complicidad llegaría al propio Papa, a quien consideran culpable de encubrimiento. Prefiero cerrar los ojos ante esta hipótesis tan dolorosa y abandonar este perfil agónico.

A nadie escapa que si tanto autoridades religiosas como civiles quisiesen investigar, encontrarían infinidad de formas inequívocas para descubrir la verdad. Las civiles aún están fuera de sospecha al no tener denuncias formales que proseguir; las religiosas ya habrían cuestionado a monseñor Polidoro van Vlieberghe sobre la autoría de las cartas que Maciel le atribuye, en acusaciones formuladas ante el diario *Hartford Courant* de Connecticut el 23 de febrero de 1997.

Ambas autoridades podrían investigar con lupa los cuantiosos capitales de las empresas de enseñanza de Marcial; la suspensión *a divinis* impuesta por el obispo de Cuernavaca (que nunca pudo revertir), la misma ordenación ilícita, de acuerdo con el Derecho Canónico, testimonio del propio Maciel y que muchísimos legionarios escuchamos de sus labios. Asimismo, podrían alentar a ex legionarios para que, dejando al margen los cerrojos psicológicos y las conveniencias sociales o económicas, se decidieran a hablar sobre sus propias experiencias, como lo hemos hecho tantos que «sufrimos persecución» por decir la verdad; documentar a satisfacción «las deserciones» de religiosos y sacerdotes para establecer no sólo el número de unos y otros, sino las causas reales que les obligó a abandonar la legión de Cristo y en la mayoría de los casos hasta perder la fe, así como las dificultades en que Marcial o sus legionarios han envuelto a quienes han querido incardinarse al clero secular.

Para impedir que el diario estadounidense publicara las acusaciones formuladas por medio de su vocero Owen Kearns, Maciel presentó un documento de 73 páginas donde levanta la voz con un argumento dominante: «¿por qué ahora?», aparte del peritaje judicial que perdió para impedir la publicación, derrochando varios millones de dólares en el bufete jurídico Kirkland and Ellis. La excusa impresionó al periódico y le sirvió de escape momentáneo, pero lo atrapó para siempre. El «por qué ahora» no existe, ya que durante toda su vida han surgido innumerables acusaciones que por fin están saliendo a la luz, corroboradas en cartas y documentos que obliga a estudiar a sus discípulos. ¿Audacia o amnesia?

En el dossier llamado *Cartas de Nuestro Padre*, escritas por él o mandadas hacer, aparecen desde los primeros años de su fundación referencias a acusaciones, calumnias e incomprensiones. Es decir, las denuncias nunca han parado de fluir de acuerdo a su propio testimonio. ¿Por qué, entonces, mintió al diario? ¿Podría ser la única mentira en su vida? ¡Imposible! Su vida es una mentira continuada. Logró impresionar al periódico desconocedor de la verdad, no a los acusadores, sin recursos de acceso equitativo a los medios ni a la legítima capacidad de réplica. Pero al salvarse momentáneamente, quedó atrapado para siempre por su propia voz.

Ahora finge una amnesia muy conveniente sobre el hecho que lo liberaría de su propio gravísimo error. Ya no recuerda las 73 páginas de descargo, ni tampoco imaginó que algún día caerían en nuestras manos para hacer público el análisis de sus mentiras. La improvisación lo pierde, otra de sus características que le acarrea infinidad de descalabros, y éste fue otro de tantos, donde quedó hundido con más embrollos de los que pudo salvar.

Habla de la gran amistad y cercanía con que todos los papas lo han distinguido, pero olvida las desafortunadas predicciones emitidas sobre el cardenal Giovanni Battista Montini por sus «tendencias socialistas». Tampoco recuerda el pobre diagnóstico sobre Juan XXIII como «Papa de transición», quien «no está capacitado para llenar los zapatos de Pío XII», aparte de los famosos diálogos que nunca tuvo con el papa Pacelli, pero que usaba en su logística limosnera para impresionar a feligreses que no podían valorar tal proximidad con el Sumo Pontífice, engordando abundantemente sus recaudaciones. No obstante, la aparente cercanía con los papas, aunque fuese verdadera, no lo inmunizaba de cometer los crímenes que se le imputan.

Últimamente ordenó hacer un librito, por lo demás cursi, aburrido al delirio y plagado de mentiras. La intención manifiesta es replicar las acusaciones contenidas en *El Legionario*, que se han venido filtrando por distintos medios. Lo presenta como entrevista realizada por Jesús Colina, ex legionario y ahora miembro del Regnum Christi, empleado suyo: 152 preguntas y respuestas apologéticas, ordenadas (¿providencialmente?) para responder a las acusaciones de forma nada específica, sino adoptando un tono autolaudatorio, que muestra la práctica heroica de las virtudes y, por supuesto, la exculpación de las atrocidades que le echan en cara.

Es sabido que existió presión de la Conferencia Episcopal Mexicana por medio de su vocero, monseñor Abelardo Alvarado, quien instó a Maciel a que diera respuesta a las imputaciones contenidas en *El Legionario*. No obstante, guardó silencio, a excepción del libro que pretende ser una contestación indirecta, nada específica, estructurada de acuerdo con el propio libro acusador, y que en realidad nada responde, donde ofrece una relación asombrosa en la práctica de todas las virtudes, la mística y la ascética, la sabiduría divina y humana, los arcanos terrenales e infrahumanos, políticos y económicos, un fenómeno de erudición que nunca sospechamos tener tan cerca ni presenciamos en nuestra convivencia de varias décadas.

La supuesta entrevista nada responde en concreto ni encuadra como tal, sin formalidad ni pormenores, y sobre todo, sin preguntas que necesariamente haría un buen reportero que no se chupa el dedo. Además, el libro informa sobre virtudes jamás conocidas en él y un mundo de erudición, *de omni re scibili* («todas las cosas sabidas»), insólito en alguien que siempre dio muestras de desconocer el ambiente académico. Para obligarnos a exclamar, ¡*quantum mutatus ab illo!* («cuanto han cambiado los tiempos»), si fuese verdad. Nunca vimos siquiera que pudiese leer, menos aún en latín, ni que en su vida hubiese leído completo el Nuevo Testamento.

Es fácil colegir que un equipo de legionarios organizó el libro con retacería de todo lo escrito, quizá redactado posteriormente por Javier García, quien nos indigestó muchas comidas en Roma desde los años cincuenta mientras nos leía su producción literaria *Memorias de mamá Maurita*, en franca competencia con fray Justo Pérez de Urbel. Ni el estilo ni la ideología han cambiado (mentalidad fosilizada), porque Marcial impide el desarrollo intelectual. El psiquiatra y sociólogo, investigador de la Universidad Nacional Autónoma de México, doctor Fernando Manuel González, observó que los escritos de Maciel son verdaderas «hagiografías» de su persona, donde pudieran llover milagros con toda naturalidad.

Es lógico que quisiese hacer desaparecer todo rastro de su mala conducta, otro de sus males incurables, más frecuente que el prostático justificante de los abusos sexuales. Se trata de la amnesia y el fraude. Dualidad que lo dispone a olvidar las numerosas acusaciones compañeras de su vida, «su cruz» tantas veces aludida, compuesta sobre todo por «calumnias» abstractas, en vez de detallar su naturaleza y el engaño para rebatirlas: bien sabemos que se trata de abusos sexuales a niños, dependencia de la morfina, falsificación de cartas, falsificación de hechos y documentos, despilfarro de dinero, sobornos, posible blanqueo de dinero, narcolimosnas o servicios al *narco*, accidentes de tráfico y persecuciones policiales por su estado de ebriedad, invento de milagros e historias, las predicciones sobre los pontífices Juan XXIII y Pablo VI...

Predicciones que contrastan con la amistad íntima que, según él, sostuvo con Pío XII, quien lo hiciera su confesor personal hacia los últimos años de su vida. Una historia tejida al más puro estilo naíf, y de la cual nunca cobra conciencia (todos presenciamos evidencias contrarias y aún se pueden leer en los escritos que vende o regala al público).

Fue precisamente en este período, casi dos años antes de la muerte de Pío XII, cuando la Santa Sede inició la investigación de su persona, no sólo por los excesos denunciados por sus mismos discípulos, sino por la personal evidencia de su eminencia el cardenal Valerio Valeri, prefecto de la Sagrada Congregación de Religiosos, quien lo encontró aún babeante por la sobredosis de morfina en el hospital Salvator Mundi de Roma.

¿Sería creíble que este cura investigado por drogadicción e inmoralidad fuera confesor y amigo directo del Sumo Pontífice? Eran las historias que nos contaba de niños. Un individuo que intelectualmente no está preparado para valorar capacidades ajenas, ejerciendo un poder omnímodo y despótico sobre sus discípulos, que dispone de raudales de dinero a su antojo, ocupado en instrumentar su influencia en todos los niveles de la jerarquía eclesiástica y política, sin tener que rendir cuentas de los ingentes capitales que generan sus empresas de enseñanza, ¿podría estar dispuesto para el análisis y la autocrítica? ¡Menos aún para pedir perdón con humildad a la sociedad! Pero está proclive a defender, aun irracionalmente, cuanto atañe a sus pasiones y propósitos, actuaciones y acusaciones, y a dejarse marear por los humos del éxito en los tres órdenes de su único y verdadero interés: el económico, el político y el eclesiástico.

La impronta de Marcial Maciel ha sido devastadora en todas las naciones donde los legionarios tienen presencia. Han sido lamentables las experiencias de tantos niños que han sufrido abusos sexuales por los Legionarios de Cristo en México, Chile, Colombia, España, Irlanda y Estados Unidos. Operan bajo el principio enunciado: «Coloca en puestos de mando sólo a gente que actúa, piensa y siente como él», es decir, gente con los mismos vicios y las inclinaciones relacionadas con el abuso sexual de niños, que se cumple inexorablemente en cada escuela, en cada apostólica y en cada casa de formación sacerdotal. Los escándalos salen a la luz a pesar de los esfuerzos calculados por sofocarlos, y cada vez surgen más que ejemplifican el principio, para dolor y frustración de cuantos batallamos por frenar estos crímenes.

Ya cuentan con un caso reconocido ante la justicia de Estados Unidos, el sacerdote Jeremiah Spillane, quien fuera director del Colegio Everest de los Legionarios en Madrid. El caso es representativo dado el esfuerzo que desplegó su jefe para impedir que la justicia lo atrapara, y una vez atrapado, para silenciarlo, ofreciendo dinero al delincuente para que nunca confesara su origen legionario. Es difícil imaginar detrás de esas máscaras de santidad inmundicias de tal calibre. No sorprende especialmente encontrar por el mundo pederastas que la sociedad va recluyendo en cárceles, cuando los crímenes son tan notorios, o en centros de rehabilitación, cuando existe la posibilidad de cura para los infractores. Pero sí es irritante descubrir estos vicios parapetados y protegidos en la sotana, como nos muestra el documento redactado por el cardenal Alfredo Ottaviani en 1962, donde expresamente se ordena a los obispos del mundo el encubrimiento de los curas paidófilos.

Pero sorprende aún más, al denunciar tales crímenes a través del diario *Hartford Courant* de Connecticut y otros medios, que las autoridades volvieran a sacrificarnos ante la sociedad al tacharnos de mentirosos y resentidos, para cinco años después querer dar la apariencia de castigar la pederastia de sacerdotes en Estados Unidos, de forma nada convincente, ya que se niegan a escuchar las voces acusadoras en contra de Marcial Maciel o de sus legionarios. Aunque parezca inverosímil, ante tantas y reiteradas evidencias, no queda más que aplicar el terrible juicio de Cristo sobre la jerarquía eclesiástica implicada, por su complicidad comprometida o comprada, con el pederasta Marcial Maciel y sus legionarios: «[...] es necesario que llegue el escándalo, pero ay de quien lo genere, más le valdría atarse una piedra de molino al cuello y arrojarse al mar...».

Quienes denunciamos estos graves y ominosos delitos guardamos la secreta esperanza, casi con temor de desplegarla porque pudiese evaporarse a la luz, de que un día veremos a las autoridades civiles de España, Italia, Irlanda, Estados Unidos, o las de cualquier país donde se cometieron los abusos, sentando en el banquillo de acusados al magnate financiero Marcial Maciel, haciendo caso omiso de la protección y la complicidad vaticana y del mismo Papa. El episodio relativamente próximo del dictador chileno refuerza la fe en ello.

Por otra parte, el ejemplo de José Martínez de Velasco, que ha derrochado honestidad y esfuerzo intelectual por descubrir el gran fraude de la época, nos llena de grata exaltación, ya que gente de probada religiosidad y buena voluntad está uniéndose a la causa, lo que sin duda hará posible otro juicio futuro, el mejor de ellos, inapelable y equitativo de la sociedad cristiana sobre nuestra verdad, y que demostrará la perversión y crueldad que sufrimos quienes fuimos objeto de abusos.

Quiero terminar recuperando la idea inicial, con la gratitud grupal que quiere hacerse himno de tanta gente desinteresada, como José Martínez de Velasco, gracias a cuyo esfuerzo podemos soñar con una catarsis de justicia en esta vida terrenal, sin esperar a que Dios tenga que hacerla en el paraíso.

Abril de 2004
ALEJANDRO ESPINOSA*

* Alejandro Espinosa, ex legionario y uno de los que sufrieron y denunciaron abusos por parte de Marcial Maciel, narró su dramática experiencia en el libro *El Legionario*, publicado en México.

INTRODUCCIÓN

Le reconocí enseguida por su aspecto cuidado y de suaves maneras. Estaba ojeando un diario local sentado a una pequeña mesa semioculta por una columna, en un rincón del fondo de una de tantas trattorias que salpican los callejones que circundan la turística piazza Navona. Al percatarse de mi entrada en el local, levantó la vista y esperó, sin hacer ningún gesto, hasta que llegué a su lado. Lentamente, mientras me observaba, dejó el diario encima de la mesa y se levantó ofreciéndome la mano. «¡Bienvenido! —me dijo en un correctísimo castellano—. Esperaba desde hacía tiempo esta ocasión para conocernos, tenemos aproximadamente dos horas por delante, luego debo regresar al centro.»

Mi interlocutor, un sacerdote legionario que desde hacía un año había sido trasladado a Roma desde Irlanda para ampliar su formación académica, tras pasar una breve estancia en el seminario mayor que los Legionarios de Cristo tienen en Salamanca, me indicó un grueso sobre blanco que había en uno de los extremos de la mesa. «Son una serie de documentos que quiero que conozcas —dijo—, pero espera a tu regreso a Madrid.»

John (supongo que no era su verdadero nombre, aunque nunca se lo pregunté) se había puesto en contacto conmigo mediante un e-mail remitido a mi antigua editorial. Cuando unos cinco meses antes de esta cita recibí su primer y escueto mensaje, mi sorpresa fue mayúscula: se presentaba como un sacerdote legionario, con residencia en Roma, que había leído mi libro *Los Legionarios de Cristo. El nuevo ejército del Papa*, y que tenía interés en hablar conmigo sobre alguno de sus contenidos. Desde su publicación algunos ex legionarios se habían puesto en contacto para ofrecerme información y sus testimonios, pero me resultaba raro, incluso sospechoso, que un miembro en activo de la Legión me enviase aquel correo, sobre todo porque los legionarios me habían retirado prácticamente el saludo y me consideraban un enemigo a batir tras la radiografía que había realizado del movimiento y de su fundador en mi primera investigación sobre ellos.

Mi sorpresa inicial y mi desconfianza fueron diluyéndose en mensajes posteriores. John estaba planteándose desde hacía tres años abandonar la congregación de Maciel. Él nunca había tenido conocimiento directo de casos de pederastia en los centros vocacionales de la Legión de Cristo, aunque había oído «algunas cosas», pero estaba profundamente en desacuerdo con el «lavado de cerebro» al que se sometía en los mismos a los candidatos a pertenecer al instituto y, sobre todo (como me confesó en alguna ocasión), con la radical separación de la familia y del mundo a la que se obligaba a adolescentes de doce, trece y catorce años, cuando aún no habían empezado siquiera a vislumbrar la vida de renuncia y sobriedad prácticamente militar que les aguardaba en su formación, en aras de una vocación que todavía no había comenzado a tomar cuerpo en las mentes de quienes acababan de dejar de ser niños.

A primera hora de la mañana del 23 de mayo de 2003 llegué al aeropuerto romano de Fiumiccino en un vuelo regular de la compañía Iberia. Mientras me disponía a pasar el control de pasajeros volví a preguntarme si mi viaje desde Madrid merecía la pena y si mi contacto legionario acudiría a la cita que él mismo había concertado. En cualquier caso, me dije, Roma siempre merece una visita y en el supuesto de que John faltase a su cita podría aprovechar mi estancia para reunirme con viejos amigos y compañeros... Sin embargo, allí estaba él, cauteloso, midiendo las palabras, como lo había hecho a lo largo de nuestra correspondencia electrónica. Me narró sucintamente su experiencia y por qué se había ordenado sacerdote en la Legión de Cristo. Me confesó que se sentía incómodo, que sostenía una lucha interna muy fuerte y que tenía frecuentes dudas sobre su vocación. Lo que más le atormentaba era su misión como captador de vocaciones, pero no se atrevía a dar el paso de abandonar porque no soportaba lo que consideraba un tremendo fracaso, al imaginarse emprendiendo una nueva vida tras la dura formación recibida desde los doce años para convertirse en sacerdote legionario.

Por ello, terminó confesándome, se había puesto en contacto conmigo tras leer mi libro a hurtadillas. Su trabajo en la Legión le había permitido en los últimos años tener algo de libertad y la posibilidad de salir de los centros legionarios solo y sin testigos incómodos. De alguna manera había vuelto a relacionarse con el mundo del que estuvo tanto tiempo apartado y quería contar su realidad a alguien... Más que contar, sentía la necesidad de conectar con alguien del exterior capaz de entenderle, de escucharle sin interrumpirle, sin que le reconviniera ni le contestase con frases como: «Todos pasamos por momentos similares... Es una crisis que se superará en un corto tiempo... Tienes que rezar, pedirle a la Virgen que te ayude, en Ella encontrarás el consuelo y la respuesta a tus preguntas... Debes confiar, abandonar tu soberbia y dejarte llevar mansamente...»

Al despedirnos, me advirtió que tardaría en volver a ponerse en contacto conmigo y me pidió que no le mandara ningún otro correo porque tenía miedo de que sus superiores se enterasen. También me rogó que leyese detenidamente los papeles que me había entregado y que los utilizase como mejor creyera. «Sólo pretendo —dijo— que otros puedan tener la oportunidad de no llegar a ciegas a una situación como la que yo he vivido y sigo viviendo, que ningún padre permita que sus hijos pasen por un centro vocacional de los legionarios si antes no han sentido realmente la llamada a la vocación sacerdotal. Que prueben antes en internados de congregaciones menos rígidas o en los seminarios menores diocesanos para que vayan discerniendo su llamada, su proyecto, paso a paso, sin sentirse sucios y angustiados todo el día por el pecado, que hablen con alegría y sean capaces de reír sin miedo a ser censurados o castigados, que vivan su adolescencia sin reservas ni castraciones, que sean ellos y no marionetas a las que se hace gesticular y moverse mecánicamente...»

En el avión de regreso a Madrid, con una sensación intensa de vacío, abrí el sobre que John me había entregado. En él venían las Constituciones de los Legionarios de Cristo —luego me enteraría de que existía otra versión anterior— y un pequeño extracto de las miles de cartas, supuestamente escritas por Marcial Maciel, y que son lectura obligada en los centros vocacionales y seminarios mayores de los Legionarios de Cristo. El sobre también contenía un CD con fotografías, informes, cartas y documentos capitulares. En ese momento no pude evitar recordar, casi con una sensación de triunfo, que apenas dos años antes las Constituciones se me habían negado oficialmente por los portavoces de la Legión en Madrid.

Vinieron posteriormente varias semanas de desazón. Después de que mi primera investigación sobre los Legionarios de Cristo y el Regnum Christi viera la luz, y tras terminar la promoción del libro y las entrevistas con distintos medios de comunicación, había decidido no volver a ahondar en el tema. El primer libro había sido un parto difícil y muy doloroso. Había estado casi dos años entregado obsesivamente, aprovechando los momentos en que mi trabajo habitual me lo permitía y en detrimento de mi familia que siempre me veía ante el ordenador, a investigar sobre ese movimiento prácticamente desconocido en España. La publicación del libro me había cerrado algunas puertas, aunque afortunadamente por cada una que se cerraba se abrían otras dos. Pero, sobre todo, desde algunos sectores eclesiásticos se me consideraba «persona no grata», y se preocupaban en demostrarlo siempre que tenían ocasión. Se cuestionaba mi objetividad e incluso se me difamaba en algunos ambientes. El precio y el costo de hacer pública esa investigación estaban siendo demasiado elevados y, además, había retomado la investigación para otro libro en el que llevaba varios años trabajando.

El guante que me había arrojado John y el ofrecimiento de algunos ex legionarios para facilitarme más información no podía resolverse con otra edición revisada y aumentada. Si volvía a abordar el tema, tenía que escribir un nuevo libro, con contenido distinto, y quizás implicándome aún más que con el anterior. No tardé en encontrar la respuesta y en sumergirme en la presente obra que el lector tiene en sus manos. Asimismo, recibí un e-mail de otro ex legionario que había conocido directamente los terribles casos de pederastia en el centro vocacional de Ontaneda (Cantabria), y a aquel primer mensaje le sucedieron otros, prácticamente diarios, en respuesta a los que yo enviaba.

Retomé los viajes a distintas ciudades españolas y europeas, fundamentalmente para encontrarme con víctimas del depredador Maciel y de sus formadores de confianza, algunos de ellos muy jóvenes, que habían sufrido abusos en el seminario menor de Ontaneda, en el de Dublín y en otros centros legionarios en Latinoamérica. Decidí implicarme de nuevo ante los terribles y descarnados testimonios que iba reuniendo. En muchos momentos no podía evitar pensar en mis hijos y en tantos jóvenes que podrían pasar por esa traumática experiencia, por la amargura y la destrucción psicológica sufrida por los ex legionarios que iba conociendo.

Conocí a Patricio, a Aaron, a Marcelo, a Ricardo... Hablé con Tom, con Félix y con muchos otros, todos ellos citados a lo largo del libro. Tras estremecerme con la lectura de su libro *El Legionario*, inicié una rica relación epistolar con Alejandro Espinosa, que nos llevó a la presentación que inicia esta obra. Mi investigación prácticamente se había convertido en una cruzada contra la pederastia, los abusos de todo tipo, la mentira y el secretismo de la secta intraeclesial fundada por Maciel y en la que, me consta, hay extraordinarias personas que viven engañadas y ajenas al drama y la mentira que rodean la fundación de los Legionarios de Cristo y, sobre todo, a la miseria humana y la capacidad de destrucción de su fundador, Marcial Maciel, y al cinismo y la corrupción de la alta curia que le es cómplice. El lector hallará información de todo ello a lo largo de estas páginas, con el apoyo de testimonios directos, documentos y fotografías.

Me daría por satisfecho si la Santa Sede definitivamente tomara cartas en el asunto, si las acciones legales que algunos de mis testigos están iniciando siguieran adelante, si se pusiera coto a los depredadores pederastas que se refugian en el seno de la Iglesia y, sobre todo (sé que es casi una utopía), si las gentes de buena voluntad que se forman en los seminarios legionarios o los laicos que militan en el Regnum Christi fueran capaces de interpretar este libro no como un ataque hacia ellos, sino como una ventana abierta para que el aire purifique y acabe con el abuso, la mentira y la doble vida de su fundador, de su círculo más allegado y de algunos otros que no sólo no viven bajo las máximas del Evangelio que predican, sino que contaminan y corroen como una gangrena el interior de la congregación y de su movimiento de laicos.

Mi anterior editorial no quiso o no pudo seguirme en esta nueva investigación periodística, a pesar de que los legionarios volvían a «estar de moda» en los medios informativos por la sonada compra del colegio laico de Madrid Virgen del Bosque, con el curso escolar ya iniciado; a pesar de que Daniel Sada,[1] asesor de La Moncloa con el gobierno de Aznar y ex secretario de la Fundación Carolina, era nombrado rector de la Universidad Francisco de Vitoria de Madrid, propiedad de los Legionarios

---

1. Para más información sobre Daniel Sada, véanse pp. 255, 256 y 307 del libro *Los Legionarios de Cristo. El nuevo ejército del Papa.*

de Cristo, y a pesar de que una parte de la jerarquía eclesiástica española, con el cardenal Antonio María Rouco a la cabeza, luchaba por tapar los casos de pederastia en su seno e imponer una concepción de Iglesia única en la que sólo caben los movimientos conservadores, los teólogos dóciles, los periodistas sumisos y obedientes y los fieles que colaboran sin hacerse preguntas, apoyando a un gobierno —la última legislatura del señor Aznar— que también propugnó el pensamiento único, que marginó al resto de las confesiones religiosas minoritarias y que olvidó que la Constitución consagra a España como un Estado laico y aconfesional. Poco faltó para volver a ver a algunos miembros del Ejecutivo caminando bajo palio y a algunos ilustres jerarcas de la Iglesia sentados en el Congreso como procuradores en Cortes y votando a favor de la familia única y la desaparición de los nacionalismos, condenando a la hoguera a los homosexuales, puntuando el grado de fe en las escuelas y castigando a los disidentes con un pase especial y exclusivo de la película *La Pasión de Cristo*, con los legionarios vendiendo las entradas.

 Se cierra una puerta y se abren otras. Ediciones B creyó en el proyecto, se interesó por la investigación y aquí está el fruto. Mi mayor satisfacción son los amigos ex legionarios que he encontrado. Sin ellos, sin Patricio, sin Alejandro, sin John, sin Ricardo, sin Aaron, sin Paul, sin Maru..., sin los ánimos y la colaboración constante de algunos de mis compañeros en la información religiosa, y sin el apoyo de Ana y los directivos de la editorial, este libro no habría sido posible. ¡Gracias a todos ellos!

1
MARCIAL MACIEL, UN MESÍAS FRAUDULENTO

Alcohol y sexo más o menos encubierto son dos constantes de las que no se ha librado prácticamente ningún seminario ni ninguna institución católica a lo largo de la historia. De esos remedios para combatir la soledad, de esas huidas ante una vida que prácticamente olvidó la vocación —si es que algún día la hubo— y que se convierte cada segundo en una pesada rutina a la que hay que hacer frente, saben mucho psicólogos religiosos, formadores y directores de seminarios, así como los obispos y la alta curia vaticana. En el caso del fundador de los Legionarios de Cristo y del Regnum Christi, el sacerdote michoacano Marcial Maciel Degollado,[1] a esas dos constantes de alcohol y sexo se unen otras dos mucho más terribles y comprometedoras: la pederastia y el consumo de drogas, especialmente la morfina, en un preparado conocido como Dolatín.

---

1. El lector dispone de una extensa biografía de Maciel y una detallada descripción de los pormenores de la fundación de los Legionarios de Cristo en el libro del autor *Los Legionarios de Cristo. El nuevo ejército del Papa*.

No son sólo los ex legionarios Alejandro Espinosa Alcalá, Félix Alarcón Hoyos (sacerdote, ya jubilado), José de Juan Barba Martín, Saúl Barrales Arellano, Arturo Jurado Guzmán, Fernando Pérez Olvera, José Antonio Pérez Olvera y Juan José Vaca Rodríguez, (así como Juan Manuel Fernández Amenábar en su lecho de muerte),[2] que convivieron con Maciel desde los inicios de la fundación de la Legión, los que denunciaron públicamente estos hechos tras el silencio de la Santa Sede a sus demandas. Son muchos más los que vienen haciéndolo tras abandonar la congregación de Maciel, hartos de padecer abusos sexuales y presiones psicológicas de todo tipo, o bien por el hecho de no haber sido escuchados cuando denunciaron aquellos casos de los que tenían conocimiento, ya fuera como testigos o actores a su pesar de las prácticas que revelaremos detalladamente en los siguientes capítulos. Prácticas que protegen las Constituciones y los Documentos Capitulares Legionarios, marcando un largo período de formación y una forma de vida inspirada en unos métodos más propios del medievo que de una congregación religiosa que ha sido fundada hace apenas sesenta años.

Marcial Maciel y su guardia pretoriana siempre han negado estas acusaciones tras perder una dura y larga batalla legal para intentar impedir que el periódico *Hartford Courant* publicase en febrero y marzo de 1997 tales denuncias. Pero la realidad es incontestable y la verdad, tozuda. El papel del Vaticano en este asunto ha sido y si-

---

2. Las denuncias de estos ex legionarios fueron publicadas por el *Hartford Courant* y están recogidas en los libros *Los Legionarios de Cristo*, *El Legionario* y *La prodigiosa aventura de los Legionarios de Cristo*.

gue siendo incomprensible, y sólo puede explicarse por las implicaciones de todo tipo que algunos cardenales tienen con Maciel, al que protegen, sobre todo tras la carta que los primeros ocho denunciantes enviaron a Juan Pablo II desde México y Estados Unidos, el 11 de noviembre de 1997,[3] exponiendo al Pontífice una detallada relación de los hechos y pidiéndole ayuda, indignados por los elogios que el propio Juan Pablo II había dirigido a Marcial Maciel en diciembre de 1994, calificándole de «guía eficaz de la juventud».

Claro está que junto a las acciones legales para evitar la difusión de sus desmanes, Maciel emprendió también una campaña de propaganda para luchar contra los mismos. Por ello, siempre que ha podido, se ha fotografiado al lado del Papa, ha procurado gozar de sus favores, ha presionado a los medios de comunicación con retirarles la publicidad a través de las amenazas de los empresarios afines, la mayoría de ellos educados en los colegios y las universidades que los legionarios tienen en diversos lugares del mundo (fundamentalmente en México). Ha adoctrinado asimismo a su ejército de laicos, el Regnum Christi, para que en todos los ámbitos desmientan estas acusaciones y las atribuyan a los intentos de los no católicos, los ateos y los no creyentes para atacar a la Iglesia católica y al Papa, cuando no se atreven a decir (y de ello han acusado en ocasiones a los jesuitas) que «todo es una conjura contra la Legión».

El obispo emérito Pedro Casaldáliga escribió una vez que lo que había ido descubriendo en Brasil como prioridades pastorales «es el trabajo de desvelar la mentira», y

---

3. «Maciel, el sexo y las sombras de una doble personalidad.» Capítulo VIII del libro del autor *Los Legionarios de Cristo.*

por ello y por ese trabajo pastoral en defensa de los débiles y enfrentado a los poderosos no ha gozado de muchos apoyos en la Curia vaticana. Todo lo contrario que Maciel, maestro de la mentira y del engaño, que utiliza las actividades sociales y pastorales de la Legión para sus propios fines justificándolas con un objetivo espiritual, y para ello no tiene reparos en mezclarse con el poder temporal —situarse en el medio del mundo— para captarlo (una de las palabras favoritas de los Legionarios) mediante la promoción de una moral y una ideología ultraconservadora (a los Legionarios les encanta que les denominen conservadores) con la que seduce a las minorías más privilegiadas, que buscan también, a su vez, las bendiciones y el manto protector de las sotanas.

Maciel vende con habilidad y constancia, así como con descarada hipocresía, el mensaje que reiteró en Roma, en un reciente encuentro con seis mil jóvenes (ésas son las cifras oficiales, aunque sólo llegaron a mil quinientos), dentro del marco de las celebraciones del LX aniversario de la fundación de la Legión de Cristo y del Movimiento Regnum Christi:

> Comprendí en aquella ocasión —dijo—, que todas las cosas de la tierra eran pocas y pasajeras: los honores, las riquezas, los placeres, todo era tan pasajero que hoy lo tenía y mañana ya no. Y a mí me entró una nostalgia muy grande de tener en mi vida algo que perdurara. En la medida de mis posibilidades, en mi adolescencia comencé a pensar en los afectos humanos. Veía cómo el amor va pasando. Y en todo caso si perdura, con la muerte termina y eso no me gustaba a mí. Yo quería algo que perdurara, algo que pudiera trascender a mi vida para toda la eternidad. Y encon-

tré que ese amor, ese amor sólo lo podía tener en Jesucristo. Quizás un poco por egoísmo, quizá también por amor a Él, yo quise asegurar que mi amor no iba a morir, que mi amor iba a ser un amor eterno y que el camino para lograr este amor en la eternidad era Jesucristo.

Mi Reino sí es de este mundo

A pesar de esa referencia a lo efímero de los honores, placeres y riquezas, el fundador de los Legionarios de Cristo ha dedicado toda su vida a conseguirlos. Los allegados a Maciel, los que le han tratado asiduamente en los centros de la Legión (uno de ellos un médico y sacerdote que lo ha visitado en numerosas ocasiones y que hoy vive en una pequeña ciudad española), afirman que el fundador «no cree en Dios, sufre una tremenda frustración por la represión que por sus tendencias homosexuales padeció durante su infancia en un México donde entonces se consideraba un terrible pecado y una afrenta social la homosexualidad, y que fundó los Legionarios de Cristo para montarse su harén particular y llevar una vida de lujo».

Hablar del michoacano, como me escribía uno de mis confidentes, es hablar de fraude, de un iluminado que se ha valido del nombre de Dios para sus propios intereses, afirmaciones que pueden comprobarse en las palabras del propio Maciel.

En una carta del 14 de mayo de 1948 (las cursivas son del autor) Maciel no tiene reparos en afirmar —cualquiera que conozca el funcionamiento de la Santa Sede y el Vaticano calificaría de superchería este escrito— lo siguiente:

He dicho al Papa que el Corazón de Jesús nos ha ofrecido el corazón y el brazo de su Vicariato y él me ha contestado: «Les apoyaré y ayudaré cuanto sea posible.» Tocando el punto de la aprobación me dijo: «Preferiría que las cosas salieran suavemente por conducto de la Congregación de Religiosos; pero si es necesario, yo hablaré con el Cardenal Lavitrano.» Con todo creo que el cardenal argüirá al Santo Padre por *los informes que han arribado de nosotros y entonces es cuando espero ver claramente el comienzo de la promesa del Corazón de Jesús que nos hará apoyar en el brazo de su Vicario.* Después he pedido al Santo Padre una nueva carta para alentar a todos aquellos jóvenes españoles que quieran alistarse en las filas del instituto para la gran cruzada del Reinado de Jesucristo. Esta carta me será entregada probablemente la semana próxima. Finalmente antes de despedirme del Santo Padre *me concedió espontáneamente todas las facultades apostólicas para bendecir y conceder indulgencias*; cuando regrese podré explicarles en qué consisten esas facultades. Terminada la conversación el Santo Padre me dio una especial bendición para la obra, para ustedes y para este inútil siervo de Dios.

En la misiva a sus jóvenes legionarios, Maciel agrega que ya ha:

[...] abordado el problema del título definitivo que ha de llevar el instituto según parece la voluntad de Dios. Los primeros en oponerse abiertamente, según parece, han sido ciertos buenos y santos religiosos que creen encontrar en el título de LEGIONARIOS del Papa o Compañía del Papa, un nuevo peligro para los intereses de la Iglesia y de Jesucristo... Han desechado como peligrosa aun la misma idea. *Pero he consultado a un Cardenal Consultor y me ha dicho que podemos ir preparando el terreno muy poco a poco, primeramente haciendo que el pueblo nos conozca con este nombre y después ya alcanzándolo directamente del Santo Padre.* Que cuando se propuso el nombre de Compañía de Jesús todo el mundo se asustó y protestó, pero que por ese sistema lograron los primeros religiosos de esa Orden gloriosa y Santa llegar a obtener lo que Jesucristo deseaba de ellos.

Así pues, después de pensarlo detenidamente y de orar con insistencia pidiendo luz al Espíritu Santo, me ha parecido claramente ser la Voluntad de Dios que nuestro instituto lleve el nombre de Legionarios del Papa o Compañía del Papa. Como el primero sería ocasión para que los gobernantes de la tierra nos tomasen como institución de la Santa Sede para fines políticos, nos quedaremos con el segundo; así desde este día en cuanto podamos y la prudencia nos lo vaya aconsejando tenemos que propagar este título como el auténtico y destinado por Dios para nuestro humilde instituto.

La realidad es que finalmente Maciel pasó de llamar a su congregación Misioneros del Sagrado Corazón y de la Virgen de los Dolores, a su denominación actual Legionarios de Cristo (en España muy recientemente, para pasar inadvertidos y despertar menos suspicacias). Desde siempre, Marcial Maciel ha presumido de permisos especiales que le ha concedido el mismo Papa, como por ejemplo el excluirlo del rezo del Breviario (obligación que tienen diariamente todos los sacerdotes) y que ha atribuido a Pío XII, a causa del mucho trabajo que le implicaba la «fundación de su Congregación».

Otro ejemplo claro de cómo maneja incluso a los mismos obispos para sus intereses (la creación de su propio «reino de Cristo» en la tierra) es el siguiente párrafo de una carta del año 1951: «Comuníquese uno de los dos telefónicamente con Mons. Araiza, y —de manera que no comprenda mi iniciativa— dígale que me encuentro un tanto preocupado sin recibir noticias suyas, después de tres cartas consecutivas que le he remitido».

Marcial Maciel ha utilizado siempre el engaño y el fraude, ha erigido historias fantásticas para justificar su fundación y encandilar a sus seguidores, y cuando se ha dado cuenta de que no eran creíbles o que no se sostenían por falta de pruebas, ha hecho lo indecible para que otros le ayudaran a sostenerlas.

Por ejemplo, su explicación sobre cómo consiguió ser recibido por el papa Pío XII, colocándose junto a los cardenales con motivo de una audiencia.[4] Muchos años más tarde, concretamente el 27 de noviembre de 2003, el arzobispo emérito de Campillo (México), Carlos Quintero Arce, justificaría ese fantástico relato en una carta dirigida a uno de los más fieles colaboradores de Maciel y secretario general de la congregación, el padre Evaristo Sada. Utiliza un tono mucho más creíble que el que han narrado las notas autobiográficas del propio Maciel, precisamente hasta el momento en que empezaron a arreciar las denuncias y críticas contra el fundador hace escasos años, cuando sus asesores y él mismo se dieron cuenta de que no podían mantener siempre la suerte de elegido de

---

4. *Los Legionarios de Cristo. El nuevo ejército del Papa*, p. 39.

Dios y de intervención sobrenatural permanente en la fundación y vida de la congregación, mensaje que Maciel ha ido vendiendo para conseguir ayudas y donativos y embaucar a propios y extraños.

En esa carta del prelado Carlos Quintero, que reproducimos en el presente libro, el arzobispo afirma ser quien sugirió a Maciel la forma de encontrarse con Pío XII, quien le proporcionó la esclavina para poder mezclarse con los cardenales y, entre otras cuestiones, aclara cómo le ayudó a concertar la cita con la Secretaría de Cámara del Pontífice. La famosa audiencia se realizó el 12 de junio de 1946. El prelado, ya jubilado, escribe la carta a los legionarios el 27 de noviembre de 2003.

Este salto en el tiempo nos obliga a hacernos una serie de preguntas: ¿los colaboradores de Maciel están reescribiendo la biografía oficial publicada con motivo del cincuenta aniversario de la Legión?, ¿necesitan por algún motivo especial documentar lo que Maciel ha venido fabulando año tras año?, ¿o es que empiezan a prepararse para el proceso de beatificación que intentarán llevar a cabo para elevar a los altares a su fundador cuando éste falte...?

Uno de mis comunicantes ex legionarios, que ha pasado varios años al lado del fundador y que abandonó la Legión cuando, tras realizar varias denuncias a las que nadie hizo caso, fue consciente «del cinismo y la doble y hasta triple vida con la que se mueven Maciel y su entorno de corifeos y desmanes», me decía en una ocasión que siempre le había llamado profundamente la atención la experiencia que narra el doctor, psiquiatra y escritor austríaco Victor Frankl, en su libro *El hombre en busca de sentido*, sobre la vida en un campo de concentración nazi, escribiendo con patético dramatismo la siguiente frase:

«lo único que poseíamos era nuestra existencia desnuda», y haciéndose una pregunta no menos dramática: «¿Qué otra cosa nos quedaba que pudiera ser un nexo material con nuestra existencia anterior?»

Sin duda, decía indignado, ésta es la experiencia que podría poner en los labios de todos aquellos que de una u otra manera han pasado muchos o pocos años de militancia en las filas de la Legión de Cristo. Maciel, como los más fieros SS modernos, busca precisamente que sus seguidores pierdan todo contacto con su pasado: con su familia, con todo aquello que de alguna forma pudiese entorpecer la labor que desea realizar en las conciencias de los cofundadores.

Un Mesías que predica un Reino que vendrá pero del que ya ha comenzado a disfrutar sólo él: coches lujosos, por problemas de espalda que supuestamente le aquejan; comidas refinadas, por prescripción médica; beber todos los días whisky, de una prestigiosa marca, para calmar la úlcera que le acompaña desde los años de su juventud debido a las muchas presiones que ha sufrido en su construcción de la Legión; frutas exóticas ricas en vitaminas, papayas, mangos y otras exquisiteces que adornan su mesa los 365 días del año sin importar el lugar donde se encuentre, pues estas cosas no deben faltar en su dieta.

Un Mesías que ha instaurado su Reino en este mundo, y que incluso ya ha preparado todo lo necesario para que cuando muera quede un espacio para su culto, construyéndose una cripta en la parroquia que los legionarios tienen en Roma, en Via Aurelia 675, junto a la casa general de la orden, en el número 677 de la misma vía.

Desde pequeñito le viene la casta al galgo

El psicoanalista y sociólogo Fernando M. González, miembro del Instituto de Investigaciones Sociales de la Universidad Nacional Autónoma de México DF, publicó en septiembre de 2003 un excelente ensayo en el que analiza «la específica relación erótico-perversa que el fundador de la congregación religiosa de los Legionarios de Cristo estableció con algunos de sus discípulos».

En la introducción de dicho trabajo, titulado *La representación de la pureza y su cruce con la perversión*, Fernando M. González afirma:

> Entre las instituciones que administran lo invisible y predican lo inverificable, materializándolo, está la Iglesia católica, la cual posee características específicas y generales, que comparte con otras de su especie. Una de éstas es la que quisiera destacar especialmente, la que se podría denominar como la matriz productora de figuras inmaculadas. Dicha matriz, que también la podemos encontrar en otras iglesias y asociaciones políticas, no deja de tener ciertos elementos singulares en la institución mencionada.
>
> Entre ellos, en diferentes ámbitos, hace proliferar las figuras sin mácula, las cuales están conformadas por diversas lógicas. No obstante, todas contribuyen a reproducir la institución y a mantener una representación idealizada de ella. A su vez, en un movimiento simultáneo, dicha representación contribuye a eufemizar, silenciar o suprimir prácticas y relaciones que asemejan a la Iglesia católica con cualquier institución no sacralizada.
>
> Dentro de esas figuras inmaculadas están las que

tienen que ver con: 1) la fabricación de figuras ejemplares, como las de los santos y la institución papal; 2) la exaltación del cuerpo virginal, incorruptible y glorioso, como los de Cristo y la Virgen María, y 3) la propuesta de un cuerpo eclesiástico desprovisto de pasiones sexuales, voluntad de poder e intereses económicos, e investido de una buena y básica fe que se sostiene en una supuesta misión que sólo busca el bien de las almas. Esta intersección de figuras ejemplares, poder moralizado y cuerpos virginales incorruptibles y gloriosos nos remite a las diversas maneras en que éstas se relacionan.

Los apetitos sexuales descontrolados de Maciel le vienen desde su pubertad, según narra en *El Legionario* Alejandro Espinosa:

> Se dice que rápidamente sintió los escozores del instinto en la versión griega. Prematuro, como la inmensa mayoría de los niños campesinos. El aguijón de la carne, omnipresente, punzante, a muy temprana edad, a donde vuelvas la cara. El medio ambiente despierta la sexualidad tempranera, pero Marcial fue la excepción de acuerdo con contemporáneos, no buscaba los cauces habituales, sino que desde temprana edad sintió inclinación hacia su mismo sexo y buscaba alivio enfrascándose en juegos sexuales con niños y empleados de su padre.
> Sus hermanos pronto descubrieron sus tendencias, por lo que Pancho, el mayor, lo vapuleaba continuamente para *enderezarlo*. Las palizas consternaban a su madre, quien lloraba y rezaba por él. Pero el niño, en vez de cambiar de rumbo, discurría formas

subterráneas para engañarlos y evitar las palizas; parece que fue entonces cuando comenzó a desarrollar el engaño y la simulación como un arte de defensa. Aprendió a refinar escondites, trampas y mentiras para satisfacer sus inclinaciones sin represalias. Se ocultaba con niños en el barrio de La Rinconada y para atraerlos les ofrecía los tesoros de Tom Sawyer y toda clase de regalos, incluyendo la ropa y zapatos que traía puestos, canicas o *resorteras* que le fabricaba un empleado de su padre o don Román, el caporal. El caballo simbolizó la sexualidad del niño desde *Poca sangre*, desde La Rinconada, desde aquella niñez asustada dejada en la niebla remota de Cotija para el cambio de piel, camuflado en la sotana.[5]

Son varias las ocasiones en que el fundador de la Legión de Cristo parece admitir esa circunstancia a lo largo de su vida, como por ejemplo cuando en su libro *Salterio de mis días*, escribe:

¡Oh bendita cruz que Tú, Señor, me diste!
Con ella sobre mis hombros, camino los días de mi destierro
por la vía dolorosa de mi larga pasión.
Y con mi cabeza sobre ella duermo
las negras noches de la soledad de mi dolor.
¡Oh cruz, inseparable compañera
de los dulces años de mi padecer por mi Dios!
Primero te sufrí con paciencia.
Después te llevé con gusto.
Hoy te abrazo ya con amor...
¡Oh cruz hermana!

5. Alejandro Espinosa, *El Legionario*, pp. 59 y ss.

*Tanto te hundiste y te clavaste en mi cuerpo
que me has llegado ya a lo más hondo del alma...
¿Es posible que algún día te separes de mí...?
Y cuando tú me dejes, ¡oh cruz tan mía!,
¿podré yo vivir sin ti...?
¡Gracias, Señor!
Porque me has dado la cruz.
Y la cruz que me has dado
está ya sobre mis hombros.
Y yo quiero seguirte bajo su peso,
para ser digno de Ti.
Presto está el espíritu;
mas la carne es flaca.
Pero yo sé, Señor,
que todo es posible para el que cree.
Y yo confío en que Tú no me negarás
las fuerzas que necesito
para no desfallecer en tu seguimiento...*

O en aquella carta del 17 de mayo de 1973, titulada «A muchos cristianos no les duele la fe», en la que Marcial Maciel afirma:

> La realidad es que a tantísimos cristianos no les duele su fe en Cristo; no les duele porque la han domesticado para que se acomode a las exigencias de sus pasiones y a las instancias del mundo, y por eso pueden hasta traicionar su fe cada día de diferentes maneras y con la conciencia tranquila; tranquila, porque la han domesticado. Pero si, por lo menos, esto diera por resultado la felicidad del alma, del hogar, del ambiente... Pero no. Ante la impotencia para dominar la circunstancia diaria, que poco a poco va matando el caudal ini-

cial de ilusión y esperanza, la gente se abandona; la mayoría opta por vivir a la deriva. Hombres y mujeres de nuestra sociedad feliz terminan simplemente por dejarse llevar por la vida. Saben, tal vez, qué hacer con las cosas, pero no saben qué hacer consigo mismos.

Y otra muy significativa, de total rotundidad en la cuestión que analizamos, escrita el 18 de julio de 1975, en la que el fundador asegura que «No importa caer mil veces si se ama la lucha y no la caída. Por eso la desesperación no tiene sentido, sobre todo en el que lucha junto a Cristo. El esfuerzo de una lucha continua puede gustarle más a Cristo que la posesión pacífica y cómoda de una victoria...».

Claro está que no habría nada que objetar al respecto si la verdadera vocación de Maciel fuese Cristo, si su paradigma de vida fueran los valores del Evangelio y si existiese el propósito de enmienda. Sin embargo, los hechos parecen demostrar más bien todo lo contrario.

La disyuntiva entre Cristo y la ambición de poder

Como parte de mi muy morboso y personal museo del horror conservo desde hace varios años un recorte de periódico cuyas páginas hoy se sienten frágiles y amarillas. Entre noticias ya viejas e intrascendentes se enmarca una curiosa inserción pagada: en ella se muestra a José María Guardia rodeado de altos jerarcas de la Legión de Cristo y la Iglesia mexicana, departiendo amablemente alrededor de una mesita de café. Todos sonríen, se saludan y, en general, se tratan como si estuvieran entre viejos amigos.

Con estas palabras iniciaba la periodista mexicana Roberta Garza su artículo «¡En guardia!»,[6] en el que se refería a las relaciones que le gusta mantener a ese empresario guadalupano de casinos y de juego con las sotanas.

Parecería que los apretones de mano y palmaditas consignadas en las imágenes fueran sello de garantía, similar al que le ponen a las latas de anguilas para que sepamos que esos gusanitos pálidos y babosos son cosa buena, apta para consumo humano. Pero lo más sorprendente de todo no es eso, sino el que esas fotos fueran usadas por el propio Guardia no para acrecentar su álbum familiar sino para publicitar, como da fe mi recorte de periódico, la apertura de una de sus casas de apuestas.

Hay que reconocer que, como estrategia de mercado, el numerito tiene su interés: mientras que otros establecimientos similares buscan atraer clientes potenciales adornando sus anuncios con mujeres bien dotadas y con muy poca ropa, aquí vemos, erguido dentro de su sotana, al padre Marcial Maciel...

La intención del anunciante es, por supuesto, dejar fuera de toda sospecha su honorabilidad y la de su dudoso giro profesional; tan es así que declara, en entrevista publicada en *Milenio Semanal* —tras meterse en líos con Gobernación por no tener sus permisos en regla, se apresuró sin demasiado éxito a desmentirla, a pesar de estar grabada: así se las gastan las almas devotas—, que los casinos son un negocio tan transparente que el Vaticano financia 65 de ellos. Viniendo tal dato

6. Roberta Garza, «¡En guardia!». Artículo publicado en el periódico *Milenio* el 9 de febrero de 2003.

de quien aparece como amigo cercanísimo de prelados como Norberto Rivera y Onésimo Cepeda, viniendo de quien atribuye la debacle de Acción Nacional en las últimas elecciones a que sus funcionarios intentaron —como les corresponde— frenar el proselitismo político desde el púlpito, viniendo, pues, de quien se vanagloria de haber traído a México al Papa, la información no debía pasar desapercibida.

Roberta Garza ponía el dedo en la llaga, y no sólo ya por el caso de Marcial Maciel, sino por otros muchos empresarios, religiosos, sacerdotes y prelados que hacen de su mutua relación un pacto no escrito de intereses: «Tú me dotas de credibilidad y me bendices... y yo te financio.»

Y así, Marcial Maciel y sus legionarios han sido y son maestros en relacionarse y codearse con esas minorías selectas que rigen los destinos del resto de los mortales: empresarios, políticos y altos jerarcas de la Iglesia. Para no extendernos en demasía, basta recordar sus extraordinarias relaciones con las dos mujeres del presidente mexicano Vicente Fox: la primera, Lilian de la Concha y la segunda, Martha Sahagún de Fox; religiosos como el ex nuncio en México, Prigrione, y el cardenal Norberto Rivera Carrera; prelados españoles como el arzobispo primado de Toledo, Antonio Cañizares, o el de Valencia, Agustín García Gasco; en el Vaticano la impagable ayuda de los cardenales Canali, Pizzardo, etc.; y en el campo político y de la alta sociedad españolas sus estrechas relaciones con Alicia Koplowitz, la acomodada familia Oriol (cuatro de sus miembros son sacerdotes legionarios), Ana Botella, esposa del ex presidente del Gobierno popular José María Aznar, y sus ministros de Justicia e Interior, José María Michavila y Ángel Acebes respectivamente.[7]

Con estas relaciones el presente está asegurado. Para el futuro, la estrategia de los legionarios es muy simple pero a la vez eficaz: formar líderes políticos y económicos, máxima que aplican en sus elitistas colegios y universidades, donde se educa lo más granado de la sociedad latinoamericana y española, en los que vuelcan su conservador mensaje católico (más de Trento que del Vaticano II), y que aseguran en el futuro unas extraordinarias relaciones y unos contactos excelentes en la política y la vida empresarial.

Con los cardenales y obispos hacen otro tanto: les halagan, les hacen regalos, financian sus iniciativas pastorales y les invitan a pasar días de descanso en la extraordinaria residencia que los Legionarios poseen en Termini, frente a la isla de Capri. De ahí consiguen parroquias, colegios, apoyos en el Vaticano y, aún más importante, colocar a los suyos como secretarios en nunciaturas, dicasterios romanos y comisiones pontificias, donde tienen capacidad de influencia y acceso a información privilegiada, cuando no alcanzan grados de responsabilidad en el gobierno de la Iglesia.

Uno de los últimos casos es el nombramiento, el 19 de diciembre de 2002, del sacerdote legionario Bryan Farell como secretario del Consejo Pontificio para la Promoción de la Unidad de los Cristianos, quien hasta esa fecha era jefe de Oficina de la Sección para los Asuntos Generales de la Secretaría de Estado. El padre Farrell, a quien Juan Pablo II elevaba también a la dignidad de obispo (el segundo prelado legionario), con la sede titu-

---

7. *Los Legionarios de Cristo*, pp. 248 y ss., y 363 y ss.

lar de Abitine (y que era consagrado por el mismo Papa el 6 de enero del 2003 en la basílica vaticana), había nacido cincuenta y ocho años antes en Dublín (Irlanda). Tras entrar en la Congregación de los Legionarios de Cristo en 1961, fue ordenado sacerdote en 1969. Entre 1970 y 1976 fue superior del noviciado de los Legionarios de Cristo en Estados Unidos y en 1981 se doctoró en teología en la Universidad Pontificia Gregoriana de Roma. Entró al servicio de la Secretaría de Estado del Vaticano ese mismo año, siendo nombrado jefe de oficina de habla inglesa en la Sección para los Asuntos Generales de la Secretaría de Estado el 1 de enero de 1999.

De la importancia del cargo dan fe los dos objetivos prioritarios del Consejo Pontificio para la Promoción de la Unidad de los Cristianos, cuyo presidente es el cardenal alemán Walter Kasper: fundamentalmente está encargado de promover en el interior de la Iglesia católica un auténtico espíritu ecuménico; en segundo lugar, el consejo desarrolla el diálogo y la colaboración con las demás Iglesias y comuniones mundiales. Desde su creación, ha establecido relaciones de cooperación con el Consejo Ecuménico de las Iglesias (CEI), con sede en Ginebra. Desde 1968, doce teólogos católicos son miembros de la Comisión Fe y Constitución, departamento teológico del CEI.

También es importante, no sólo por el cargo sino por la excepcionalidad de que una mujer ocupe algún puesto de responsabilidad en el Vaticano, el nombramiento, durante el mes de marzo de 2004, de la profesora Mary Ann Glendon como presidente de la Pontificia Academia de las Ciencias Sociales. Entre los Legionarios de Cristo y la Prelatura Personal del Opus Dei, según las informaciones de EXLCESP (una página en Internet que mantiene un grupo de ex legionarios que intenta desenmascarar a Marcial Maciel), existe una rivalidad para saber cuál de las dos organizaciones goza del mayor privilegio de la doctora Glendon, a quien el 17 de enero de 2003 se le otorgó el doctorado honoris causa por parte de la prestigiosa universidad que tiene el Opus Dei en Pamplona (Navarra). Los Legionarios de Cristo la tienen como profesora en su no menos prestigioso ateneo, al que ellos llaman Universidad Pontificia Regina Apostolorum de Roma, con un curso en la facultad de filosofía sobre moral y democracia.

Muchos somos [dicen los ex legionarios] los que conocemos el papel fundamental que han jugado los Legionarios de Cristo, sobre todo por parte de uno de los profesores de la facultad de teología del Ateneo Legionario, en lo que respecta a la atención y cuidado de la doctora Glendon (quien también es miembro del Comité de Bioética de la actual Administración americana) y el rol que han jugado incluso a nivel del matrimonio de una de las hijas de Glendon, casada con un italiano no muy adicto a las sacristías, cosa que no les parecía bien a estos nuevos defensores de los valores cristianos a ultranza.

MACIEL ESPÍA A LOS OBISPOS

Otra técnica en la que también son maestros Maciel y sus seguidores es la del espionaje y la obtención de información, utilizándola siempre que pueden sin ningún reparo en beneficio propio. Para ello han encontrado, junto con la ayuda de los infiltrados en las nunciaturas y comisiones pontificias, una tapadera perfecta: el seminario mayor y residencia que los legionarios tienen en Roma, y en el que se hospedan muchos obispos que acuden a la Ciudad Eterna para asistir a reuniones, seminarios y conferencias en el Centro Regina Apostolorum, también propiedad de los legionarios y que éstos ponen al servicio de la Santa Sede en numerosas ocasiones. Aparte de que esas reuniones de prelados de todo el mundo, aunque sean secretas, pueden ser seguidas directamente por Maciel desde sus habitaciones privadas —según el testimonio de ex legionarios que conocen los aposentos del fundador— mediante una cámara oculta de televisión, los legionarios ponen a uno o a varios de sus novicios o sacerdotes al servicio de cada uno de los obispos y sus secretarios hospedados en la residencia, y que son tratados, como vulgarmente se dice, «a cuerpo de rey». El objetivo no es sólo el de *servir* y *halagar* a los ilustres visitantes, de establecer relaciones con ellos para la causa legionaria, sino sobre todo el de sacarles información que después pasan diligentemente a Maciel y a los responsables de la Legión mediante informes diarios —algunos de una ingenuidad aplastante e incluso con erratas en el nombre del obispo o desconociéndolo en ocasiones— que el fundador aprovechará en beneficio de sus objetivos e intereses personales. (Acompañamos un extracto de dichos informes en el Apéndice de documentos.)

Con estos informes se confecciona un amplio dossier en el que figura el nombre del obispo, la fecha en que se obtuvo la información sobre el mismo, el nombre del legionario o de los legionarios que redactaron la información y el documento propiamente dicho.

Citamos algunos ejemplos (respetando fielmente el texto original, las erratas que contiene y el mal uso de la gramática castellana, para no restarle autenticidad) de esta recogida de información durante el año 2000 (la cursiva es del autor). El 10 de octubre, el legionario Donal Clancy pasa el siguiente informe sobre Kevin Aje, entonces obispo de Nigeria:

> Uno de los tres obispos nigerianos que estaban hoy en la mesa conmigo (otro que parecía muy fino, creo que fue de la diócesis Minna. Mons Martín Uzoukwo, relativamente joven, pero casi no hablé con él) Mons. Aje, se mostró cariñoso hacia lo irlandés (casi todos han sido formados por misioneros irlandeses, de allí también su nombre de pila), pero sobre todo entusiasta por la Legión: «El fundador debe ser un hombre de gran visión del futuro y claridad en sus objetivos... un verdadero genio» (en inglés: «vision and focus»). Le pregunté por qué. «Por lo que se ve aquí entre los seminaristas. De tantos países diversos y todos viviendo juntos felizmente. Y luego por todo el ambiente del seminario, que invita a la serenidad, a la oración, al estudio.» Preguntó si iríamos a Nigeria si ellos nos invitan. Le respondí que seguramente iremos, pero que no me atrevo a decir que de inmediato, y le comenté que el Papa en 1992 había pedido al Fundador que pusiera un esfuerzo especial en Europa. «Una idea magnífica; que se recupere aquí la fe en Europa que tanto bien ha hecho en otras partes. ¡Qué bueno que algunas congregaciones piensan en estos términos!» *Luego, comentó sobre el problema de los musulmanes, lo que ellos están sufriendo por el plan que tienen los musulmanes de destruir a la Iglesia (y además el mal que ellos luego hacen al desarrollo económico): Cree que en Europa subvaloramos los pe-*

ligros que implican la falta de fe entre los cristianos y la inmigración musulmana, con el plan que ellos tienen de dominio. [sic]

Sobre el prelado Antonio Arellano Durán, obispo de San Carlos de Venezuela (fallecido en marzo de 2003), los legionarios Justo Gómez y Manuel Álvarez pasan el siguiente informe realizado durante los días 5 y 6 de octubre:

Ya quiso mandar un seminarista al Mater Ecclesiae, pero como el seminarista falló en algo (él comentó soberbia y desobediencia) por eso no lo quiso mandar. Desde el día que llegó se ha mostrado muy edificado por el testimonio de alegría que le han dado los hermanos. El día que llegó, después de cenar, me dijo: «qué daría yo por tener 50 años menos y poder tener la gracia de ser uno de ustedes». *Me llevó a la casa del cardenal Javierre.* Allí habló de las gracias que le han tocado al venir aquí a Roma, y como una de ellas mencionó el habernos conocido y poder estar renovándose en estos días en medio de nosotros. Me preguntó por Nuestro Padre, pues lo conoció en Venezuela hace cincuenta años *cuando Nuestro Padre pasaba en sus giras de recaudación de fondos. Lo curioso es que ayer en la noche nos cruzamos con él, pero Nuestro Padre llevaba prisa y no se detuvo a saludar, pero su excelencia tampoco lo reconoció.* [sic]

También sobre Antonio Orellano recogieron un informe los legionarios Justo Gómez y Konstantin Ballestrem, los días 10 y 12 de octubre:

Comenta es increíble como algunos obispos todavía no se dan cuenta que *es más difícil trabajar con los ricos que con los pobres*. Hablando con el obispo de Jerusalén y el de Sicilia sobre el estilo de vida de la Legión dijo que *se puede vivir como madre Teresa o como nosotros, da igual y no tiene importancia.* [sic]

El informe sobre el obispo español de Tarazona, Joaquín Carmelo Borobia Isasa, se realiza los días 6, 7, 8 y 12 de octubre por los legionarios Juan P. Ledesma, Konstantin Ballestrem, Jesús Villagrasa y Miguel Segura:

Nos aprecia mucho y agradece las misiones del año pasado en su diócesis. Este año quiere que le avisemos para meterse directamente él en la programación de las mismas. Habló muy bien del P. Guerra y del Francisco de Vitoria [la universidad que los legionarios tienen en la localidad madrileña de Pozuelo y de la que es rector Daniel Sada], especialmente de Verdejo. Ayer se le entregó el folleto de explicación de la Legión y del Regnum Christi y se lo leyó entero. Está muy satisfecho del H. José Ramón Hurtado, que le atiende de mil maravillas. Hoy le pidió que le sacara fotos y nos regaló dos rosarios del Papa. *Es muy amigo de Monseñor Antonio Cañizares* [actual arzobispo de Toledo y primado de España] *(pues este último suele ir a descansar con él y viceversa). Por eso sería bueno, si al P. Guerra le interesa ponerlos juntos en una comida.*
Juventud Misionera: quiere ocuparse de que todo salga muy bien, como el año pasado en su diócesis. Quiere facilitar un lugar para más jóvenes.
Hablando con el P. Gregorio, al saber que había

estado estudiando en Comillas [la antigua Universidad Pontificia de los jesuitas en Cantabria, de la que Maciel también fue expulsado] y algunos detalles de los años pasados allí por la Legión, dijo con mucha fuerza, «*pues el Fundador lo debió pasar muy mal*». A mí me decía: «*Tú no conociste aquel ambiente, pero me imagino las que le hicieron pasar, no hace falta que me digan...*»

En la tarde fui al Ateneo y encontré al obispo de Tarazona que estaba enseñando las instalaciones a un sacerdote amigo suyo que estaba de visita. Los comentarios eran de entusiasmo y de valoración positiva de todos los aspectos de la Universidad. Quedaron especialmente impactados con el aula virtual. [sic]

Richard Burke, obispo de Warri (Nigeria), fue sometido a un estrecho seguimiento por parte de los legionarios Robert Havens, Matías Kim, Michael Ryan y Donal Clancy, facilitando quizás uno de los informes más amplios de los realizados por este sistema durante el año 2000.

Comí con el obispo Richard Burke. Se interesó mucho por nuestra formación y, como dije en la reunión, empecé a hablarle de Mater Ecclesiae. *Tiene interés y es santo*. Comentó que todo está muy bien organizado y agradeció por todo. Mencionó particularmente el libro de la liturgia y los transportes. Veo como ustedes, realmente, viven del espíritu del Evangelio. Esto lo dijo durante la cena viendo nuestro modo de ser y vivir entre nosotros.

Esta mañana platicaba con el obispo irlandés que trabaja en Nigeria. Manifestó mucho interés en la labor con los catequistas. Él los consideraba una pieza esencial de la Iglesia en Nigeria y teme que no están recibiendo suficiente atención en estos tiempos (pues hay abundancia de vocaciones ahora en Nigeria, pero a largo plazo es siempre el catequista el que está en contacto con la gente). Él me dijo que escribiría a Nuestro Padre para pedirle que funde una escuela de catequistas en Nigeria. Le platiqué lo de los Evangelizadores a Tiempo Completo y estaba encantado de la idea.

Es de la Sociedad Misionera de San Patricio (Kiltegan Fathers), la misma que monseñor Magee. De 51 años. Ya en otros comentarios ha salido a la luz su buen espíritu sacerdotal, su sencillez, etc. Tenía mucho interés en saber algo más sobre la formación. Tiene bastantes seminaristas, pero le preocupa por la situación en Nigeria el discernimiento de su intención recta (la Iglesia católica es la institución más respetada en el país) y la profundidad de la formación. *Se ve que hay demasiados sacerdotes sin ardor sacerdotal.* Preguntaba cómo lográbamos en los hermanos su «focus, their clarity of objective», es decir, la orientación clara que cada uno tiene de lo que quiere hacer de su vida. Escuchó con mucho interés el tema de la formación humana, de la voluntad y conciencia. Había buscado comprar un libro con la traducción inglesa de la *Formación integral* [libro de Marcial Maciel, publicado por la BAC, y titulado la *Formación integral del sacerdote*] con mucho interés.

Otro tema que le interesa mucho es el de la formación de catequistas. Decía que había antes una gran tradición de catequistas en África y que la Iglesia se había construido sobre esta base. *Ahora están muchos contentos con que hay vocaciones sacerdotales y descuidan la formación de catequistas*, lo cual trae muchos males a corto y sobre todo largo plazo. Hablé de los Evangelizadores a Tiempo Completo, de su programa de formación y del método para pagarles el salario. Se interesó mucho para tener algo de material, y mejor aun un legionario trabajando en este campo en todo el oeste de África. No es que no haya nada, hay catequistas de tiempo completo, parcial y voluntarios, hay escuelas para ellos etc., pero ve que hoy por hoy no hay estructura. De su parte, está empeñado en ello.

Escuché de otro obispo que Richard Burke es el único obispo extranjero en Nigeria y que se le nombró porque hay unos conflictos étnicos muy fuertes en su diócesis. Había mucho enojo cuando se le nombró de parte de los fieles, tanto que el Nuncio le pidió quedarse en Irlanda, Pero no recibió este mensaje a tiempo, pues ya se había marchado para Nigeria. [sic]

Tampoco se libró de esta labor de espionaje el cardenal Darío Castrillón Hoyos, prefecto de la Congregación para el Clero y uno de los pesos pesados de la alta jerarquía eclesiástica, según el informe que elaboró el legionario Luis Carlos Aguirre el día 10 de octubre.

Fuimos a traer al cardenal para su conferencia. Se mostró bastante abierto y amable. En el camino nos iba comentando de la región de Colombia de donde es él y de la región donde trabajó.

Al salir del centro de estudios el Cardenal invitó a Mons. Berlie [Emilio Carlos Berlie, arzobispo de Yucatán] a llevarle al lugar donde está hospedado. Al despedirnos del P. Álvaro Corcuera y salir en el coche comentó: es un buen número de obispos el que está haciendo el curso. Se quedó maravillado con los jardines. Pasamos junto al Ateneo. El Cardenal comentó: «¡qué maravilla, que lugar tan hermoso!» y Mons. Berlie le dijo: «¿envidiarán esto los que no lo tienen?». El Cardenal respondió que con seguridad pero que esto era fruto del trabajo de 50 años. Mons. Berlie le corrigió: «60 años de vida luchando». Y añadió el cardenal: «y trabajando desinteresadamente con laicos y sacerdotes», Mons. Berlie dijo: «sí ya ve la cantidad de gente que tiene el movimiento Regnum Christi y el bien que hace».

El Cardenal *se quejaba un poco de que su predecesor en Colombia había vendido una casa que tenía cerca del Ateneo* y que ahora hubiera sido estupendo tener allí cerquita a los seminaristas, para poder ir a estudiar. Nos contó quién le regaló la casa y cómo le dio dinero un señor de Colombia, etc. En el trayecto el Cardenal nos seguía contando cómo consiguió la casa y *en un momento comentó que cuando él era joven era muy duro y a veces se arrepentía y le daba vergüenza recordar cosas que él había hecho como Obispo*. El Cardenal se quedó muy agradecido con el servicio (lo mismo el secretario). [sic]

La información que proporciona el legionario Michel Ryan, el 8 de octubre, sobre el obispo de Ecatepec, Onésimo Cepeda, no tiene desperdicio:

Ha preguntado sobre la Legión y mostrado admiración por lo que ha hecho. *Ayer platicaba de que si él hubiera sido elegido para Chiapas hubiera corrido a*

> *todos los jesuitas y dominicos y hubiera pedido clero de la legión y de las otras diócesis de México. Decía que ahora las cosas están «calmadas» porque siguen haciendo lo que siempre hacían. Sólo que ahora les falta la propaganda de Mons. Samuel Ruiz.* [Obispo emérito de Chiapas y firme defensor de los derechos de los indígenas y de la Teología de la Liberación, contra la que los legionarios han luchado en aquella región mexicana.] [sic]

Las opiniones de Onésimo Cepeda respecto a la situación de Chiapas han sido siempre controvertidas, pero llama la atención el juicio y la falta de caridad evangélica con la que se refiere a su hermano en el sacerdocio y en el ejercicio del episcopado Samuel Ruiz. Ya cuando la famosa marcha zapatista del subcomandante Marcos hacia la capital mexicana, el obispo de Ecatepec pidió públicamente que Marcos fuese arrestado durante la misma.

Siguiendo con estos informes, es también sabroso el testimonio del 9 de octubre sobre la declaración de la Comisión Pontificia para la Doctrina de la Fe «Dominus Iesus», sobre la unicidad y la universalidad salvífica de Jesucristo y de la Iglesia, y que había sido hecha pública por el Vaticano en el mes de agosto. El legionario Paolo Scarafoni atribuye el siguiente comentario a varios obispos a los que no cita:

> En general los obispos, de varias naciones, respetan las razones que tuvo la Santa Sede para promulgar el documento «Dominus Iesús». Sin embargo todos también *dicen que les ha complicado la vida y encendido problemas.* [sic]

En el mismo informe el legionario Javier Cereceda cita más adelante al arzobispo español de Toledo, Antonio Cañizares, primado de España:

Ayer fui al colegio español a saludar a Mons. Cañizares por encargo del P. Caesar. Cuando nos despedimos nos dijo: Que sigáis así, siendo fieles; que Dios os está bendiciendo por ser fieles. *Se percibe rápido por el trato que nos tiene mucho afecto.* [sic]

Sobre Jesús Rocha, obispo auxiliar de Brasilia, el legionario Rodrigo Hurtado informa el 12 de octubre de los siguientes comentarios:

Hablando de cómo volver a la Iglesia católica a tanta gente que hoy está en sectas o simplemente secularizada, dijo «*Hace falta menos Romanismo*», *aunque aclaró que él no estaba en contra del Primado de Pedro y de la autoridad del Papa*. Insistió en que hacía falta actualizar más la Iglesia, adecuarla a los jóvenes de hoy. Yo entendí que se refería sobre todo a la liturgia. Insistió que en Brasil lo que da muy buen resultado es visitar a las familias casa a casa. Hacer que se sientan cercanos a sus pastores y apreciados por la Iglesia. Yo le conté lo que se hace en Juventud y Familia Misionera y dijo: «eso, eso es lo que se necesita».

También alabó la labor del Cardenal Arns de Sao Paulo. *Dijo que fue «muy criticado por trabajar con la Doctrina Social de la Iglesia» (en realidad era un poco liberal)*. Calificó su labor pastoral como muy buena y muy cercana a la gente y las críticas «como incomprensiones».

El P. Caesar dice que es un obispo, como muchos

que hay en Brasil, que *aunque simpatizan por las ideas liberales*, en realidad lo hacen con sencillez y buena fe. Están abiertos. *Es en términos «políticos» un voto indeciso, puede caer a cualquiera de los dos lados. Son gente que debemos trabajar y con la que se hace mucho trabajo en Brasil.* [sic]

MON PÈRE Y LOS MEDIOS DE COMUNICACIÓN

En la búsqueda del poder por los legionarios no podemos olvidar las relaciones con los medios de comunicación, con los que raramente, a excepción de los periodistas afines o los que saben que son simpatizantes de la Legión y del Regnum Christi, mantienen algún contacto salvo para informar sobre sus objetivos pastorales o sociales.

En una carta de Marcial Maciel dirigida a un amigo periodista de la Legión de Cristo el 14 de noviembre de 1991, el fundador le explica cómo entiende el papel de los medios de comunicación en su servicio a la difusión del Mensaje de Cristo:

> Siempre he querido hacer grandes cosas por Cristo; quise llevar a todos los hombres, aun a aquellos perdidos en los últimos rincones del planeta, la felicidad profunda que Jesucristo da al alma que lo conoce y lo ama. Enseguida comprendí, mejor dicho, el Espíritu Santo me lo hizo comprender, que no podíamos quedarnos atrás en el uso de los mejores medios de la técnica para lograr este fin nobilísimo. ¿Por qué los cristianos, que somos conscientes de poseer la verdad, nos mostrábamos tan timoratos y tan poco efica-

ces a la hora de comunicarla? ¿Por qué otras organizaciones con fines interesados o incluso abiertamente malvados sabían manejar instrumentos y técnicas refinadas para obtener sus objetivos perversos? Esta era una espina que traía clavada en el corazón y todavía la tengo.

Siempre he pensado que Jesucristo ha sido el hombre comunicador por excelencia. ¡Con qué maestría, con qué sencillez, con qué elegancia comunica las verdades eternas! No hace discursos rebuscados. Entra inmediatamente en contacto con la gente, con sus problemas, con sus anhelos, con sus necesidades. Jesucristo es el hombre del mensaje. Tiene algo que decir, sabe cómo decirlo y cómo adaptarse a la mentalidad de aquel que lo recibe. Por eso crea esas maravillosas parábolas que traducen las celestes realidades del Reino en lenguaje popular, casi aldeano, pero permeado de una profundidad insondable. Sus palabras son fácilmente comprensibles por todos, tanto por el filósofo como por el campesino; por las mujeres sin instrucción como la samaritana, y por los maestros de Israel como Nicodemo. Él no tenía a su disposición en su época ni el cine, ni la radio, ni la televisión, ni la prensa, pero usó los medios más eficaces con que podía contar: la predicación sabatina en las sinagogas donde acudían semana tras semana la inmensa mayoría de los judíos piadosos y la predicación al aire libre: en las plazas, en el campo, al lado de la playa, sobre la barca, en el monte, en el templo de Jerusalén. Él quería que su mensaje de salvación llegara en profundidad y al mayor número posible de personas. Por eso, lo que Él mismo no alcanza a comunicar a las masas, pide a sus discípulos que se encarguen de hacerlo: «Lo que yo os digo en la oscuridad, decidlo a plena luz y lo que escucháis al oído, predicadlo sobre los tejados.»

Por desgracia, este campo de los medios de comunicación social es todavía prácticamente virgen para los cristianos. El concilio Vaticano II nos dejó un magnífico decreto, *Inter Mirifica*, sobre el tema. Pero muchas de las iniciativas propuestas no llegaron a concretarse por carecer de medios económicos o por falta de personas capacitadas en el uso de estos medios. Muchas y grandes son las metas que se pueden conquistar en este campo de las comunicaciones. Estoy seguro de que son las metas que usted ha venido persiguiendo en estos largos años de trabajo en este campo; un servicio que, lejos de ser meramente académico, habrá querido ser cristiano, apostólico.

Hoy esta realidad de la que habla Maciel, de la penuria en medios informativos propios, ha quedado ampliamente desfasada en la Iglesia católica en general y en la Legión de Cristo en particular. Como ejemplos concretos y sin ánimo de ser exhaustivo, Maciel cuenta en primer lugar con el control de muchos medios de comunicación en México mediante la publicidad que empresarios afines suscriben o retiran de esos medios. Paralelamente, los legionarios controlan la poderosa agencia católica Zenit, con sede en Roma, que dirige el periodista, ex legionario y muy cercano al Regnum Christi, Jesús Colina, y cuya información se distribuye en todo el ámbito católico. La fundación de publicidad Kolbe, con sede en España, se ocupa de la presentación de las páginas web oficiales de la Legión y del diseño de las campañas publicitarias. Las páginas religiosas del diario español *La Razón* y su suplemento religioso *Fe y Razón*, están controladas directamente por el periodista Alex Rosal, miembro del Regnum Christi y uno de los responsables también en Madrid del portal católico en Internet E-Cristians. Asimismo, la Legión cuenta con revistas, periódicos y emisoras o programas de radio en todo el mundo, y forma en sus universidades, en las que trabajan como profesores o son invitados a impartir charlas y conferencias periódicamente periodistas de medios de comunicación aconfesionales, a futuros profesionales de los medios de comunicación.

QUIERO SER SANTO COMO SAN JOSEMARÍA ESCRIVÁ

Según cuentan sus allegados, en este último período de su vida Marcial Maciel tiene dos obsesiones, pensamientos fijos que le han acompañado a lo largo de los años pero que ahora, cuando ve su fin cerca, cobran una intensidad casi enfermiza. La primera, que le nombren cardenal de la Iglesia; la segunda, que sus seguidores le vean en los altares.

El fundador se ha procurado a lo largo de su vida un halo de predestinación y protección a cargo del Altísimo, y en este sentido son constantes sus referencias o la de sus colaboradores a lo sobrenatural. Samuel Lemus, sacerdote legionario, en sus visitas a Estados Unidos para captar fondos y vocaciones utiliza estas palabras cuando habla de cómo conoció a Maciel: «en la capilla, de rodillas en oración profunda, cuando me acerqué a él olía a rosas...».

El mismo Maciel hace frecuentes alusiones a la santidad cuando se dirige a sus seguidores. En el mismo encuentro de jóvenes al que nos referíamos anteriormente, el fundador les adoctrinaba para que:

No se olviden de que la piedad, el rezar el rosario y otras oraciones nos ayudan para acercarnos a la santidad, pero no son la santidad. No porque reces muchos rosarios o muchas oraciones estás ya en el camino de la santidad. No. ¿Cuál es el camino de la santidad? El camino auténtico de la santidad es el camino del amor, el camino de la donación. Dios, Cristo nos ha marcado este camino. Se entregó a nosotros hasta la muerte y muerte de cruz por amor. Ahora tú, ama a Cristo. Síguelo paso a paso. Reza todo lo que puedas. Haz todas las obras buenas que puedas. Pero no se te olvide que el verdadero camino de santidad, el recto, el que te lleva a Cristo, es el camino del amor, el camino de la entrega tuya a Cristo nuestro Señor. Esto no es fácil, y precisamente tenemos que imitar a Cristo. Cristo pagó muy caro con su vida y muriendo en una cruz para demostrarnos que nos amaba. Nosotros no debemos tener miedo al sacrificio. No debemos huir del sacrificio. Nos vienen penas, tribulaciones, amarguras, tenemos triunfos, tenemos fracasos, etc.; pero nosotros no debemos apartarnos del camino real del amor, del camino real de la santa cruz. Todo cristiano no puede ser buen cristiano si no se abraza a la cruz, si no sufre todo lo que ocurre en la vida de negativo por amor a nuestro Señor Jesucristo. De manera que ése es el camino de la santidad. Y el Papa, jóvenes, a ustedes les ha dejado un reto muy especial, les ha dicho que ustedes son los continuadores de la fe, que tienen que salvar al mundo por su santidad. Fíjense que no les ha dicho siendo buenos, sino siendo santos...

Pero como de momento la santidad es un futuro muy lejano, Marcial Maciel se ocupa de que su madre, la única que entendía sus problemas con el sexo, llegue a los altares. El proceso está abierto y ya ha llegado al Vaticano. Maura Degollado Guizar, «Mamá Maurita» como la llaman cariñosamente los legionarios por haber educado a sus hijos en la fe, ya ostenta el título de «sierva de Dios», y ahora hay que buscar los milagros que puedan convertirla en beata, primero, y santa, después. La operación ya está en marcha. Un tríptico (que adjuntamos en el Apéndice de documentos) distribuido ampliamente por México invita a los fieles católicos a rezar por su beatificación y encomendarse a ella.

La reciente canonización del fundador del Opus Dei, Josemaría Escrivá, tampoco ha sido ajena a esta aspiración de Maciel de llegar a los altares. El mexicano, quien tomó una gran parte de las estructuras y obras del Opus como inspiración para su fundación, no sólo envidia la prelatura personal que distingue a la obra de Escrivá, sino que ya desde la beatificación de éste aspira a ser otro fundador canonizado. En Roma el tiempo, salvo excepciones, no existe. El futuro dirá si a pesar de las acusaciones que pesan sobre él, Marcial Maciel consigue sus objetivos y sus seguidores podrán rezarle en los templos. Muchos, en su corazón, ya lo hacen.

UNA VIDA DE LUJO FRENTE A LA AUSTERIDAD
DIGNA DE LOS LEGIONARIOS

Todos los que se mueven alrededor de Maciel coinciden en señalar la vida de lujo que lleva el fundador frente a la vida de *pobreza digna* que marcan las Constituciones legionarias. En esta cuestión de placeres y exquisiteces mundanas Maciel no ha perdido el camino, siguiendo el símil del burro que a él le gusta citar a sus seguidores: «Los legionarios tenemos que aprender mucho del burro. El arriero lo carga con mucha leña y el burro camina. Si corre, le pegan por ir deprisa; si va lento, también le pegan, y sigue caminando. Al llegar al pueblo, si el arriero se detiene para vender leña, el burro aprovecha su tiempo libre para comer lo que encuentra. El burro es un animal muy sufrido y trabajador, se contenta con poco y rinde mucho; pero lo más importante es que el burro no pierde el camino, a pesar de los golpes.»

Mon Père, como le gusta que le llamen los que lo rodean, se ha excluido siempre de las normas, las que fijó por inspiración divina (como él mismo dice), y que marca para los demás. Es una contradicción con la vida de santidad a la que aspira y con la que llevaron los santos auténticos que cita en ocasiones como ejemplo a imitar, como Francisco de Asís o la beata Teresa de Calcuta.

El número 276 de las Constituciones de la Legión de Cristo, refiriéndose al voto de pobreza, señala lo siguiente: «A nadie le está permitido usar de cualquier cosa como propia. De esta norma queda eximida la posesión del Crucifijo que nuestros religiosos reciben el día de su profesión.»

El Derecho Canónico es asimismo explícito en estos puntos: «El consejo evangélico de pobreza, a imitación de Cristo, que, siendo rico, se hizo indigente por nosotros, además de una vida pobre de hecho y de espíritu, esforzadamente sobria y desprendida de las riquezas terrenas, lleva consigo la dependencia y limitación en el uso y disposición de los bienes, conforme a la norma del derecho propio de cada instituto.» (Canon 600.)

Quienes han pasado muchos años en la Legión de Cristo saben que esto sólo se aplica a los miembros, mientras que los superiores poseen cosas que usan de forma exclusiva: el Mercedes Benz o el BMW de «Nuestro Padre»; la habitación de «Nuestro Padre» (de hecho, posee una en cada una de las casas que la Legión tiene en los diversos países, cuando los legionarios deben mudarse mensualmente de la suya para no cogerle apego. En Roma goza del privilegio de disponer para su uso propio de una serie de estancias tanto en la casa general como en el actual colegio legionario que se encuentra en via Degli Aldobrandeschi, junto a la estación de ferrocarril Aurelia. En ella Maciel dispone de cocina propia y cocinero particular, sala de televisión, despacho, dormitorio, etc.).

Si Maciel dice que Dios le inspiró esas normas, aprobadas por la Iglesia, los ex legionarios que un día le abandonaron se preguntan por qué no las cumple. En la Legión, desde el primer momento en que se accede al noviciado, los superiores reiteran al candidato que Dios bendice lo que se ajusta a su voluntad, que, como señala el mismo fundador, la marcan las Constituciones.

Es cierto que los primeros legionarios hablan de la austeridad de vida que llevaban todos al principio, pero con el paso del tiempo, cuando empezaron a llegar las donaciones y la ayuda económica, Maciel fue apartándose paulatinamente del cumplimiento de esta norma. Ha dirigido muchas críticas contra los teólogos de la Liberación por estar cerca de los pobres; su reino, su objetivo pastoral, son los futuros (y los presentes) líderes políticos y empresariales y, a pesar de que la Legión cuenta con obras sociales y de caridad como Mano Amiga, en realidad se sirve de ellas como tapadera para dotar de credibilidad la vocación misionera que figura como uno de los objetivos del movimiento.

Muchos de los que trabajan en las misiones legionarias, como han narrado algunos de ellos, reciben indicaciones de sus superiores para fotografiarse al lado de los pobres y desfavorecidos. Esas fotografías serán luego convenientemente difundidas para animar a los buenos corazones a que den dinero a la Legión.

Pero Marcial Maciel no vive la pobreza, ni siquiera una «pobreza digna», como señalan las Constituciones: dispone para su desplazamiento y uso exclusivo de coches de las mejores marcas (a los que se les cambian las placas por matrículas de México u otros estados para eludir el pago de impuestos), ya que asegura que sus problemas de espalda no le permiten utilizar vehículos de otras marcas, y así posee un BMW en España, Irlanda e Italia; Mercedes en México y también en Italia, así como limusinas en Estados Unidos.

Cuando viaja en avión, siempre lo hace en primera clase (los suyos van en turista, pero se les recomienda otro tipo de transporte, siempre que no haya agua de por medio), y cuando los viajes por carretera son de varias horas, Maciel evita el uso de sus coches de lujo para desplazarse en helicóptero (adjuntamos en el Apéndice uno de los presupuestos), en el que ha llegado incluso hasta los jardines de la casa general en Roma, ya que su lema es «hay que ganar tiempo al tiempo». Bajo este lema, dicen sus críticos, no importa gastar millones con tal que su misión sea eficaz y su vida no sufra detrimento. Claro que para que nadie pueda decir nada existe el voto privado, como veremos más adelante, por el cual no se puede criticar absolutamente nada de ningún superior, y de Maciel mucho menos.

Una de las cosas más sorprendentes en la vida del sacerdote Maciel y su vivencia del voto de pobreza es la de los alojamientos que utiliza en los países que visita. Los que han abandonado la Legión se lamentan de que en los lugares donde los legionarios viven en un ambiente de austeridad propia de la vida religiosa (a pesar de que en muchas ciudades europeas sus casas y centros están situados en zonas privilegiadas de alto nivel social), Maciel despilfarre millones en hoteles de lujo, sobre todo cuando tiene habitaciones reservadas permanentemente —los legionarios tienen obligación de cambiar de habitación mensualmente en los seminarios— para su uso personal en las casas legionarias. En Salamanca, por ejemplo, nunca se aloja en el seminario mayor de la Legión, sino en el mejor hotel de la capital.

Otra nota que distingue a los legionarios es el uso constante y permanente del traje talar negro, que lucen impoluto. La pregunta que se hacen sus detractores es por qué Maciel jamás lo usa cuando se aloja en hoteles de lujo, sino que viste elegantes trajes de los diseñadores de moda más acreditados en el mundo social.

Un hecho desconocido para la mayoría de los legionarios, y que demuestra el concepto que Maciel tiene de la austeridad y de su misión evangélica, es el de la cripta que se mandó construir en Roma, y que hemos mencionado anteriormente. Todo comenzó en 1996, cuando consiguieron el permiso del «Comune di Roma» (ayuntamiento de Roma) para construir un aparcamiento bajo la parroquia. Hasta el día de hoy, esa cripta es para todos un aparcamiento privado (tiene una escala de acceso por la parte izquierda de la parroquia de Nuestra Señora de Guadalupe, aunque nunca se ha utilizado para ese fin). La entrada principal de la misma es por la puerta que da acceso a la casa general de los Legionarios de Cristo, ubicada en via Aurelia 675. Al parecer, Maciel pretende que, a su muerte, sea sepultado allí para poder continuar con el culto que en el presente le dedican sus fieles. No es casualidad que actualmente los legionarios estén comprando las casas situadas junto a la parroquia, pues de lo contrario el sueño de sepultar al fundador en la misma se vería truncado por los que viven alrededor.

El culto a su persona, animado por él y por su entorno personal, es otra constante en su vida, y se pone fundamentalmente de manifiesto todos los años el 10 de marzo, fecha de su nacimiento (mientras que a los legionarios no se les permite celebrar su cumpleaños, ni siquiera mencionarlo con sus compañeros), y el 26 de noviembre, aniversario de su ordenación sacerdotal. Ese día la vida ordinaria se suspende en la Legión y en los centros de enseñanza propios y se realizan actividades especiales para festejar a «Notre Père».

Si ese culto se le tributa fuera, qué decir de lo que pasa dentro de la Legión. Cuando se hacen paseos, todos tienen que ir alrededor del fundador; todo lo que dice se graba en vídeo y en cintas de casete, además de pasar todo a formatos digitales y transcribir sus palabras. Quizá nadie puede olvidar, me contó uno de mis confidentes, las esperas de pie, mirando al frente como soldados de Cristo, antes de las largas conferencias (*Questions*, se les llama dentro de la Legión) a las que son sometidos sus miembros. A esas reuniones nadie puede faltar, incluso si se está desarrollando algún apostolado, pues todo queda relegado ante la visita de Maciel.

Es el becerro de oro del que habla la Biblia quien se ha subido en el pedestal para que todos le adoren. Él es el ejemplo perfecto del legionario, el que no tiene defectos ni manchas de ningún tipo. Quizá por ello alguno de sus leales guarda, como si de un tesoro se tratase, los envoltorios de los caramelos que Marcial Maciel ha tomado en sus Questions para aclararse la garganta. Sin duda algún día se contemplarán como reliquias porque él los tocó con sus manos.

Desde que se ingresa en la Legión se reitera hasta la saciedad que Cristo es el centro de todo (el cristocentrismo legionario). En los noviciados el lema de la vida es *Christus Vita Vestra* («Cristo vuestra vida»), pero eso es sólo una pantalla, porque la encarnación perfecta de ese Cristo teórico que se propone es Maciel. Es obligatorio leer todas las cartas que según dicen ha escrito (miles), aunque algunos sepan que la mayoría las han elaborado sus más cercanos colaboradores o secretarios, incluso las que se escriben como respuesta a cuestiones de conciencia que se le puede plantear, pues en la Legión la conciencia no se respeta, contrariamente a lo que manda el Derecho Canónico.

En los seminarios menores y las escuelas apostólicas se realiza un auténtico lavado de cerebro para concienciar de que el fundador es el centro de todo, el dueño de todo, principio y fin de todas las cosas. Nuestro Padre nos ha mandado un regalo, una película, una fiesta, esta comida, una manguera... en fin, todo es porque Maciel lo dice. Así se engrandece su figura ante las mentes virginales de los niños que llegan a los centros vocacionales y se va creando una dependencia psicológica cada vez mayor del fundador o de quienes lo representan, los superiores.

2

LAS ARMAS SECRETAS
DE LA LEGIÓN DE CRISTO

Sin lugar a dudas una de las principales armas con las que cuenta Maciel en el funcionamiento de la Legión y del Regnum Christi es «el culto a su persona». Desde que los niños de once años pisan el umbral de la escuela apostólica (centros vocacionales o seminarios menores) y los novicios cruzan la puerta del noviciado, así como en las restantes etapas de la vida en la Legión, la figura de Maciel ocupará un lugar de primer orden para ellos.

Al fundador se le pone como el modelo del legionario perfecto, aquel que ha cumplido con perfección el plan de Dios sobre su vida, y así lo recoge el Primer Capítulo General Ordinario de la Legión de Cristo (al que nos referimos en el capítulo siguiente) al hablar de la conciencia de los cofundadores, un estribillo que acompañará toda la vida de cada uno de los que componen este grupo, como la mejor de las sectas en las que el gurú que recibió una inspiración se pone como el principal artífice de todo:

Al Fundador toca, no por méritos humanos propios, sino por gracia, bondad y elección de Dios y por aprobación de la Santa Iglesia, ser el instrumento auténtico para manifestar el carisma específico de la Legión y del Movimiento del Regnum Christi (Carta de Marcial Maciel de 1-X-80). A juicio de todos los Padres Capitulares, la misión de Nuestro Padre Fundador está cumplida, aunque no acabada; y quiera Dios concederle aún muchos años para perfeccionarla. A los Cofundadores corresponde conocer, asimilar y transmitir las Constituciones, la doctrina, el espíritu, la metodología, las genuinas tradiciones, la disciplina y el estilo de vida de la Legión tal y como ha sido manifestado por el Fundador (Carta de Marcial Maciel de 1-X-80). El balance que a nombre de todos hemos hecho durante el Capítulo en sesiones generales y en la reflexión personal arroja como resultado un cumplimiento general bueno. Lo que nos falta para llegar al cumplimiento excelente es una mayor conciencia de cofundadores y de todas las responsabilidades que esta vocación nos impone (Primer Capítulo General de la Legión de Cristo, artículo 4).

Cuarenta años de historia prodigiosa, intensamente concentrada en la persona de Nuestro Padre Fundador, pero también participada por cada uno de los cofundadores en la medida de su madurez espiritual y de su generosidad, deben abrirnos los ojos a la gran realidad y verdad fundamental de nuestra vida: la Legión y el Movimiento son obra de Dios. Al margen de lo que los hombres vean en nosotros, al margen de las interpretaciones que se den de los avatares y realizaciones de su historia, nosotros escuchamos la Palabra de Dios, que no engaña (Primer capítulo General de la Legión de Cristo, artículo 7).

Y este culto a la persona, en el que el pensar, el actuar y el vivir tenga como centro al fundador se consigue también con el informe de «Actividades recientes de Nuestro Padre», que se lee en todos los centros legionarios periódicamente y del que extraemos algunos ejemplos:

> Los últimos días de mayo y los primeros de junio Nuestro Padre ha permanecido en Roma atendiendo asuntos de gobierno y realizando diversas actividades apostólicas, especialmente reuniones con miembros de la jerarquía eclesiástica. Asimismo ha convivido en numerosas ocasiones con las comunidades de Roma. El domingo 28 de mayo, por ejemplo, celebró la Eucaristía en la sede de la dirección general y el día 30 en el centro de estudios superiores; en ambos casos se trató de misas ordinarias pedidas por los hermanos a Nuestro Padre.
> El 11 de junio, solemnidad de Pentecostés, recibió en el centro de estudios superiores a un bienhechor y miembro del Regnum Christi de Estados Unidos. Después de la concelebración eucarística, lo invitó a desayunar con la comunidad y le mostró las obras de nuestro nuevo Ateneo.
> Ese mismo día 11, hacia las 12:00 am, vio con la comunidad el segundo vídeo de la serie «La Cotija de Nuestro Padre». Este vídeo presenta otros aspectos de la vida de Nuestro Padre en su pueblo natal, centrando la atención en la vocación de Nuestro Padre: sus reflexiones sobre el tiempo y la eternidad en el cerro del Calabazo, la llamada, el santuario de san José del Barrio, etc. El mismo Nuestro Padre hace la narración de algunas partes.

La segunda mitad del mes de junio se caracterizó por una convivencia todavía más frecuente con las comunidades de Roma: merienda-cenas, baños en la piscina, etc. El 17 de junio, entregó los destinos de prácticas apostólicas. Antes de dar lectura a los nuevos puestos, dirigió unas palabras, a modo de avisos comunitarios, en las que hizo algunas observaciones a las comunidades. Comenzó hablando de la importancia de ser fieles a los detalles, explicando que actualmente existe una corriente muy fuerte contra la verdadera identidad de la vida consagrada. Por ello, es importante que formemos una personalidad atenta y vigilante, una personalidad que sepa por qué hace las cosas y que conozca cuán serio es el compromiso que ha contraído con Dios el día de su profesión religiosa; una personalidad, en definitiva, que no se deje llevar por las modas cambiantes del momento.

Nuestro Padre invitó a los padres y hermanos a preguntarse por su puntualidad a las distribuciones comunitarias, por su fidelidad al principio legionario de dejar la letra comenzada o por la puntualidad al juego; también habló de la limpieza de las habitaciones. Hizo gran hincapié en la vivencia del silencio, comentando el número 235 de nuestras Constituciones y subrayando que sin una vivencia delicada del silencio interior y exterior es imposible que una alma consagrada pueda tener una vida espiritual sólida y fecunda. Recordó asimismo la norma de la incomunicación entre las diversas comunidades e invitó a todos a mantener el nuevo centro de estudios limpio y distinguido, según el espíritu de la Legión. Por último, dirigiéndose especialmente a los hermanos que salían a prácticas apostólicas, les exhortó a ser muy fieles a la norma de anotar en el libro de salidas el lugar en el que el superior les puede encontrar en caso de necesitarles. La vivencia fiel de esta norma, en apariencia insignificante, es un reflejo de la cohesión interna de la Legión y de su naturaleza como cuerpo compacto y disciplinado al servicio de la Iglesia.

Pero el histrionismo de Maciel y sus íntimos ha llegado a límites sólo comprensibles en un ejército de autómatas, y si no veamos esta carta del fundador, fechada en Amsterdam el 21 de octubre de 1955:

> Ha sucedido lo que menos esperaba. El avión que tomé en Roma venía desde Tokio y como es natural ya estaba cansado y fatigado en su última jornada; por lo cual, poco cuerdamente, determinó echarse a descansar sobre Mont Blanc. En vista de la gravedad del caso me decidí a darle una platiquita. Le hablé de la constancia y la perseverancia final para evitar la catástrofe para él y para sus ocupantes; del gran premio que espera a los esforzados y de cómo de ellos es el Reino de lo cielos. Le convencí y gracias a Dios hemos llegado con bien.

Como vemos, todo es por y para Maciel. Él lo consigue todo —hasta que no se caigan los aviones, con los que tiene el poder de hablar y de que le entiendan— y lo hace todo. Todas las informaciones que se facilitan a los legionarios giran en torno a las actividades del fundador, principio y fin de todas las cosas... en la tierra.

A MAYOR GLORIA DE «NUESTRO PADRE»

No es por casualidad que en las escuelas apostólicas, donde los niños quedan marcados como la cera blanda para siempre por esta experiencia, reciben un continuo bombardeo de la figura de Maciel. Una silla que se compra, una película que se proyecta, un premio que se concede, todo, absolutamente todo, lo ha «concedido Nuestro Padre». De esta manera, Maciel, más que el mismo Cristo, viene a invadir cualquier rincón en la vida de los apostólicos.

Otra cosa diferente son los castigos, que se infligen porque uno ha sido infiel al «Plan de Dios», porque le ha fallado a Cristo.

Bajo esas dos paradojas se mueve internamente la vida de los legionarios, desde los más pequeños hasta los más maduros sacerdotes. Son los dos pilares en los que se asienta la formación y la vida legionaria.

En la predicación siempre se toma como base fundamental de la misma todo lo que Maciel ha predicado, escrito o mencionado en cualquier momento... Cerrar una carta, la forma de peinarse, de caminar o estar sentado, deber ser «al modo Legionario», como «Nuestro Padre». No se puede usar otro nombre al referirse a Maciel. No se consiente a los legionarios dirigirse al fundador como el padre Maciel, o simplemente como el fundador. No, «Mon Père», Nuestro Padre, son los únicos títulos consentidos para dirigirse o hablar del gran gurú.

Él dicta normas sobre todo, que tienen validez por encima de las normas del Derecho Civil o Eclesiástico; para eso tiene comunicación continua con Dios, que le habla hasta en los rincones menos pensados o en las situaciones más difíciles. Pero las normas, como ya hemos visto en el capítulo anterior, son para los demás. Maciel, como director general y fundador, queda excluido por el mismísimo Todopoderoso para cumplirlas. Sólo a él corresponde, como un nuevo Mesías, exigir el cumplimiento de cada una de las leyes que inventa.

Y por si alguna de sus palabras o disposiciones suscitara dudas o recelos, los padres capitulares las dotan de la pátina *legal y del consenso general*, como disposiciones estudiadas, debatidas y aprobadas por ellos, como prueba el artículo 261 de las recomendaciones del Primer Capítulo General:

> Nuestro propósito como Padres Capitulares ha sido el acoger amplia y solícitamente el pensamiento de Nuestro Fundador tal cual él mismo lo ha manifestado, plasmarlo fielmente en estas normas y transmitirlo con la mayor pureza y autenticidad a todos nuestros hermanos legionarios.

Los padres capitulares han expresado su opinión con total fidelidad a las sugerencias y opiniones del fundador... Marcial Maciel refrenda sus reflexiones y normas con su firma:

> Como Fundador y Director General de la Legión, a tenor de las Constituciones, promulgo estas directrices del Primer Capítulo General Ordinario de la Legión de Cristo, en Roma, el 26 de noviembre de 1980. [Maciel *dixit*.]

Discreción, siempre discreción

Una de las normas fundamentales en la vida de Marcial Maciel, la que le ha servido para crear este nuevo ejército que según él está al servicio del Papa pero que en realidad lo está al suyo propio y de su gloria, es sin duda «la discreción, siempre la discreción».

Con este enunciado, recalcando la palabra «discreción», se inicia una carta del fundador que me fue facilitada por un sacerdote legionario. La recogemos extensamente por ser un documento capital para entender el secretismo que rodea a la Legión, por qué es tan difícil penetrar en el interior de la congregación o del movimiento, conocer su funcionamiento y las normas de formación y vida, sus fines y objetivos.

La carta, dirigida por el fundador a «todos los Legionarios de Cristo y a los miembros del Regnum Christi», el 27 de octubre de 1988 y fechada en Roma, dice así:

> Ahora que el inicio de un nuevo curso escolar ha marcado para muchos de ustedes una reflexión, de planeación y de una renovada decisión de entrega y generosidad, deseo hacerles llegar estas líneas para expresarles mi agradecimiento por su búsqueda sincera de la santidad en la realización de su trabajo en bien del Reino, de la Iglesia, de la Legión, del Movimiento y de los hombres; e invitarles a no reservar esfuerzo alguno en el cumplimiento de la Voluntad de Dios sobre sus vidas.
>
> Pido al Señor que les otorgue la gracia de corresponder con docilidad delicada y pronta a la acción del Espíritu Santo, pues es Él quien vivifica la vida interior y la acción apostólica, y quien hace surgir frutos

de santidad en la propia vida y en la de los demás hombres.

Deseo, por medio de la presente, reflexionar juntamente con Uds. sobre la discreción que debe caracterizar las palabras de los legionarios y de los miembros del Movimiento, especialmente de los consagrados en sus filas, para ayudarles a tomar conciencia de su valor e importancia.

1. A través de los años he hablado repetidamente sobre este tema pues ya desde los primeros momentos de la fundación me di cuenta, con la ayuda de Dios, de la necesidad de esta virtud, cristiana y humana, sea para lograr imitar a Jesucristo por medio del cumplimiento fiel de sus enseñanzas sobre la caridad, la vigilancia y la prudencia; sea como una insustituible táctica de acción para proteger debidamente a la Legión y al Movimiento, su espíritu, sus miembros y sus iniciativas apostólicas.

Quienes ingresaron en las filas de la rama sacerdotal en aquellos momentos iniciales recordarán que desde entonces promoví la práctica de la discreción, de la prudencia, de la mesura en el hablar, y del sentido de reserva; y cómo, gracias a Dios, entonces se logró su observancia constante, fiel, valiente, y a veces heroica, pues se captó con naturalidad y facilidad el lugar que ocupa esta faceta del hombre integral al que aspiraban conformarse. La Legión de Cristo era una frágil planta expuesta a fuertes vendavales que amenazaban contra su vida misma. La discreción era una actitud de autoconservación y autodefensa que emanaba como consecuencia espontánea del amor por la Obra que Dios estaba suscitando, pues de las palabras y acciones de cada uno de sus miembros dependía de algún modo su futuro.

Durante los primeros años de la fundación en España algunos sacerdotes y seminaristas de la Universidad Pontificia de Comillas, deseosos de conocer los planes y movimientos del Fundador, interrogaban con insistencia y astucia a nuestros apostólicos, pero no recibieron en respuesta sino el ejemplo edificante de la caridad y de la discreción perfecta, jamás escuchando de ellos ninguna palabra que pudiera comprometer la persona del Fundador o el desarrollo del Instituto.

La discreción se imponía también como expresión del espíritu de caridad que he recomendado siempre y que he procurado promover con insistencia. Dios nos concedió que lográsemos entonces un admirable espíritu de benedicencia entre los propios y en las relaciones con extraños. Ninguna crítica o calumnia pudo arrancar de los nuestros respuesta alguna excepto la del silencio fiel y la de la benedicencia sincera. Afortunadamente ésta ha seguido siendo nuestra respuesta permanente a todas las calumnias y dificultades que han surgido a lo largo de los años de vida de la Legión y del Movimiento.

En el segundo punto de su carta Maciel se lamenta de que esa *virtud* legionaria no alcance ya *la finura* de los primeros años y utiliza la vida de Cristo, su predicación narrada en los Evangelios, para ponerla de ejemplo a sus seguidores y enseñarles así a ser discretos y a no hablar de los fines y objetivos de su fundación:

2. Sin duda todos los legionarios y miembros consagrados del Movimiento han seguido ejercitándose en estas virtudes; pero echo de menos, en algunos, la

finura que caracterizó los primeros años. Quisiera, por tanto, invitarles a valorar este aspecto de la espiritualidad de la Legión y del Movimiento, y a esforzarse esmeradamente por vivirlo, pidiendo a Dios N.S. las gracias necesarias para lograr la práctica delicada de la discreción, de la prudencia y de la moderación en el hablar.

3. Consideren que Jesucristo, siendo la Sabiduría infinita por quien todo fue hecho, al venir a este mundo, se escondió en la humildad de la vida humana ordinaria, en un momento y en un lugar históricos determinados.

En ocasiones pasaba por entre los hombres casi desapercibido. Lo encontramos en Canaán deseoso de no llamar la atención; dialoga con Nicodemo al reparo de la noche; pide a quienes han sido curados milagrosamente que no digan nada a nadie; se aleja de la multitud que lo proclama rey; calla ante quienes lo acusan injustamente. Su misión no era simplemente y sencillamente la de aparecer.

Jesucristo, maestro de la prudencia, adaptó su predicación a las exigencias de la Voluntad del Padre y a las circunstancias; no enseñó del mismo modo a las multitudes que a sus discípulos; a veces habló en público, a veces en privado. Sabía que ni los letrados en la ley, ni sus discípulos entenderían que su misión como Mesías y Salvador le llevaría a la cruz, y que no consistía en librar al pueblo judío de la dominación romana. Por eso no siempre habló abiertamente, ni reveló indistintamente el designio sobre su vida, pero siempre obró con sabia pedagogía.

Con paciencia esperaba que el escándalo de la cruz y la gloria de la resurrección mostraran el verdadero sentido de su vida y de sus palabras. Anhelaba enviar al Espíritu Santo para que iluminara las mentes de los discípulos, consolara sus almas y los convirtiese en celosos mensajeros de la Buena Nueva de la Redención...

No obstante lo anterior, en este documento el fundador señala:

[...] conviene notar que la discreción no se opone ni al celo apostólico ni a la valentía en el hablar cuando las circunstancias lo exigen. Cristo dirigió palabras de gran dureza a los fariseos que manipulaban la ley de Dios para justificar su conciencia deformada por el orgullo. Y cuando fue oportuno, no dudó en afirmar su condición de Rey y Mesías a pesar del escándalo que causaba a quienes lo escuchaban, y de los enemigos que así se procuraba...

Al reflexionar sobre el ejemplo de Cristo aprendemos que la discreción no se identifica con el silencio, ni la reserva con el secreto. La discreción es, más bien, la prudencia en el hablar y en el actuar, y la reserva el deber de no comunicar ciertos conocimientos o información. Ser discreto significa custodiar nuestras palabras con la naturalidad propia de la virtud; significa callar lo que se debe callar y decir lo que se debe decir; significa discernir para encontrar la forma de expresión que más conviene a la persona con quien hablamos y a las circunstancias en que nos encontramos; significa tener siempre presente que un apóstol del Reino busca, en todas sus relaciones, con propios o extraños, difundir la verdad del Evangelio y conquistar almas para la causa de Cristo. Quien lo olvida o descuida pierde el sentido mismo de su vida cristiana y consagrada.

Si a estas consignas le unimos el otro gran descubrimiento macielino, el voto privado (secreto) que hacen sus legionarios y del que nos ocupamos en el capítulo siguiente, el triunfo de la discreción debería estar asegurado, y así lo demuestran los hechos, ya que Maciel ha sabido pasar inadvertido con notable habilidad cuando lo ha necesitado (por ejemplo, introduciéndose en algunos países, como el caso de España), o en el de la captación de fondos o en sus faltas al celibato.

Sólo las denuncias por el abuso en las prácticas de pederastia, de él y de algunos de los suyos, y el goteo constante de los que abandonan sus filas, han conseguido, a lo largo de los años y a pesar de la protección de ciertos cardenales y obispos y del mismo Vaticano, poner al descubierto la farsa que se oculta tras la fundación de la Legión y del Regnum Christi, independientemente de la «supuesta bondad de la obra» y de las rectas intenciones cristianas de la mayoría de sus seguidores.

Maciel ha logrado durante años que sólo se mencione de la Legión su cristocentrismo, su amor a Cristo, la búsqueda de la santidad en la renuncia propia y en el darse a los demás. El resto, la estructura, el funcionamiento interno, las Constituciones, los Documentos Capitulares, los engaños, los abusos sexuales, el consumo de drogas del fundador, todas esas cuestiones han permanecido ocultas hasta que los primeros legionarios en abandonar a Maciel, cansados y frustrados ante tanta mentira, comenzaron con sus denuncias ante la jerarquía eclesiástica con total discreción; luego ante los medios de comunicación por la falta de respuesta; y por último con denuncias personales mediante libros (como el caso de Alejandro Espinosa) o en foros internacionales como el de la ONU (caso de José Barba Martín), para conseguir por la vía penal o por la eclesiástica que se ponga coto a lo que califican de «desmanes» del fundador y de sus colaboradores más íntimos.

Sobre la forma de llevar a la práctica la discreción, Maciel dice en su carta:

> 6. No obstante, aunque el celo apostólico en un consagrado es una actitud permanente de oración, de conquista avasalladora, se expresa diversamente según las personas, tiempos y lugares. Conviene, pues, considerar la situación personal del interlocutor, sus actitudes, su grado de fe, de práctica religiosa, cultura, etc. y adaptar debidamente, con corrección, naturalidad y prudencia nuestro modo de hablar en su forma y en su contenido.
>
> Así pues, en nuestro caso, es obvio que la confianza, cercanía y recta familiaridad característica de las relaciones con los propios directores o compañeros no pueden ser idénticas en el trato con otros miembros del primer o segundo grado, o con extraños; y que por tanto, debemos tener presente que al encontrarse con otros miembros del Regnum Christi, del Ecyd [una especie de Regnum Christi para niños], con simpatizantes o bienhechores, no podemos comunicar, sin más, noticias, criterios, metodología, etc. que son de conocimiento común entre los directores, o entre los miembros del Tercer Grado. Es indispensable considerar el grado de integración o de cercanía a la Legión o al Movimiento de las personas con quienes hablamos para medir nuestras expresiones y para dis-

cernir qué podemos y debemos comentar o comunicar, de modo que busquemos siempre el bien y promovamos, a la vez, los intereses de la Legión y del Regnum Christi.

Cuando estas relaciones son periódicas o buscadas, conviene considerar de antemano, con la ayuda de los directores si es necesario, qué vamos a decir, qué noticias comentar, qué aspectos del Movimiento presentar o subrayar, etc.

Y esto por dos razones muy sencillas. El hombre comprende las cosas, las asimila, se decide y compromete gradual y progresivamente. Cualquier apóstol sensato sabe bien que en un día no se vence la ignorancia, ni en un momento se conquistan los corazones. Es necesario saber esperar. Cada hombre es único y sigue su desarrollo propio, y la gracia tiene su momento para cada uno. Por eso el conocimiento prematuro de ciertos criterios o el compromiso precipitado resultan generalmente contraproducentes pues causan perplejidades, incomprensiones, o quizás aún lejanía y rechazo irremediable. Y, en segundo lugar, con realismo debemos reconocer que no todos compartirán nuestros intereses: algunos estarán comprometidos con otras organizaciones, otros opinarán y actuarán diversamente, o serán indiferentes, reacios, hostiles... Buscar ganar a todos para Cristo, sí; pero con sensatez.

Disciplina férrea, obediencia ciega

Marcial Maciel y los directores de los centros legionarios hacen de la disciplina y la obediencia la mejor arma de control sobre los niños que ingresan en sus centros vocacionales. Después, cuando llegan al estado de novicios o cuando culminan su formación y son consagrados sacerdotes Legionarios de Cristo, ambas virtudes se han convertido en la rutina habitual, serán una constante en sus vidas y practicarán ciegamente los usos, los silencios y las normas que dicta el fundador:

7. Quedando claro que en la Legión y el Movimiento no se da el secreto como lo entienden ciertas organizaciones masónicas, políticas o algunas sectas religiosas, recomendamos prudencia y reflexión: decir la verdad no implica siempre decir todo lo que sabemos, más aún, puede darse que otros valores como la caridad o la justicia nos exijan callar.

A modo de ejemplo, podemos considerar que, aún dentro de la Legión o del Movimiento, en algunos casos no debemos en absoluto expresar aquello que sabemos: ciertas indicaciones de los superiores o directores, la información de oficio, los destinos de los miembros que no han sido comunicados públicamente por el superior, los encargos que se reciben del superior, las noticias referentes a las tareas y visitas de los Directores Mayores, etc.

Otros temas, como pueden ser las dificultades de conciencia, nuestra situación espiritual, dudas, etc., debemos referirlos sólo a nuestros directores. No hablemos ya de aspectos negativos de miembros o centros, cuya mención hiere profundamente la caridad evangélica y el espíritu que Jesucristo ha infundido en la Legión y en el Movimiento. Las observaciones menos positivas se deben referir, cuando son necesarias por un bien mayor, a quienes constituidos en autoridad, y por oficio, tienen el deber de velar por la conservación y el aumento del carisma propio.

Hay también ciertas noticias que no se deben transmitir indiscriminadamente, como por ejemplo datos que los Directores Mayores comentan a un equipo o a una comunidad (vgr. fundaciones de nuevos centros, cambios de personal, relaciones con obispos o bienhechores, movimientos de los directores, etc.), o información que por sí misma pide discreción: salida de miembros de la Legión o del Movimiento, críticas referidas por terceros, etc.

Por eso, la discreción nos llevará siempre a evitar tocar temas de conversación que nos puedan llevar a faltar en este campo, sobre todo en momentos de alegría o en circunstancias que nos invitan a caer en la familiaridad. A veces será necesario encontrar respuestas corteses, pero hábiles e ingeniosas, a preguntas que no debemos responder directa o explícitamente.

Y al contrario en otras ocasiones, la auténtica prudencia nos hará hablar abiertamente de la Legión o del Movimiento, invitar a la entrega, exigir una respuesta, defender con decisión a la Iglesia, al Santo Padre, a la Legión, al Movimiento, o a nuestros compañeros. Dejar de hacerlo cuando deberíamos no es fruto de la discreción sino de la cobardía y del respeto humano. ¡Cuántos pecados de omisión se cometen por este motivo!

Maciel aprovecha también esta carta para curarse en salud ante las críticas y denuncias que van surgiendo y que intuye van a seguir produciéndose. Y para ello *mata* directamente al mensajero, descalificando la verdad de su información o la fidelidad de sus fuentes, y por si con estos consejos no fuera suficiente, añade la tan cacareada coletilla de que los *enemigos* de Cristo y de la Iglesia lo son también de la Legión, y no tienen reparo en utilizar cualquier método para combatirla. Como tampoco tiene él reparos en decir abiertamente a sus seguidores que esta táctica de acción (la discreción) es necesaria ahora que el movimiento inicia su expansión para proteger su crecimiento.

8. Por otro lado, tengan presente que en la sociedad occidental moderna, donde se cultiva tan poco la lealtad humana y donde los medios de comunicación son cada vez más eficaces y accesibles, la información ha llegado a considerarse como un valor supremo que no conoce límites. Esta mentalidad invita a despreciar la intimidad y sin miramiento alguno justifica toda investigación, y publica toda noticia cualquiera que sea su contenido, veracidad o procedencia.

No se dejen influir por estas corrientes, pues a nivel puramente humano se puede reconocer la maldad de este modo de proceder que atropella a tantos hombres e instituciones dañando también a quienes son abordados por esta información.

Además, como ya mencioné al inicio, en nuestro caso contamos con un motivo especialmente fuerte para practicar la discreción y la reserva: el amor por la Legión, por el Movimiento y por la propia vocación. Si aprecio el don de Dios, ¿cómo no protegerlo con decisión y delicadeza? Si de verdad amo a la Legión y al Movimiento cuidaré, en el trato con mis compañeros, qué noticias introduzco del exterior para no causar daños, distracciones o escándalos innecesarios; velaré también sobre mis palabras a extraños evitando comunicar aquello que puede ser tal vez mal entendido (criterios, grado de consagración, metodología, etc.), custodiando debidamente los escritos o conferencias grabadas de la espiritualidad de la Legión y del Movimiento, no comentando jamás aquello que podría prestarse para que otros interfiriesen en nuestros planes: proyectos apostólicos, listas de miembros, nuevos centros, noticias sobre la captación, etc.

Las asociaciones humanas reconocen la exigencia de trabajar con discreción para proteger la propia existencia y el éxito de sus empresas. Saben que la ambición, la malicia, o el simple espíritu de competencia de otros ponen en peligro su progreso y subsistencia. Esta discreción no es la del mal que busca obrar en las tinieblas, sino la que procede del conocimiento del hombre y del recto sentido práctico que busca legítimamente el bien común o el propio bien.

Los enemigos de Cristo buscan con afán cómo dañar y desprestigiar a la Iglesia, y a las obras y hombres que forman parte de ella. No sean ingenuos en pensar que la Legión y el Movimiento están libres de estas amenazas. Estén atentos y vigilen para no prestarse a quienes buscan intereses contrarios a los del Reino de Cristo, a enemigos de la Legión o del Movimiento, o a personas bien intencionadas, pero mal informadas sobre nosotros o nuestras obras. Recuerden que Cristo nos invita a ser astutos como serpientes y sencillos como palomas.

Sin duda todos Uds. comprenderán que la discreción auténtica protege la libertad de acción de la Legión y del Movimiento, y su eficacia apostólica de acuerdo con aquel principio: «decir poco y hacer mucho». El Movimiento debe expandirse por la acción celular, con la colaboración activa y responsable de cada uno de Uds., como la gracia de Dios, de modo silencioso pero eficaz, como la mancha de aceite que penetra la piedra poco a poco hasta llegar a ser irremovible.

Esta táctica de acción es necesaria ahora que el Movimiento inicia su expansión para proteger su crecimiento, pero lo será también cuando contemos con numerosos miembros que en su actividad profesional ocupen puestos importantes en la sociedad, en la política, en el mundo del trabajo, etc...

Como vemos en este extenso documento, los miembros de la secta intraeclesial no pueden hablar de nada ni de nadie, sólo de Cristo. Todo lo demás les está vedado y ni siquiera pueden comentarlo con sus compañeros y mucho menos con sus familias, de las que hace mucho tiempo, prácticamente desde que iniciaron su formación o lavado de cerebro legionario les mantuvieron alejados. Así pues, el funcionamiento prácticamente es más el de una secta que el de una congregación religiosa, por mucho que la Santa Sede haya aprobado sus Constituciones. El secreto y las penalidades que esperan a los infractores guarda la viña de Maciel.

PROPAGANDA, TODA, INCLUSO CON MENTIRAS

El documento que estamos analizando es clave para comprender la expansión de la obra de Maciel y la razón de que sus tropelías hayan permanecido tanto tiempo ocultas. La anulación de la voluntad en los formandos, el culto reverencial a la figura del fundador y el temor al vacío absoluto son fundamentales para que la secta funcione sin fisuras. No obstante, no todo son secretos y discreción. La propaganda, la imagen, es fundamental para el proselitismo y la captación de fondos y nuevas vocaciones, y por ello el fundador en su carta también dicta consignas sobre lo que se debe comentar, hechos que son habitualmente magnificados y manipulados:

> Con todo esto [sigue Maciel en sus recomendaciones a los seguidores] no quiero decir que no debemos dar a conocer la labor benéfica que desarrollan las obras de la Legión o del Movimiento. Más bien debo decir que echo de menos iniciativas en este campo. ¡Cuánto bien resultaría de presentaciones prudentes pero entusiastas de ciertas obras de la Legión y del Movimiento por medio de artículos logrados, de charlas a grupos selectos, de documentales, audiovisuales, etc.! Beneficiarían a la Legión y al Movimiento, y daría también ánimo y aliento a los obispos, sacerdotes o fieles que tal vez se sienten desalentados o abatidos ante la problemática del mundo en que vivimos.
> Me duele constatar que no sabemos crear imagen, pues a excepción de los responsables de la oficina de recaudación de fondos de Estados Unidos, cuyo trabajo está dando tan buenos frutos vocacionales y económicos, no sé de otros legionarios o miembros consagrados del Movimiento que sepan hacer buen uso de esta táctica de acción. Los hombres la aplican para lograr sus objetivos materiales, comerciales, políticos, etc., mientras nosotros nos quedamos con los brazos cruzados encubriendo con avaricia una riqueza que no nos pertenece. Qué bien nos vendría al menos una

pequeña dosis de esta táctica que tanto impulsaría y potenciaría la eficacia de nuestro apostolado. Les doy algunos ejemplos para que comprendan mejor a qué me estoy refiriendo.

Los alumnos de nuestros colegios y universidades obtienen premios y reconocimientos a nivel local, nacional e internacional, mientras nuestros críticos siguen divulgando la noticia de que el nivel académico de nuestros colegios es mediocre o que va en declive. Los alumnos de la Universidad Anáhuac edificaron una población con todos los servicios para 400 familias que quedaron sin techo después del terremoto de 1985 y esta obra de caridad que tanto podría servir de estímulo y de edificación para muchos, apenas la llegaron a conocer unos cuantos obispos, empresarios y organismos gubernamentales, y pocos legionarios.

Tenemos 29 legionarios (entre ellos 20 sacerdotes, es decir, el 10% de los legionarios ordenados) evangelizando a los indígenas de Quintana Roo, el Movimiento promueve más de 250 centros destinados a fomentar la superación humana de gente necesitada y 4 escuelas gratuitas para la formación de niños que apenas tienen qué comer; numerosos grupos de jóvenes enseñan el catecismo a más de 20.000 niños pobres, y contrarrestan el avance de las sectas en Latinoamérica... y mientras tanto, nos siguen cerrando las puertas en muchos lugares bajo la excusa de que no aportamos nada en favor de los pobres. Estamos ligados directamente con más de 30.000 familias mediante nuestras instituciones educativas —sin contar los millares de ex alumnos de las mismas que son ahora padres y madres de familia—, que en su mayoría están sensibilizadas y bien dispuestas para ayudar a la

Iglesia, y no les damos a conocer lo que es el Regnum Christi en el mundo, sus necesidades, sus proyectos, etc. ¿No les parece que éste es un pecado de omisión muy grande y una injusticia altamente perniciosa?

A alguno le asaltará la duda de si esto no va contra el precepto evangélico de no dejar saber a la mano izquierda lo que hace la derecha. Considero que no se debe confundir esta táctica de acción y esta muestra de amor a lo propio con la presunción y la vanagloria de quienes obran el bien sólo para aparecer y apropiarse la gloria que sólo a Dios pertenece. O díganme Uds. si no aprovecha al mundo y a la Iglesia el esfuerzo que se hace para dar a conocer los frutos de los viajes papales, de las obras de caridad de la Iglesia, o el testimonio de sus mártires. Si es verdad que el bien se difunde por sí mismo, también es verdad que, parafraseando a san Pablo (Rm 10, 14), no hay quien crea sin haber oído hablar del bien, y no oirán hablar del bien si nadie les predica. Es el mismo señor quien nos amonesta: «Brille así vuestra luz delante de los hombres para que vean vuestras buenas obras y glorifiquen a vuestro Padre que está en los cielos» (Mt 3, 16).

Que cada uno aplique estas ideas a su vida desde el puesto de trabajo, o de formación, en el que se encuentra, y vaya sacando las consecuencias prácticas que sean oportunas.

Se refiere después Maciel a los principales enemigos de la discreción, que contrapone a algunas de las virtudes relacionadas con la misma, y dice que en definitiva se trata de un juicio relacionado con la prudencia. Al respecto, y entre otros ejemplos, señala:

Puede ser también que el orgullo, combinado con la familiaridad y las amistades particulares, lleve a algunos a esperar con ansia la oportunidad para comentar sus hallazgos o secretos, y ganar así la aprobación de los compañeros. ¿Acaso no sucede en nuestros centros que, a pocas horas de algún suceso que tal vez no convendría comentar, todos los miembros del mismo están ya enterados?, ¿o que después de una reunión en la que se ha comunicado alguna noticia que de por sí exige reserva alguno de los participantes comente libremente lo escuchado o convenido? Esto es algo que yo mismo he constatado últimamente con mucha tristeza en repetidas ocasiones.

Desde esta misma perspectiva podríamos considerar indiscreciones más sencillas, pero siempre inconvenientes. Recuerdo, por ejemplo, que durante mi última permanencia en México, advertí que cuando convocaba una reunión o visitaba un centro, casi de modo habitual encontraba un grupo de personas esperando a la puerta del centro; personas que no tenían por qué saber de la visita o reunión ni mucho menos del tema que se iba a tratar. Pero el caso es que lo sabían.

Y también arremete contra la curiosidad como otra de las fuentes de la indiscreción:

Curiosidad por enterarse de los últimos rumores, de los nombramientos, de quién visita el centro; curiosidad por la que se conceden la ligereza de repasar con la vista la mesa del Superior o Director; curiosidad que les lleva a hacer preguntas inoportunas, o a cavilar sin fin para descubrir la razón de alguna disposición o mandato. Igualmente indiscreto es quien comunica lo que no tiene que comunicar como quien pregunta lo que no le compete conocer.

¿Piensan Uds. que este comportamiento es propio de un consagrado cuyo tiempo está totalmente dedicado al Reino? ¿O creen que alguien puede avanzar auténticamente en la vida interior, en la intimidad con Dios cuando sigue intereses desviados o busca enterarse de lo que no le corresponde?

Para Maciel, la «gama de virtudes» que sus seguidores deben cultivar para superar estos obstáculos y para fomentar la «auténtica» discreción son:

> [...] la reflexión y actuación contra la ligereza en el pensamiento, en las conversaciones, y contra los comentarios inoportunos pronunciados sin darse plenamente cuenta de ellos; la humildad radical, serenamente asimilada en lo más profundo de nuestro ser, contra el orgullo, la vanidad y la curiosidad; y la universalidad, ponderación y madurez en el trato contra la familiaridad desordenada...

Como colofón, para proteger su intimidad, para guardarse de denuncias y acusaciones, para evitar las críticas a su persona o a su obra, Marcial Maciel pide, más bien exige de nuevo a sus seguidores, que cierren los ojos y oculten los hechos, hablando incluso de «ligereza criminal», una forma sutil de intentar evitar un futuro proceso judicial, y en la que incluso utiliza la figura del maligno:

> [...] Al tratar el tema de la discreción quisiera aprovechar para ponerles en guardia, una vez más,

contra la maledicencia, fruto diabólico del orgullo, que destruye la esencia misma del cristianismo, difundiendo la sospecha, el odio y el rencor.

Pisoteamos la caridad y la simple rectitud humana cuando nos permitimos transmitir indebidamente datos negativos que conocemos sobre otras personas, centros o instituciones, pues les robamos así una de sus posesiones más preciosas: su estima y buena fama. ¡Con cuánta facilidad el hombre cree el mal que otros le refieren, y con qué ligereza criminal se difunde de boca en boca! ¿Por qué es tan difícil pensar y hablar bien de los demás? Se puede deber al orgullo por el que el hombre tiende a afirmarse sobre los demás, y por tanto, a la dificultad de aceptar que otros sean mejores; o a que en el comentario escandaloso el hombre, conservando la propia conciencia tranquila e inocente, puede permitirse complacerse en el mal que atribuye a otros. Son en última instancia, expresiones arraigadas de la naturaleza caída, y de la influencia del maligno que obstaculizan el bien y el gusto por la virtud, propia o ajena.

Desgraciadamente no son pocos los que se llaman cristianos pero que se dedican a pregonar a los cuatro vientos cuanto de negativo escuchan sobre la iglesia, chismes sobre otros institutos religiosos, otros movimientos, o sobre personas que tal vez no han visto jamás.

Les pido que Uds. destierren sin consideración este tipo de comentarios. Consideren delante de Dios la malicia de las palabras dirigidas contra el prestigio de la Iglesia, de otras instituciones, o de otros hombres, la falta de control sobre el orgullo y la ofensa tan grande que causa a Cristo la crítica contra su cuerpo Místico, y su Esposa inmaculada y amantísima.

Ningún hombre sobrio y sensato hablará mal de su familia. Sería destruir su propia honra, extremo al que llega solamente quien vive una angustia ajena de rencor y de odio o un orgullo herido hasta la profundidad de la desesperación y de la amargura. Por eso pienso que quien habla mal de sus compañeros, de su Instituto o Movimiento, de la Iglesia, del Papa, o vive tan superficialmente su fe que no se da cuenta de lo que hace, o ha llegado a envenenar su espíritu con pasiones admitidas y consentidas, con pecados de orgullo y sensualidad a tal extremo que, de su interior carcomido, brota espontáneamente la crítica amarga, la ironía despectiva y la doblez de la confidencia mal intencionada.

Les pido encarecidamente, por tanto, que no colaboren nunca en estas conversaciones. Den testimonio con su silencio. Desvíen el tema sobre el que se habla, o respondan con observaciones que dejen claramente a salvo el prestigio y la reputación de los demás.

Consideren la seriedad con que Cristo afirma que a quienes causan escándalo más les valdría ser arrojados al mar con una piedra de molino atada al cuello, (Lc 17, 1-3), y pongan los medios para que ustedes no merezcan esta pena. Esto se lo digo porque noto que en ocasiones con facilidad se trae a colación la noticia escandalosa (sobre todo con referencia a temas eclesiales, por ejemplo: deserciones del sacerdocio o de la vida consagrada, rumores «de curia», etc.) en las conversaciones e incluso en la predicación, sin medir el impacto o el dato que puede causar en el auditorio la mención de este tipo de problemas.

Más aún, la caridad auténtica no sólo exige que se eviten los comentarios negativos, lleva además a la benedicencia. No me refiero a las alabanzas desmedidas o artificiales que tienen sabor de invención o ingenuidad sino al movimiento del amor que con sencillez pondera el bien, que se regocija en la virtud, y que sólo sabe pensar positivamente de los demás. Las conversaciones descubren los intereses y la finura del alma...

Pero todo lo dicho queda anulado cuando se trata de aprovechar para hacer daño a otros movimientos o congregaciones que pueden ser competencia para la Legión o pueden afectar a su desarrollo y sus intereses. Y aunque Maciel lo disfraza de caridad o para evitar errores doctrinales, no es más que una forma de seguir avanzando en los intereses y las ambiciones propias caiga quien caiga. Maciel nunca admitió sus errores cuando fue expulsado de tres seminarios, o cuando fue suspendido *a divinis* por la Santa Sede. Siempre la culpa fue de la maledicencia y la envidia de los demás, y contra ellos, contra los que considera o ha considerado sus enemigos sí se permite la crítica, como lo ha hecho en numerosas ocasiones contra los jesuitas, a los que él y sus incondicionales acusan de la mayoría de los problemas a los que han tenido que enfrentarse.

Por ello en esta carta, eje central del presente capítulo y que explica la mayor parte de los temas que se desarrollan en nuestra obra, «donde dije... digo diego», el mensaje se retuerce todo lo necesario, se le da la vuelta como a un calcetín y lo que antes no era válido ahora deviene en fundamental:

> Quedando firme lo dicho, quiero aprovechar la ocasión para clarificar que en la situación eclesial actual se dan, desgraciadamente, ciertas organizaciones

o personas dentro de la Iglesia que se han desorientado y se han alejado de la fidelidad a la recta doctrina propuesta por el Magisterio y por el Santo Padre, y, tristemente, no se trata sólo de posturas y convicciones privadas sino que también se llega al absurdo de trabajar sistemáticamente desde dentro de la Iglesia contra la Iglesia misma. Frente a estas situaciones, ¿cuál debe ser nuestra postura y cuál nuestro modo de hablar?

A primera vista, algunos podrían pensar que el principio de caridad hacia el prójimo del que acabamos de hablar y que nos exige que evitemos la crítica, nos pediría que nada digamos sobre estas organizaciones o personas para no dañar su reputación.

Pero la verdadera y más alta caridad es el amor a Cristo N.S., y en Él y por Él, a la Iglesia, su Magisterio, el Papa y la jerarquía en comunión con él, y a los hombres a quienes Cristo vino a salvar. Por eso, la fidelidad es una exigencia necesaria del amor: fidelidad a la amistad con Cristo, fidelidad a su enseñanza, es decir, custodia del tesoro de la fe.

La caridad nos lleva a buscar la fidelidad, y por tanto, a la vigilancia. Frente a las desorientaciones doctrinales se nos impone el deber de estar en guardia, y además, de alertar a los fieles cristianos de los serios peligros que estas corrientes significan para la Iglesia y para su fe.

Ciertamente debemos cuidar con esmero que nuestras afirmaciones sean claras, fundadas, certeras, precisas y rectamente motivadas, sin olvidar que con frecuencia son sólo algunos miembros o partes reducidas de estas instituciones religiosas o de enseñanza quienes se han desviado del recto camino.

Es necesario distinguir las actuaciones y doctrinas de la vida privada. La caridad y justicia nos llevarán a respetar las personas, y a prescindir de un juicio sobre sus intenciones, pero también a estar alerta ante sus argucias. No siempre será fácil distinguir, pero la rectitud de intención y la reflexión ayudarán a formular comentarios prudentes, adecuados pero incisivos y claros.

Si éstos están destinados a la publicación o difusión en los medios de comunicación social, la prudencia nos llevará a ponderar aún con más cuidado el tono y el contenido de nuestras afirmaciones para no correr el riesgo de suscitar reacciones que pueden causar graves daños a la Iglesia, a los fieles, a la Legión o al movimiento.

En estos casos, no se trata, pues, de hacer una excepción al principio de la caridad, sino de una aplicación más elevada: se busca, por amor, el bien del Reino de Cristo y de la Iglesia en la advertencia y lucha contra sus enemigos entre los que se cuentan los errores doctrinales o las desorientaciones pastorales...

Claro está que junto a los consejos y las sugerencias personales de Maciel a sus seguidores, el fundador busca también el refrendo de la congregación, y para ello están los Capítulos Generales que, una vez más, acuden en ayuda y apoyo del culto a Maciel, como podemos ver en los siguientes artículos aprobados por el Primer Capítulo General:

252. Una faceta que exige decidido empeño y vigilancia, y cuyo ejercicio se funda en la madurez y prudencia de las personas, es el sentido de reserva

y discreción. Nuestro Padre Fundador lo ha inculcado y pedido desde los albores de la fundación, y los Padres Capitulares, sumándonos plenamente a este criterio, instamos a todos los legionarios a formar la conciencia de la importancia que este principio tiene para la paz interna y la eficacia de la Legión, y, al mismo tiempo, a que trabajen denodadamente por adquirirlo hasta en los más pequeños detalles. Por ejemplo:

253 § 1. No comunicando noticias, encargos, etc., recibidos de un Superior, sin expresa autorización de éste.

254 § 2. No dejando al alcance de personas extrañas la colección de escritos legionarios que debe haber en cada habitación.

255 § 3. No usando indiscriminadamente y con cualquier género de personas las cartas y conferencias que Nuestro Padre Fundador ha dirigido a grupos concretos en circunstancias especiales —por ejemplo: no leer a miembros del Movimiento conferencias de Nuestro Padre dirigidas a los diáconos la víspera de su ordenación sacerdotal, etc.

FUERA DEL MUNDO: LA PÉRDIDA DE LAS RAÍCES,
LA ANULACIÓN DE LA VOLUNTAD
Y LA DEPENDENCIA PSICOLÓGICA

Más impresionante aún en esta línea del secreto y el ocultamiento es una frase aparecida en una carta de Maciel, que sin duda no necesita de ningún tipo de comentario: «El secreto está en el esfuerzo por despersonalizarse practicando en todo los criterios de la Legión y las normas del fundador. Su humildad y su obediencia las va premiando el Señor con creces.» (Carta n.º 232, 24 de octubre de 1954.)

Parece una frase carente de fuerza o de sentido dentro del contexto global del epistolario de Maciel, pero siendo una de las primeras cartas escritas por él, queda muy claro cuál es su proyecto: despersonalizar a los legionarios y a los miembros del Regnum Christi para que adquieran la personalidad de Maciel y de la Legión, que no tengan ninguna capacidad crítica o de pensar por sí mismos, sino todo al más puro estilo legionario.

Se pueden citar asimismo otros ejemplos seleccionados de entre los distintos manuales, cartas y normas que rigen la Legión y el Regnum Christi:

La uniformidad, por lo demás, es un valor evangélico. El querer conservar nuestra forma propia no es cristiano. (Carta de Marcial Maciel, 806, Sobre la Unidad.)

Esfuércense permanentemente por identificarse con el modo de pensar, querer, sentir y amar de la Legión, como expresión práctica de la voluntad de Dios para el religioso y sacerdote legionario. (Manual de Principios y Normas, art. 454.)

Los miembros del Movimiento han de usar este nombre con discreción y valor: con discreción, es decir, con prudencia, atendiendo tanto a los objetivos que se persiguen, como a las diversas personas y circunstancias; con valor, defendiendo con decisión, llegado el caso, todo lo que a él se refiere. (Manual del Regnum Christi, Capítulo IV. n.º 38.)

Es urgente reavivar el sentido de reserva y discreción tan propios de nuestra formación y conducta. En este punto se continúan notando fallas notables que no se han logrado superar a pesar del esfuerzo puesto. Pedimos por ello a los superiores que profundicen todavía más en el alcance teórico y práctico de esta virtud y la inculquen a todos con su palabra y con su ejemplo. Enseñen a cada uno de los novicios, religiosos y sacerdotes a discernir lo que conviene decir, a quién y cuándo es prudente decirlo; a que sean reflexivos y no se dejen llevar por los impulsos; a que no se guíen por la vanidad y busquen manifestarse enterados de todo; a dominar la curiosidad y no andar indagando cosas que no les compete saber. Cuando detecten faltas orienten, amonesten, exijan e, incluso, impongan prudentes y saludables penitencias. (Comunicado Capitular a los Superiores, art. 96.)

Dada la delicadeza y discreción que exige el oficio de recepcionista, si no se encuentra una persona idónea y de absoluta confianza, en los centros de formación esta función debe desempeñarla un grupo de ocho religiosos o novicios, en turnos semanales de dos en dos. Este grupo, convenientemente adiestrado, debe desempeñar su oficio por lo menos todo un año. Si es necesario poner un sustituto momentáneamente elíjase entre los mismos miembros del grupo asignado. (Normas de Urbanidad y Relaciones Humanas, disposición n.º 288.)

De acuerdo con el espíritu de humildad apostólica y de discreción evangélica, evítese hacer campañas abiertas o propaganda publicitaria acerca de cuanto se refiere a la naturaleza, fines, métodos y actividades apostólicas del Regnum Christi. Nunca se comunique a personas extrañas el número de miembros ni se les den listas de personas o de obras del Movimiento. (Estatutos del Regnum Christi, art. 99.)

Con estos textos queda claro el secretismo con el que Maciel ha querido siempre manejar los asuntos relacionados con la Legión y con el Regnum Christi, al más puro estilo, no sólo de las sectas, sino de las mafias. Pero para conseguirlo, para lograr que todo el ejército como un solo hombre observe escrupulosamente estas máximas, es necesario antes un largo y concienzudo camino de desprogramación.

Camino que se inicia desde que el niño o el adolescente llega a los centros vocacionales o, tratándose de los laicos, a las casas del Regnum Christi. En el caso de los legionarios el lavado de cerebro se inicia desde el primer día. Primero, se le hace ser y vivir por y para el grupo; paralelamente la familia, las raíces van pasando a un segundo plano hasta convertirse en un accidente de la vida; tercero, se le aleja del mundo, no se le permite ver televisión, leer o acceder a Internet, sólo se autorizan las lecturas y los programas que aconseja el superior, claramente dirigidos al fin propuesto: desde la lectura del *Mein Kampf* («Mi lucha») de Adolf Hitler, pasando por varios miles de cartas atribuidas al fundador y determinados libros espirituales, junto a los libros de teología y filosofía propios de la formación en un seminario... Llega un momento en que el hombre que ha entrado en la Legión se convierte prácticamente en un autómata que sólo piensa en clave legionaria o, lo que es lo mismo, en clave Maciel, y a partir de ahí su vida sólo tiene sentido por y para la orden. Por ello, cuando surgen las dudas o vacilaciones, es difícil romper con unos vínculos que se han convertido en la única vida, que incluyen la seguridad, los objetivos y la justificación de la propia existencia, mientras que fuera quedan el vacío, la nada e incluso la locura.

Con el principio de la discreción, según el testimonio

de los que se atrevieron y pudieron escapar a ese círculo vicioso, se inculca otro principio desde que se cruza el umbral de las puertas de las casas de la Legión de Cristo: el sentido de desprendimiento absoluto de todo, perder las propias raíces, cualquier vínculo con el pasado, por muy santo que sea. Es un arma más con la que cuenta la Legión, o Maciel, que para el caso es lo mismo, para la anulación de la voluntad.

El desprendimiento absoluto, aseguran los ex legionarios, se inicia con la forma de vestir, despojándose de todo reflejo del mundo: el uso de tejanos queda tajantemente prohibido; ciertos colores, las clases de bañador que debe usarse, bolígrafos, recuerdos de cualquier tipo también deben ser abandonados, incluso el reloj entregado al superior, pues todo queda en sus manos. Al más puro estilo del trato que los nazis deparaban a los prisioneros de los campos de concentración en la Segunda Guerra Mundial, se exige un desprendimiento de todo.

Desde el momento en que cruzas el umbral de la casa de formación, todo debe seguir el estilo legionario. El modo de pensar, de sentir, de querer, de estar de pie o sentado, el modo de acostarse o levantarse, la forma de relacionarse con los demás, incluidos los padres, hermanos y otros parientes. Con los amigos sólo hay que hablar para despertarles la vocación y captarlos para el Regnum Christi o, como máximo, si pueden ser potenciales bienhechores.

En relación con la pobreza entendida como desprendimiento resumimos lo que recogen las Constituciones de la Legión de Cristo, las normas fundamentales por las que se rige la congregación y que fueron refrendadas por Roma, si bien las fuentes consultadas durante esta investigación, como veremos más adelante, cuestionan que las que se están aplicando correspondan en su literalidad a las que inicialmente se presentaron ante el Vaticano para su aprobación:

> Esfuércense muy especialmente los nuestros para que este espíritu de pobreza les forme en el desprendimiento de sí mismos, de tal manera que jamás crezcan en sus corazones preocupaciones, preferencias o ambiciones que impidan a los Superiores disponer de sus vidas y de sus aptitudes en bien del Reino de Cristo a través de la obediencia, o les dividan internamente, creando angustias e insatisfacciones que puedan destruir su paz interior y su vocación de almas consagradas. (Constituciones de la Legión de Cristo, n.º 272,2.)

Otro ejemplo extraído de las mismas Constituciones se refiere al trato con la familia, manifestado en forma de principio:

> Vivan con desprendimiento su consagración en lo que se refiere a la relación con la propia familia, y procuren que esta relación esté encauzada fundamentalmente a la conquista de ella para Cristo. (Constituciones de la Legión de Cristo, n.º 388.)

Principio que, como vemos a continuación, se manifiesta en una serie de normas recogidas en los Capítulos Generales y las cartas que Maciel ha escrito:

> Amad a vuestra familia en espíritu y en verdad, sin preocuparos por sus situaciones materiales ni apegaros a su compañía. (Carta de Maciel, n.º 275.)

Esta máxima tiene una serie de aplicaciones prácticas en la vida de la Legión. La familia terrena es suplantada por la nueva Gran Familia (la Legión), en la que Maciel ocupa el lugar del Padre Bondadoso. La exigencia de no preocuparse implica no interesarse por nada de lo que ocurre con los padres o hermanos naturales, mientras que los tíos o primos quedan excluidos del concepto de familia. No hay que interesarse por nada, es decir, si tienen o no para comer, si trabajan o no, si están sanos o enfermos, pues debemos dejarlo todo en manos de Dios, rezar por ellos y no permitir que las situaciones de la vida diaria influyan en la propia vocación.

Según explican los ex legionarios con los que he mantenido largos contactos a lo largo de la elaboración de este libro, sólo se puede escribir una vez al mes a los padres, obviamente sin contarles nada de lo que ocurre dentro de la Legión, para no preocuparlos por la propia vocación. Las cartas se entregan abiertas, para que el superior o quien él nombre como encargado las revise y se ajusten a los contenidos marcados por las normas. Igualmente, las cartas que llegan se abren y son revisadas por el propio superior, y sólo entregará aquellas que no perjudiquen la vocación, es decir, si los padres tienen la mala idea de contarles algún problema que surge en el seno de la familia, las cartas nunca llegan a su destinatario, se pierden o supuestamente no fueron entregadas por el correo.

La posibilidad de llamar por teléfono es nula, y si se produce una llamada, se permiten escuchar las conversaciones telefónicas para que no se filtren los contenidos que no son convenientes.

Maciel también ha dictado normas para el uso del correo electrónico, y se sigue el mismo criterio que con las cartas, es decir, el superior revisa los mensajes electrónicos y, si lo considera oportuno, los entrega. Los legionarios, en su afán de desprendimiento del mundo, no pueden acceder a Internet, salvo en el caso de algunos superiores que el fundador determina. Para la Legión, el mundo puede influir en los jóvenes formandos por medio de estos medios modernos, el demonio usa de estas nuevas tecnologías y los legionarios pueden verse contaminados con el ambiente secularizante que impera en la red.

De esta forma se genera una dependencia absoluta de los superiores, la anulación total de la voluntad y de toda capacidad crítica, lo que permite a los superiores hacer lo que deseen con sus súbditos, sin posibilidad de encontrar oposición alguna.

Dentro de la Legión, este peculiar modo de concebir la vida religiosa, esta anulación total de la propia personalidad, se llama uniformidad: «Procuren cultivar la uniformidad, tanto interna: en criterio y voluntad, como externa: en el modo de vestir, de celebrar la Eucaristía, etc.» (Constituciones de la Legión de Cristo, n.º 265.)

Según mis confidentes, esa uniformidad, llamada unidad monolítica por Maciel, genera una dependencia psicológica que en muchos casos perdura incluso en aquellos que abandonan la Legión, acompañándolos durante muchos años de su vida. Sólo quienes logran romper este dominio psicológico se dan cuenta de los graves errores que se viven dentro de la Legión. Sólo quienes logran desvincularse de este dominio absoluto son capaces de romper con esa obediencia ciega, con esa disciplina férrea basada en formalismos morales.

No es fácil, coinciden todos con los que he hablado, romper con esto debido al gran influjo que ejercen los superiores sobre los súbditos y que anulan la personalidad, impidiendo desarrollar los propios criterios, pues el único válido es el que marca la norma o el superior, y como «quien obedece nunca se equivoca», queda un campo inmenso para cualquier atropello de los demás. Hay que obedecer simplemente porque lo dice el superior, sin posibilidad de contradecir nunca, y pobre del que en algún momento tiene la mala idea de plantearse siquiera pedir una explicación por determinadas cosas. Todo viene y emana de la casa general en Roma, ya sea para las normas que rigen los colegios, para las casas de formación, para el trato con los laicos, sacerdotes y obispos. Es curioso que, por ejemplo, quien trabaja como director de una obra legionaria ni siquiera puede cambiar una silla de sitio sin el permiso de los superiores.

3

LAS CONSTITUCIONES SECRETAS

Para los no conocedores de la vida religiosa y de las normas que la rigen conviene señalar que son los cánones del Derecho Canónico junto con la doctrina y las normas que emanan del Papa, de las distintas comisiones y los dicasterios vaticanos, en definitiva de la Santa Sede, las que rigen la vida de la Iglesia Universal. Las Constituciones son para una orden religiosa lo que la Constitución es para un país, la norma suprema a la que deben ajustarse todas las demás. Todas las Constituciones de los institutos religiosos deben ajustarse al Derecho Canónico.

En el caso de la Legión y del Regnum Christi los documentos más importantes que rigen los objetivos fundacionales, la formación de sus miembros, el desarrollo de las distintas actividades religiosas y sociales, etc., están configuradas en las Constituciones y en otra serie de documentos que desarrollan o modifican a lo largo de los años los contenidos y principios enunciados en aquéllas. Para la elaboración de este libro se han consultado las Constituciones de 1983 y 1998, el Manual de Principios y Normas (una explicación de las Constituciones con cuestiones prácticas elaboradas por Marcial Maciel), los documentos surgidos de los dos Capítulos Generales Ordinarios (junta que celebran los religiosos para las elecciones del superior, dictar normas y debatir cuestiones internas o de proyección exterior), los Estatutos del Regnum Christi (las normas supremas que rigen el movimiento de laicos), los Estatutos del Ecyd (Educación, Cultura y Deporte, una especie de Regnum Christi para los niños), los 13 tomos que recogen las más de dos mil cartas escritas o atribuidas a Maciel y clasificadas por años desde 1936, los documentos del Capítulo General para los superiores, las Normas de Urbanidad y Relaciones Humanas y un libro escrito por Maciel, emulando la poesía y el pensamiento místico de san Juan de la Cruz, conocido como *Salterio de mis días*.

Un ejemplo de la aplicación de estas normas en la Legión es la experiencia personal del sacerdote irlandés Peter Cronin sobre su vivencia en la que él denomina la secta de los Legionarios de Cristo y que narró en una carta, fechada el 23 de octubre de 1996, dirigida al periodista Pat Kenny, de la radio nacional irlandesa.

Cronin ya había sido entrevistado en directo para el programa radiofónico el *Show de Pat Kenny* unos años antes. Aquella carta fue enviada también a los primeros denunciantes de Marcial Maciel —Alejandro Espinosa Alcalá, Félix Alarcón Hoyos, José de Juan Barba Martín, Saúl Barrales Arellano, Arturo Jurado Guzmán, Fernando Pérez Olvera, José Antonio Pérez Olvera y Juan José Vaca Rodríguez— cuando se encontraban en plena batalla a través de los medios de comunicación para intentar parar los pies al fundador y conseguir que la Santa Sede interviniese de una vez por todas en el asunto.

Soy un sacerdote católico [dice la carta de Cronin que traducimos textualmente del inglés], pastor de la iglesia de San Miguel Arcángel, una gran parroquia en Silver Spring MD, justo en las afueras de Washington D.C. La pasada semana estaba en Irlanda para una boda y escuché algunos comentarios en su programa de radio concernientes a la Legión de Cristo. Eso captó mi atención pues pasé un largo período de tiempo en la orden, desde 1965 hasta 1985.

En 1965, a la tierna edad de 16 años, acabé el Leaving Certificate en Drimnagh Castle y, con unos 20 años, ingresé en los legionarios, que estaban entonces en Belgard Castle en Clondalkin.

Las pruebas del postulantado eran en los meses de verano, después de los cuales entrábamos en el noviciado (dos años) y entonces tomábamos nuestros votos religiosos. Yo fui enviado a Salamanca, en España, para un año de estudio de los clásicos y de español, y desde allí a Roma para iniciar estudios de filosofía. Después de tres años en Roma fui asignado al Instituto Irlandés, un colegio legionario en México, donde trabajé de 1971 a 1975. Entonces regresé a Roma y estudié teología los siguientes tres años. En 1979 fui asignado al noviciado de Connecticut, donde continué trabajando en el noviciado hasta el verano de 1985, cuando dejé los Legionarios de Cristo. Ahora soy un sacerdote de la archidiócesis de Washington.

La cuestión central de la discusión que escuché en su programa parecía ser si la Legión era una orden religiosa en el sentido normal de la palabra o una secta. Por mi propia experiencia, la orden combina elementos de ambas realidades. Es una orden extremadamente conservadora que ha tomado el modelo del programa de formación para sus estudiantes de los primeros jesuitas y buena parte de su apostolado es copiado del Opus Dei. Tiene una Constitución y Reglas, apostolados específicos y actividades como cualquier otra orden.

Al mismo tiempo, la Legión usa muchas de las estrategias y políticas más características de las sectas o los cultos, y en esto se separa de la tendencia general de las congregaciones religiosas de la Iglesia. Permítame darle algunos ejemplos:

1. La orden tiene el más poderoso programa de reclutamiento conocido de la Iglesia católica. El número de reclutamientos es importante, visto como una prueba de la validez de la Legión y una forma de impresionar a las autoridades de la Iglesia. De todas formas, el proceso de investigación es mínimo, y no hay verdadero discernimiento de si hay vocación, de si esta forma de vida es buena o saludable para determinado individuo. Lo bueno (humano, psicológico o espiritual) del candidato nunca es tomado en consideración. Todos tienen una vocación hacia la Legión, hasta que la Legión decida otra cosa. Una vez que la orden logra el acceso a una persona joven, todo su poder de persuasión y atracción se dirige hacia ese objetivo inconsciente.

2. La Legión recluta mucha gente joven, cuanto más joven mejor, antes de los veinte para el noviciado, incluso antes para sus centros vocacionales. En esos centros, chicos tan jóvenes como de 11 o 12 años son influenciados y guiados hacia una vida en la Legión. Esos colegios existen aún en México, España y Estados Unidos (Center Harbor New Hampshire). La idea es influir en la persona tan pronto como sea posible,

para «formarla» en el espíritu de la Legión y alejarla de cualquier otra influencia que pueda deformar o manchar su vocación y su «personalidad legionaria». Debe ser separado de cualquier otra influencia. La juventud y la inmadurez del candidato lo hace vulnerable al lavado de cerebro.

3. Una vez en la orden, la persona es sometida al más intensivo programa de «formación», es decir, lavado de cerebro. El término de la Legión para esto es «formación». El lavado de cerebro se realiza a través de una combinación de diferentes elementos que influyen y controlan a la persona con gran efectividad: por ejemplo, «dirección espiritual» y «confesión». El Derecho Canónico establece que los seminaristas y religiosos deben tener completa libertad para elegir un confesor y director espiritual. Éste no es el caso de la Legión, donde no hay ninguna libertad: todos los legionarios tienen dirección espiritual y confesión con sus superiores, en el noviciado, a través de sus años de formación e incluso como sacerdotes. Esto es una aberración porque deja a la persona completamente bajo el control del superior. Eso significa que ese superior que recomienda o no a una persona para promoverlo a los votos, órdenes o posiciones de responsabilidad en la orden, tiene acceso a la conciencia interna de la persona en cuestión. La confesión y la dirección espiritual son armas esenciales en las manos de la Legión para efectuar el lavado de cerebro a los individuos y conseguir que permanezcan en la Legión, para convencerles de que ellos poseen una vocación auténtica dada por Dios hacia la Legión, para estar totalmente de acuerdo con ella y con los deseos de los superiores. De esta forma la Legión logra acce-

der totalmente a la conciencia y la mente de la persona: los legionarios son continuamente exhortados a decirle al superior/director espiritual todo, sin guardarse nada, sin tener secretos. Otras armas para el lavado de cerebro son las continuas series de conferencias, charlas, retiros, exhortaciones que las comunidades reciben constantemente y que repiten y refuerzan el mensaje esencial.

A todo esto, el mensaje básico, el punto crucial, es que los miembros tienen una «vocación» hacia la Legión que proviene de Dios, y que la han recibido para toda la eternidad. Es la voluntad de Dios que ellos estén en la Legión. Si ellos no son fieles a su vocación, están poniendo en peligro su salvación eterna, corren el riesgo de condenarse e ir al infierno. Este mensaje es continuamente martilleado durante la vida en la Legión, quizás el más consistente y omnipresente estribillo que es transmitido y repetido de muchas formas diferentes.

4. Desde el momento que una persona entra en la Legión de Cristo es sometida a un control total en todo cuanto hace, todo lo que dice, todo lo que piensa. La Legión se refiere a eso como «integración», y un legionario debe esforzarse por conseguir la perfecta integración de comportamiento, de mente y voluntad. Eso significa conformidad con los deseos de la Legión en todo. Lo transformarán en una personalidad legionaria, perdiendo así su propia personalidad. Todas las formas y expresiones de «individualismo» serán eliminadas, como se recalca desde el principio. De todas formas, se hace de forma sutil, muy suavemente al principio, con sonrisas y buen humor, difícilmente perceptible para la víctima.

5. Cuando ingresamos en la Legión, pensamos que era una orden convencional como los dominicos, franciscanos, jesuitas... Fuimos engañados por muchas cosas que no se nos descubrieron hasta más tarde. Siempre había velos de secretismo —visitas a casa, el apostolado de la Legión (Regnum Christi...)—. El terreno siempre se movía y cambiaba. Podían pasar años hasta tener el cuadro completo.

6. La persona que entra en la Legión es sistemáticamente separada y distanciada de cualquier otra influencia, especialmente de la familia, la cultura, la Iglesia en general y la sociedad («el mundo»). La gente que no pertenece a la Legión es llamada «los de fuera», es vista con la mayor desconfianza, la comunicación es controlada y normalmente estorbada (excepto cuando la Legión está intentando atraerlos a los fines de la orden). Los legionarios tienen prohibido comunicarse con los de fuera y deben dar cuenta de las conversaciones y de cualquier trato con gente que no pertenece a la orden.

7. En la Legión de Cristo el individuo no tiene privacidad, ni física ni psicológica. No tiene espacio para él mismo, ya que los superiores entran en su habitación sin llamar, registran su habitación, los efectos personales y las pertenencias cuando él no está allí (y sin su conocimiento). No tiene tiempo para sí mismo, ya que cada momento de vigilia está proyectado e intensamente regulado. Los miembros son animados a espiar y a dar cuenta de los otros miembros de forma continua: «Debemos ayudar al hermano John y qué mejor manera que informar a los superiores, ya que ellos, mejor que nadie, pueden ayudarle...» Hay reglas (literalmente miles de ellas) que dirigen y contro-

lan cada acción y cada movimiento de sus vidas (comida, bebida, paseos, charlas...).

8. El secretismo de la orden hacia el mundo exterior es otro de los rasgos similares a las sectas: en la orden se hace referencia a eso como «prudencia», «discreción» o «espíritu de reserva». Los de fuera son vistos como una amenaza; actualmente los miembros tienen prohibido comunicarse con nadie de fuera de la comunidad sin permiso del superior, lo que incluye a los miembros de la familia. Ninguna información sobre la orden —sus prácticas, reglas, costumbres, proyectos, planes, constituciones, libros de reglas— puede salir al exterior. Intenten pedirles una copia de la Constitución, sus libros de reglas, la edición completa de las cartas del padre Maciel, el manual del Regnum Christi, el documento de los Capítulos...

9. Hay un control exhaustivo de las comunicaciones con el mundo exterior: todas las cartas para y del exterior, incluidas aquellas de los padres y la familia, son abiertas y leídas por los superiores. Esto vale tanto para los novicios o religiosos, en todas las etapas de formación, y sacerdotes. Todos los periódicos, revistas y libros son leídos y censurados por los superiores. No hay posibilidad de tener un confesor, director espiritual o asesor fuera de la orden. Eso está prohibido.

10. El control de la comunicación con el mundo exterior se practica también dentro de la orden y entre los miembros de la misma. Nadie puede confiar nunca en otro miembro dentro de la orden, especialmente si tiene problemas de cualquier tipo. Debe discutirlo con el superior y sólo con el superior. Hay una supervisión, una vigilancia continua del superior

todo el tiempo. No se permite NINGUNA amistad entre los miembros.

11. Dentro de la orden hay una total falta de diálogo, discusión, desacuerdo o discrepancia con la misma. No hay sitio para ningún conflicto con la Legión. El miembro tiene que aceptar todo lo que diga la orden sin cuestionarse nada. La motivación —cada regla, cada orden, cada idea de la Legión— es divinamente ordenada, directamente inspirada por Dios y, por lo tanto, incuestionable. Desde el momento que alguien cuestiona una política, una regla, una decisión, esa persona es castigada y debe ser apartada, enviada a algún lugar alejado (como las misiones de Quintana Roo, México) donde no pueda ejercer influencia en otros.

12. Otra característica similar a la de las sectas es la dificultad que implica la salida. Es muy difícil salir, ya que uno es constantemente guiado, estimulado a quedarse mediante toda clase de argumentos, potenciando especialmente el sentido de culpa: «Estás traicionando tu vocación, tienes una responsabilidad respecto a las almas que se perderán a causa de ese cambio...» Cuando uno toma la decisión de salir, es cuidadosamente aislado de los otros miembros de la orden, siendo transferido a otra casa, o se extiende una campaña de rumores entre los otros miembros («Ten cuidado con el padre Peter, tiene problemas...»). Esta experiencia es común a todos los que han salido: la sensación de aislamiento y soledad con la que se abandona la Legión de Cristo es terrible.

13. Una vez que dejas la Legión nunca más volverás a saber de la orden. Yo pasé veinte años en ella. Pues bien, desde el día que salí nunca más he sabido

nada de la orden, nunca he recibido una carta, una llamada telefónica, mucho menos una invitación para visitarlos o una visita de ellos (teniendo en cuenta además que durante once años he vivido a unos pocos kilómetros de su centro en las afueras de Washington). No recibí absolutamente ninguna asistencia o apoyo para recolocarme en alguna otra diócesis, ninguna ayuda para continuar en el sacerdocio, absolutamente ningún interés en mí ni como persona ni como sacerdote. Durante veinte años la Legión había sido mi «vida», mi «familia», mi «mundo», pero desde el momento que puse un pie fuera de su puerta, el 27 de julio de 1985, nunca más volví a saber nada de ellos. Vine a esta diócesis directamente en contra de sus deseos, y conseguir los documentos necesarios para incardinarme oficialmente fue muy difícil. Dejar la orden es la única forma en la que uno puede estar en desacuerdo con la Legión, y ésta lo toma como un insulto o un desprecio.

LA SALIDA ES UN ÉXODO: esto comenzó como un breve e-mail, pero una vez que empecé las compuertas se abrieron. Me ha llevado mucho tiempo recuperar mi vida en conjunto, pero ahora siento que he puesto a la Legión de Cristo fuera de mi sistema, es algo del pasado. Hace unos cinco años puse en marcha una «Organización» de antiguos miembros de la orden que ha crecido hasta alcanzar una treintena (algunos sacerdotes, antiguos sacerdotes y otros que pasaron unos años en la orden como estudiantes). Hay una organización similar en España. Nos comunicamos un par de veces al año, muchos de nosotros nos encontramos aquí o en Irlanda y podemos intercambiar experiencias, historias, incluso «incidentes peculiares» (¡robando una frase de Paddy Crosby!). Podría hacerse una película de algunas de las vías de escape y las estrategias y las historias de supervivencia. A menudo me refería a mi antiguo párroco en Bethesda MD como nuestro «tren clandestino». Monseñor James Reddy (un irlandés ya fallecido) era el pastor más acogedor y quien más apoyaba a muchos sacerdotes cuando éstos dejaban la Legión y empezaban una nueva vida. Mucha gente fue herida profundamente en el proceso de abandonar la Legión y les llevó años recuperarse. Para mí dejar la Legión fue todo un «éxodo», la liberación en la que he experimentado la fuerza y la presencia del Espíritu Santo, y nuestra Organización ha podido ayudar a otros que están saliendo o que acaban de hacerlo.

El nihil obstat y el Decretum Laudis

«Intenten pedirles una copia de la Constitución, sus libros de reglas, la edición completa de las cartas del padre Maciel, el manual del Regnum Christi, el documento de los Capítulos...», dice Peter Cronin en su carta.

Yo lo hice con algunos documentos concretos y, en efecto, con muy corteses sonrisas se me dijo que era imposible. Así pues, acceder a ellos ha supuesto un trabajo laborioso para el que he contado con la inestimable ayuda de John, que todavía forma parte de la congregación, y la de un grupo de ex legionarios que están dispuestos a seguir presentando batalla para que se conozca la verdad sobre las obras puestas en marcha por Marcial Maciel y la doble o triple vida del fundador.

Los documentos son importantes, constituyen el alma

y la esencia de la Legión, están elaborados para justificar formas de funcionamiento ante propios y extraños, son normas de vida para fabricar autómatas, y están concebidos fundamentalmente para dotar de un *corpus iuris* el entramado legionario, a la manera de un traje a medida en beneficio de la tiranía del fundador, como detalla muy bien el padre Peter Cronin en su carta. Por ello Maciel quiere mantenerlos en secreto e incluso los legionarios no tienen acceso a ellos salvo cuando llevan muchos años viviendo al estilo de la orden. Por ello algunos sólo están disponibles para la consulta de los superiores y formadores, no del resto de los hijos de «Mon Père».

El primer documento importante con el que nos encontramos es el Decretum Laudis (Decreto de Alabanza), que supone el primer reconocimiento oficial y escrito (no una fabulación de las tantas que ha hecho Maciel en torno al apoyo de los papas) de la congregación religiosa. Según la versión oficial, el cardenal Hildebrando Antoniutti, durante la ceremonia de entrega del documento, manifestó a los legionarios presentes en el acto:

> En la jornada de ayer, después del Congreso que se celebra en la Congregación de Religiosos estudiando toda la historia de vuestro instituto de todas las fases de su desarrollo, como también las Constituciones, hemos decidido daros el Decreto de Alabanza. Ya sois parte de los Institutos de Derecho Pontificio.

Analizando el mismo, nos encontramos con una serie de elementos que resultan interesantes desde varios aspectos. El Instituto Misioneros del Sagrado Corazón de Jesús y de la Virgen de los Dolores —dice el decreto—, que se llamará «Legionarios de Cristo», fue fundado en 1946 en la diócesis mexicana:

[...] para el establecimiento del Reino de Cristo de acuerdo a las exigencias de la justicia y caridad cristianas en la sociedad a través del apostolado y una amplia difusión de la doctrina católica.
Un poco después, es decir en el año 1948, habiendo otorgado permiso de la Santa Sede, por decreto al Ordinario de Cuernavaca, fue erigida en Congregación diocesana...
[...] Por lo tanto, el Prefecto de este Dicasterio de los Asuntos de las Comunidades Religiosas, en virtud de las facultades concedidas por nuestro Santísimo Padre el papa Pablo VI, habiendo tomado en cuenta las cartas testimoniales de los Ordinarios, habiendo tomado en cuenta también el voto maduramente sopesado de los P. Consultores para la aprobación de Institutos, en el Congreso Plenario del mes de febrero de 1965, por medio del presente decreto, con palabras debidas y convenientes, alaba y recomienda la Congregación de los Misioneros del Sagrado Corazón y de la Virgen de los Dolores a la que llamaremos *Legionarios de Cristo*, y sus Constituciones, un ejemplar de cuyo texto, escrito en latín, se conserva depositado en el archivo de este Dicasterio, aprueba y confirma como experimento durante siete años...

El documento está firmado en Roma por el cardenal Antoniutti, prefecto del Dicasterio de los Asuntos de las Comunidades Religiosas, con fecha de julio de 1965.
La historia de la fundación de la Legión (que van resumiendo cada vez más en la web oficial de los legiona-

rios en Internet, siguiendo con el criterio de que se conozca lo menos posible de la congregación y del movimiento de laicos) sitúa su nacimiento el 3 de enero de 1941, aunque el documento oficial de la Santa Sede lo fija en el año 1946. ¿A qué se debe esta diferencia en la fecha de la fundación...? Es una pregunta que muchos de los que comenzaron en los primeros años (José Barba, Juan José Vaca, Alejandro Espinosa y otros), y que han sido consultados por el autor para la realización de este libro, tampoco logran responder, ya que hasta la publicación de mi obra anterior prácticamente nadie había tenido acceso a este documento que reproducimos en el Apéndice junto con su traducción directamente del latín, que fue autenticada para la edición de este libro por el notario del arzobispado de Sevilla.

En relación con el reconocimiento jurídico de la congregación, Maciel da una serie de pistas, a cuál más sorprendente, en el libro-entrevista de Jesús Colina, *Marcial Maciel, mi vida es Cristo*[1] (en realidad la entrevista al fundador fue preparada por los legionarios exclusivamente para contestar a las críticas y cuestiones formuladas en el libro de Alejandro Espinosa y en el anterior de este autor, aunque no contesta directamente a las graves acusaciones de pederastia que se le han formulado):

> Fueron varios los motivos que me indujeron a realizar este viaje (mayo de 1946, primer viaje a Roma). El primero era mi deseo de presentar al Santo Padre la petición de la aprobación de la congregación. En mi ingenuidad, yo creía bastante fácil llegar a Roma y ha-

1. Jesús Colina, *Marcial Maciel. Mi vida es Cristo*, Planeta-Testimonio, Barcelona, 2003.

cer una cita con el Santo Padre para exponerle todos los planes que teníamos y pedirle su bendición. Quería presentarle las Constituciones que había ido redactando, en varios momentos, desde 1936... El primer paso canónico para la Fundación de una congregación religiosa es la aprobación diocesana, pero aun ésta requiere el nihil obstat vaticano. Hablé con el señor obispo, el cual escribió una carta pidiendo a la Santa Sede la erección de la congregación y él mismo me sugirió que pidiera a otros obispos mexicanos cartas de adhesión. Esto me supuso viajar por toda la geografía del país para entrevistarme con los obispos y pedirles esa carta de adhesión para la Santa Sede. Supuso para mí mucho trabajo, pero pude conseguir el apoyo de la inmensa mayoría de los obispos...

Como vemos, y a pesar de contar en su familia con varios tíos nombrados obispos, Maciel reconoce tener dificultades para conseguir el primer y preceptivo documento. Por supuesto, no dice qué obispos le apoyaron y cuántos se negaron a hacerlo:

El Papa [Pío XII] se interesó mucho por la fundación, me llenó de aliento, me ofreció su consejo y me invitó a presentar a la Sagrada Congregación de Religiosos la solicitud de la aprobación canónica que el obispo de Cuernavaca, monseñor Francisco González Arias, había firmado semanas atrás y yo traía conmigo. Al comentar nuestro carisma apostólico en la entrevista, el Papa me insistió en que pusiéramos especial empeño en la formación selecta de los líderes católicos especialmente para América Latina, cosa que yo procuré llevar a la oración para comprender mejor en la presencia de Dios lo que Él quería para nosotros por boca de su Vicario en la tierra... Durante mi visita a Roma presenté para su aprobación nuestras Constituciones a la Sagrada Congregación de Religiosos. Después de un tiempo, me respondieron que la aprobación todavía no era posible pues se necesitaba un mayor número de religiosos y que responderían por escrito de esta determinación al obispo de Cuernavaca. En mi ingenuidad, yo me imaginaba que volvería a México con la aprobación dada por el mismo Papa. Desconocía que los procesos canónicos llevan su tiempo y que era prudente y normal esperar. Encontré en la Curia romana a hombres verdaderamente excepcionales al servicio desinteresado de la Iglesia, aunque es lógico que también existan las limitaciones propias de todo grupo humano...

Siguen las dificultades que el fundador denomina «las limitaciones propias de todo grupo humano», y ello a pesar del inestimable apoyo, al menos según afirma Marcial Maciel, que le dispensa Pío XII. Como veremos, sólo con la inestimable ayuda del cardenal Canali, y posteriormente con la de Giuseppe Pizzardo, consigue una carta de recomendación para Martín Artajo, convenciéndolo así de que su proyecto de fundación sigue adelante:

> El cardenal Nicola Canali me arregló una cita con el cardenal Giuseppe Pizzardo, que era prefecto de la Sagrada Congregación de Seminarios y Universidades. Le pedí una nota de aprecio y de recomendación para poder presentarla al ministro de Asuntos Exteriores de España, según él me había pedido. El carde-

nal Pizzardo se ofreció con gusto a dármela y, habiendo conseguido al menos esto, aunque no la aprobación que yo esperaba, me volví a España por barco desde Génova...

El apoyo que había dado el purpurado Canali a Maciel para que pudiese entrevistarse con el Papa, apoyo que le había prestado ya en otras ocasiones, consiguió que prácticamente se superasen aquellos primeros informes negativos llegados al Vaticano y que retrasaban la erección canónica de la Legión.

La biografía de este cardenal es clave y sirve de ejemplo para entender cómo funcionan en muchas ocasiones las estructuras vaticanas y cómo Maciel se mueve entre la curia y fuera de ella para lograr sus propósitos.

Nicola Canali había nacido el 6 de junio de 1874 en la localidad italiana de Rieti. Realizó su preparación filosófica y teológica en la Universidad Pontificia Gregoriana de Roma y en la Academia Pontificia de Santo Tomás de Aquino. Tras ser ordenado sacerdote en Roma, en 1900 es designado miembro de la Secretaría de Estado del Vaticano: secretario del cardenal español Rafael Merry del Val y, el 1 de septiembre de 1903, de la Secretaría de Estado. A finales de ese año pasa a ocupar el puesto de chambelán y, sucesivamente, secretario sustituto de asuntos de Estado, prelado doméstico y protonotario apostólico. Nombrado (creado en términos eclesiásticos) cardenal el 16 de diciembre de 1935, participó en el cónclave de 1939, y fue nombrado posteriormente presidente de la Pontificia Comisión para el Estado de la Ciudad del Vaticano (gobernador), asesor de la Sagrada Congregación del Santo Oficio y Penitenciario Magnífico. Participó también en el cónclave de 1958, que eligió Papa a Juan

XXIII. Falleció el 3 de agosto de 1961 en la ciudad del Vaticano y fue enterrado en la iglesia del Gianicolo de San Onofrio en Roma.

El cardenal fue objeto de una dura crítica en el libro de los Milenarios *El Vaticano contra Dios*.[2] En el capítulo XIX, titulado «Poder, vida vegetativa y celibato», al hablar del enriquecimiento de algunos prelados en el Vaticano, se afirma que «el Cardenal Canali, prelado de probada castidad y encargado por ello de la enmienda de los clérigos impúdicos, ha dejado a sus sobrinos (tras su muerte) seis mil millones de liras».

Canali, desde su cargo en la Penitenciaría Apostólica, fue también el artífice de la «Indulgencia plenaria a los muertos en la última guerra», decreto aprobado por Pío XII y adoptado tras la petición de numerosos obispos en una audiencia de Canali, y por el que se establecía que los fieles podrán ganar esta indulgencia plenaria (el perdón de todos los pecados cometidos por el difunto) en favor de los muertos de la última guerra comunicándolo y solicitándolo en un período de tiempo concreto y con el correspondiente pago de estipendios por la celebración de una misa por el difunto.

Canali, gobernador del Vaticano, fue uno de los cinco cardenales, junto con el entorno germánico, que rodeaba al Pontífice, en los que Pío XII encontró leal colaboración y apoyo: Giuseppe Pizzardo, Alfredo Ottaviani, Clemente Míccara y Marcello Mimmi, de cuya influencia y relación se ha valido Maciel, entre otros, para llevar adelante sus intereses con la congregación, ya que como mantienen los Milenarios:

2. Los Milenarios, *El Vaticano contra Dios. El libro prohibido por el Vaticano*, Ediciones B, Barcelona, 1999.

La simonía ya no tiene aquel rigor de las draconianas leyes del derecho canónico. La ley a este respecto está muy aguada. El término está infraccionado. Nunca se denomina «corrupción». Se prefiere el término «protección», lo cual no constituye ningún delito; al contrario, se envuelve con el manto de la benevolencia y la caridad y, por consiguiente, es una virtud. Ningún tribunal eclesiástico la deberá perseguir jamás.

En su entrevista con Jesús Colina, Maciel continúa explicando:

El nihil obstat y la erección canónica vinieron un poco más tarde, en 1948. Yo tenía mucho interés en esto, dado que hasta entonces nosotros éramos jurídicamente una extensión del seminario menor de la diócesis de Cuernavaca, pero no teníamos ningún otro tipo de reconocimiento jurídico. Ahora sé que este proceso es muy lento. La sabiduría y experiencia bimilenaria de la Iglesia estudia minuciosamente cada caso para determinar después, con su juicio definitivo, si una forma de vida religiosa puede recibir una aprobación oficial o no. En mi ingenuidad, de la cual Dios también se valió para hacer triunfar sus planes, yo creía que bastaría presentar las Constituciones y la petición del obispo para que la erección tuviera efecto. En realidad, viéndolo en perspectiva, esperar dos años para obtener de parte de la Iglesia la aprobación jurídica para la erección diocesana es, objetivamente, un tiempo muy corto.

Aquí también, como en cada uno de los pasos que iba dando la joven congregación, se puede observar, y yo lo podía palpar en primera persona, la especial protección de la Providencia divina sobre nosotros. En el mes de mayo de 1948 volví a Roma para ver si se podía adelantar algo la aprobación de la Congregación. Al inicio me animaron mucho diciéndome que la Congregación del Santo Oficio había dado su visto bueno y que era cuestión de días para que se aprobara en la reunión plenaria de la congregación. Después de unos días, sin embargo, me dijeron que en esa reunión se había visto que era mejor esperar sine die a que la congregación tuviera más miembros y más estabilidad económica. Sine die podría significar «nunca». Salí muy desconsolado de la casa donde vivía el subsecretario de la Congregación de Religiosos, monseñor Arcadio Larraona Navarro. Hice primero una visita al Santísimo a la iglesia de San Juan de los Florentinos y de ahí me fui a San Pedro a rezar ante el altar de la Virgen Gregoriana. En ese momento recibí especiales gracias de consolación y de apoyo de parte de María. Como gratitud, los legionarios que están en Roma acuden una vez al año a ese altar a agradecer a María todas esas gracias recibidas de Dios por medio de su intercesión.

Sin embargo, antes de salir de Roma, de modo también providencial, en una visita de despedida a las oficinas de la Congregación de Religiosos, gracias a la ayuda de un eclesiástico amigo, recibí el 25 de mayo de dicho año de 1948 con gran sorpresa mía la noticia de que el rescripto del nihil obstat había sido otorgado.

No habían acabado todavía las dificultades para aquel documento que tanto anhelaba el fundador, aunque Maciel no se arredró. Tras recibir un aviso desde Roma (que él llama «fuerte moción de Dios») y que algunos legionarios lo ligan a Canali, Maciel consiguió burlar una vez más las denuncias y las dudas del Vaticano:

> Regresé a España y de ahí a México, lleno de alegría, para hablar con el obispo de Cuernavaca, que por entonces era monseñor Alfonso Espino y Silva, quien había sucedido a monseñor Francisco González Arias, fallecido el 20 de agosto de 1946. Con el señor obispo decidimos proceder a la erección canónica para el día 29 de junio, fiesta de San Pedro y San Pablo. El domingo 13 de junio, durante la celebración Eucarística, recibí una fuerte moción de Dios para realizar ese mismo día la erección canónica. Hablé con el señor obispo, el cual accedió a ello, a condición de poder contar con la redacción latina oficial del documento de erección. En esta tarea me ayudó con gran disponibilidad el protonotario apostólico del arzobispado de México, monseñor Gregorio Araiza, a pesar de encontrarse ese día en cama con fiebre. Una vez obtenido este requisito, al final de la tarde del domingo 13 de junio de 1948 nació jurídicamente la congregación de los Legionarios de Cristo. Antes de esa fecha no éramos nadie en la Iglesia, desde un punto de vista canónico. En ese momento nacía en la Iglesia una nueva congregación religiosa. Hice mis votos religiosos delante de monseñor Espino y Silva y, ya como superior general, acepté los votos de los dos primeros religiosos de la congregación.
> Al día siguiente recibí una llamada telefónica urgente del señor obispo que me pedía ir a hablar con él de modo inmediato. Llegado a Cuernavaca, me expli-

có que había recibido una carta urgente del Vaticano que pedía que no procediera a la erección de la congregación. Dicha carta había llegado a Cuernavaca el sábado anterior, pero el sacerdote encargado del correo no había podido recogerla por tener compromisos pastorales. El señor obispo me dijo que, puesto que la erección había ya tenido efecto, él no la podía anular, que mandaría a Roma una explicación detallada de lo ocurrido y que si en Roma querían anular la erección, enviarían después la correspondiente petición para ello. El motivo de la anulación era, según la carta que llegó de Roma, una serie de acusaciones muy graves contra mi persona en las que se me tachaba de mentiroso y de bebedor y ladrón, y se decía que tenía prácticamente secuestrados a los jóvenes seminaristas, a los que no permitía que se confesaran con nadie fuera de mí...

La versión que conoció y aprobó Roma

Las Constituciones de la Legión de Cristo son uno de los capítulos más interesantes de estos documentos oficiales, pues su validez da a la Legión entidad jurídica ante la Iglesia y, por medio de ella, ante los gobiernos que reconocen esta obra como parte integrante de la misma.

Sin embargo, los legionarios de aquella etapa tienen serias reservas no sólo sobre el procedimiento, sino también sobre si las constituciones en las que se basó la Santa Sede para dictar el Decretum Laudis son las mismas que han venido aplicándose en los centros legionarios y las que se han facilitado a los novicios y sacerdotes.

Para los ex legionarios no cabe duda que las Constituciones fueron aprobadas *ad experimentum* por siete años (hasta julio de 1972), pero en el seminario mayor de Salamanca, matizan, no se dijo nada al respecto sobre la aprobación definitiva o en la extensión de ese Decretum Laudis. En los años setenta los superiores dieron una versión de las Constituciones, en pasta verde, que posteriormente recogieron en 1983 para hacerla desaparecer. Tampoco se les facilitó la versión original en latín ni se les entregaron las modificaciones que fueron introduciéndose sobre ellas en los Capítulos Generales.

De acuerdo con la historia oficial, la primera de las Constituciones que Maciel recibió como «inspiración», le fue robada por un canonista al que pidió consejo, y que al verla se la quedó y luego le pidió una fuerte cantidad de dinero para devolvérsela.

Ya el 9 de noviembre de 1946, Maciel escribía lo siguiente respecto a las Constituciones: «Mañana, D.m. estaré con el Santo Padre y entregaré las copias de nuestras Constituciones; como os platiqué no voy a esperar que se resuelva eso sino que volveré a España lo más pronto posible porque mucho nos interesa terminar lo de allá para que vengan los latinos en septiembre de este año.»

Este hecho es realmente significativo, pues Maciel siempre ha buscado la aprobación directa del Papa sobre todas las cosas que realiza, y en la supuesta aprobación definitiva de las Constituciones fechada en 1983 asegura que Juan Pablo II le llamó en persona para ratificarle que se habían aprobado. Varios cardenales y canonistas con los que hemos consultado manifiestan sorpresa e incredulidad al conocer este hecho, único en la historia de la Iglesia, y creen que es una invención de Maciel.

También resulta chocante que las Constituciones de los Legionarios de Cristo, aprobadas supuestamente en

1983, fueron cambiadas en el año 2000, aunque la versión actual que usan los legionarios tiene fecha de finalización de la impresión «el día 10 de marzo de 1998, LXXVIII cumpleaños de Nuestro Padre Fundador».

¿Qué diferencias existen entre ambas Constituciones? La versión de 1983 tenía 878 números, y la actual tiene 872. Además, en la versión de 1983 no aparece el documento de aprobación que recoge la versión contemporánea, y que trae la firma del difunto cardenal Eduardo Pironio. Quizás uno de los aspectos más interesantes de la versión de 1998 es que entre las páginas 319 y 367 incorpora una «Interpretación de las Constituciones hecha por el Fundador de la Congregación de los Legionarios de Cristo». La versión de 1983 conserva aún un quinto voto al que eran llamados algunos miembros de la congregación: el voto de fidelidad y caridad, que en la versión de 1998 queda suprimido.

Los votos privados

Sin embargo, los votos privados (los legionarios pronuncian los tres votos habituales para todas las órdenes religiosas: castidad, pobreza y obediencia y, posteriormente, uno más, el voto privado o secreto) se conservan en ambas versiones, con la diferencia de que en la última se incluye una interpretación de los mismos según la cual el superior tiene total libertad para actuar siempre y sin detrimento de su autoridad, a pesar de los fallos o abusos que pueda cometer en cualquier campo, como recoge la interpretación dada por el propio Maciel en la página 340 de la nueva versión:

El voto de no criticar a los superiores incluye evitar toda crítica externa, no solo de los actos de gobierno y autoridad del superior, sino también de toda su personalidad humana: temperamento, carácter, defectos físicos, intelectuales, morales y modos suyos de proceder en cualquier otro terreno ajeno al ejercicio de su autoridad.

Como en otros muchos aspectos, «el Director General queda eximido del voto», como recoge la letra C de la interpretación de los números 314 y 315.

El que la Legión de Cristo se esconda tras la libertad de culto para sus actividades en los países europeos, como en España, no es de extrañar, ya que interiormente todo queda muy bien trabado en torno a la figura de los votos privados, que no tienen otra finalidad, al margen de los argumentos que utilizan los legionarios sobre la caridad, que el de tener a todos los miembros controlados y sin posibilidad de exponer ningún aspecto negativo, ni aun aquellos que objetivamente son denunciables, ya sea ante las autoridades eclesiásticas o ante las mismas autoridades civiles.

Bajo este juramento contraído con Dios, la Legión ha ido escondiendo a lo largo de los años los casos de abusos a menores, las enfermedades que sufren muchos miembros por el sistema represivo en el que viven, el aislamiento de la familia y la imposibilidad de comunicarse libremente con cualquier persona de fuera, ya que los legionarios siempre van de dos en dos (vigilándose el uno al otro), de modo que los superiores están al corriente de lo que sucede incluso cuando es necesario salir al exterior. Además, por norma, al volver a casa, cada legionario debe entregar un informe al superior sobre todo lo que ha hecho o dicho.

Al proteger al superior mediante voto, incluso en los aspectos del temperamento, del carácter y de sus cualidades morales, ¿qué alternativa queda? Sólo la resignación, el ver con ojos de fe incluso hechos que objetivamente no pueden verse, por más que Dios escriba recto en reglones torcidos, por más que se aplique el criterio de que el que obedece no se equivoca, pues en el fondo, de acuerdo con la doctrina de la Iglesia, frente al uso de la propia libertad cada uno es responsable de sus actos delante de Dios.

Contrarias al Derecho Canónico

Para los que han abandonado la congregación muchos de los números de las Constituciones legionarias se oponen no sólo al Derecho Canónico, sino que están en abierta contradicción con los derechos humanos.

Quienes estudiamos en Roma y participamos de los cursos que se ofrecían en la Penitenciería Apostólica, órgano de la Santa Sede que se encarga de los asuntos relacionados con la confesión y otros casos de conciencia, nos quedamos sorprendidos cuando escuchamos por primera vez que los directores espirituales y los confesores no pueden ser los superiores. Éstos quedan totalmente excluidos de dicha función dentro del Derecho Canónico; pero en la Legión, Maciel ha identificado desde los primeros años la figura del superior, el confesor y el director espiritual en uno solo, según mantienen los ex legionarios que me han ayudado en la lectura y el resumen de las Constituciones.

Maciel, como maestro de la libre interpretación, hace referencia al Canon 968, 2 del Código de Derecho Canónico al interpretar el número 335 sobre la confesión, y menciona que los superiores, a tenor de este canon, tienen la «facultad de oír las confesiones de sus súbditos y nada obsta para que lo hagan cuando éstos, en pleno uso de su libertad de conciencia, acuden espontáneamente a pedirlo».

Sin embargo, el Canon 630, 4 dice lo siguiente: «Los Superiores no deben oír las confesiones de sus súbditos, a no ser que éstos lo pidan espontáneamente.»

No deben oír las confesiones, sino sólo cuando lo pidan los súbditos de forma espontánea, pero ¿qué ocurre en la Legión? La praxis habitual es que los superiores cada noche o cada mañana, dependiendo del lugar y las circunstancias, se sientan dentro de los confesionarios demandando tales confesiones. Lo mismo puede decirse sobre la dirección espiritual, donde se deja total libertad de acudir a quien más conveniente se crea. En la Legión simplemente se ponen listas indicando a quién se debe requerir, e incluso las horas y los días, faltando con ello a las leyes de la Iglesia.

La interpretación del fundador del número 345 en la letra C recoge lo siguiente: «El director general, por motivos justificados, puede autorizar que algún religioso acuda a diálogo personal con un sacerdote legionario que no sea el superior.» ¿Dónde queda la libertad de la que habla el Derecho Canónico? Eso es lo que recoge el número 246, 4 del Código de Derecho Canónico: «Acostumbren los alumnos a acudir con frecuencia al sacramento de la penitencia, y se recomienda que cada uno tenga un director espiritual, elegido libremente, a quien puedan abrir su alma con toda confianza.»

Veamos las contradicciones en ambos casos comparando las redacciones dadas por las Constituciones de la Legión y por el Código de Derecho Canónico:

Las Constituciones, al hablar de la libre manifestación de conciencia y de la elección del director espiritual, señalan (Art. 353, 1):

> 1. Todos los nuestros, para conservar intacto el espíritu religioso, tengan plena confianza en sus Superiores, movidos por la fe y el amor a Jesucristo, sin comparar la sabiduría, edad y perfección propia con la del Superior, apoyando su mente y su corazón en las palabras del Evangelio: «El que a vosotros escucha, a mí me escucha.» Por tanto:
>
> 1.º Los novicios, los estudiantes de humanidades y ciencias, y los religiosos que pasen directamente del Noviciado al Centro de Estudios Superiores durante su primer año de filosofía, acudan cada ocho días a diálogo personal con el Instructor o Rector.
>
> 2.º Los demás religiosos acudan al propio Rector o Superior por lo menos dos veces al mes.
>
> 3.º Los sacerdotes, por lo menos cada mes.
>
> 2. Los Rectores y Superiores de los Centros, los Instructores de novicios y los Instructores de renovación, conscientes de la importancia fundamental que tiene para la formación y perseverancia de los nuestros la observancia de esta disposición, cumplan este deber de conciencia con responsabilidad y puntualmente, motivando a los súbditos para que lo hagan voluntariamente, e invitando con solicitud a quienes se descuiden u olviden.
>
> 3. Los Superiores a los que se refiere el párrafo anterior que no cumplan esta norma o la descuiden,

deben ser advertidos por ello y, si persisten en su actitud, deben ser privados del cargo.

CÓDIGO DE DERECHO CANÓNICO

Can. 630

§ 1. Los Superiores reconozcan a los miembros la debida libertad por lo que se refiere al sacramento de la penitencia y a la dirección espiritual, sin perjuicio de la disciplina del instituto.

§ 4. Los Superiores no deben oír las confesiones de sus súbditos, a no ser que éstos lo pidan espontáneamente.

§ 5. Los miembros deben acudir con confianza a sus Superiores, a quienes pueden abrir su corazón libre y espontáneamente. Sin embargo, se prohíbe a los Superiores inducir de cualquier modo a los miembros para que les manifiesten su conciencia.

Todo ello tiene como finalidad el control total de los miembros que, como hemos visto en el capítulo anterior al hablar de la discreción, es uno de los aspectos que más interesan a Maciel, ya que de esta forma es muy difícil que trasciendan al exterior los desmanes, arbitrariedades y atentados contra los derechos humanos que se suceden dentro de la Legión de Cristo.

CONTRA LOS DERECHOS RECONOCIDOS
EN LAS DEMOCRACIAS OCCIDENTALES

Las Constituciones de los Legionarios de Cristo no sólo atentan contra algunos puntos del Derecho Canónico, sino que lo hacen claramente contra muchos de los derechos fundamentales reconocidos en las democracias occidentales y contra la Constitución española.

Veamos algunos ejemplos: «El Rector o Superior del Centro, u otro religioso designado por él, revise todas las cartas y entregue las que juzgue oportuno.» (CLC. 383, 1.)

Mediante la aplicación de este artículo, el superior o quien haya sido designado para revisar las cartas determina cuáles se entregan o cuáles no. Este mismo principio se aplica desde el seminario menor. Afecta también a las cartas que escriben los novicios, ya que éstas deben entregarse abiertas al superior, para que éste u otro religioso designado por él las revise y mande las que juzgue oportunas. Idéntico proceder se aplica a la correspondencia que los legionarios pueden enviar a un obispo.

Por su parte, el Artículo 18 de la Constitución española establece que «Se garantiza el secreto de las comunicaciones y, en especial, de las postales, telegráficas y telefónicas, salvo resolución judicial». Como ya hemos visto, las Constituciones legionarias incumplen esta norma.

El Artículo 19 de la Constitución española señala lo siguiente: «Asimismo, tienen derecho a entrar y salir libremente de España en los términos que la ley establezca. Este derecho no podrá ser limitado por motivos políticos o ideológicos.»

Lo que establece la Carta Magna se vulnera en la Legión de Cristo, ya que es el director general de la congregación quien determina cuándo un español puede o debe entrar o salir del país.

El Artículo 22 de la Constitución es tajante a la hora de mencionar las asociaciones secretas, y en su punto 5 señala: «Se prohíben las asociaciones secretas y las de carácter paramilitar.»

¿No es acaso el modo de proceder de la Legión de Cristo el de una sociedad secreta? Se ocultan las Constituciones, las normas y el desarrollo de su vida interna, amparándose en la libertad de culto.

Mientras trabajaba en la elaboración de estas páginas, hablando un buen día de estas cuestiones con un miembro del Regnum Christi, compañero en las tareas informativas, me respondió muy indignado que si analizamos las Constituciones de los dominicos, los jesuitas o cualquier otra congregación religiosa, las normas que contienen «pueden también parecer medievales». No quise entrar al trapo. Hoy, le respondo desde aquí, aprovechando la respuesta a las preguntas que puedan formularse los lectores. El miembro del Regnum Christi, en su afán por defender lo indefendible, olvida que los ejemplos que cita sobre la fundación de estas órdenes datan de varios siglos, mientras que la Legión tiene poco más de sesenta años. Las constituciones de esas órdenes religiosas han sido revisadas con el paso de los años para acomodarse a los nuevos tiempos, sin que eso signifique que pierdan su carisma fundacional original. Las Constituciones y otros documentos normativos legionarios, les guste o no a los seguidores de Maciel, se han elaborado en pleno siglo XX, en una nueva etapa de la vida de la Iglesia marcada por el Concilio Vaticano II, y no parece lo más lógico —sin entrar en consideraciones de abusos, lavado de cerebro o pederastia— que una congregación y su movimiento de laicos, que nace y vive prácticamente en torno a los primeros trabajos preparatorios para el Concilio y se desarrolla a partir del mismo, se rija por estos principios normativos. La formación religiosa seria y exigente en los seminarios es buena y necesaria para la supervivencia de una congregación o un instituto religioso y para la propia credibilidad de la Iglesia. Las aberraciones y los atentados contra los derechos humanos parecen ya vestigios desafortunados de épocas pretéritas, que chocan incluso con la realidad actual de la Iglesia, por muy conservadora y rancia que ésta pueda parecer o sea en algunas cuestiones.

4

DOCUMENTOS CAPITULARES
Y NORMAS LEGIONARIAS

El 13 de junio de 2003 un burofax llegaba a la sede de un servidor de páginas web por Internet, remitido por el bufete de abogados Ramón Hermosilla, con sede social en Madrid, conminando a la empresa titular del servidor a cancelar la página web *www.exlcesp.com*.

El burofax del conocido bufete de abogados recordaba a la empresa requerida que:

> [...] como también conocen a través de la comunicación telefónica mantenida en el día de ayer, 12 de junio de 2003, la Congregación de los Legionarios de Cristo, Instituto Católico inscrito en el Registro de Entidades Religiosas del Ministerio de Justicia, les ha manifestado su voluntad de que cese de forma inmediata la activación del servicio web que ustedes han otorgado contractualmente a la citada página, por contener la misma referencias, información y contenidos injuriosos, falsos y, por ello, gravemente perjudiciales para la referida Congregación.
>
> Asimismo, el contenido de la citada página web

comprende el texto de documentos que aparecen referidos en el propio enlace de la página como «Normas de la Legión de Cristo» y que incluyen las Constituciones, cartas del padre Maciel, Capítulos y Manual, que pertenecen exclusivamente al patrimonio de la Congregación de los Legionarios de Cristo, cuya exhibición por parte de dicha web nunca ha sido autorizada por su legítimo titular, violando flagrantemente el ordenamiento jurídico y, en particular, la normativa sobre propiedad intelectual.

Por todo ello, y confiando en su responsable profesionalidad, les instamos a que cesen de forma inmediata la activación de la página web *www.exlcesp.com*, en evitación de mayores perjuicios de los ya causados a la Congregación de los Legionarios de Cristo, reservándonos, en todo caso, las acciones civiles y de otro orden que resultaran como consecuencia de la exhibición de los contenidos publicados en la referida web.

La empresa suministradora del servicio se puso en contacto con los responsables de la mencionada página web y les informó de la recepción del burofax del bufete Ramón Hermosilla, esperando una decisión al respecto. Los ex legionarios autores de la página, algunos de ellos todavía sacerdotes, que en aquellos momentos mantenían estrechas relaciones a través de Internet con otros foros y páginas similares, optaron por desactivar la página momentáneamente para recuperarla más tarde con una actualización de los contenidos, entre los que se habían suprimido las normas mencionadas por el despacho de abogados.

En realidad sólo fue una cuestión de estrategia política o procesal. Se trataba de convencer a la Legión de

Cristo de que habían conseguido «preocuparles» con la advertencia de los abogados y trabajar por otras vías, sin hacer excesivo ruido. No estaban dispuestos a cejar en su lucha por denunciar las circunstancias que habían vivido en la Legión. No quisieron, por esas mismas razones, iniciar un pleito por unos documentos que, en contra de lo que se decía en el burofax, no eran sólo de propiedad intelectual de la congregación. Ellos, como legionarios (alguno todavía pertenece a la Legión), son propietarios de esos documentos que habían ido recibiendo a lo largo de su formación o a los que habían tenido acceso, pagando un alto precio por ello. Precisamente siguiendo las normas contenidas en tales documentos habían tenido que profesar sus votos solemnes cuando fueron consagrados. ¿Cómo podía alguien decirles que no tenían derecho a divulgarlos cuando hay que presentar obligatoriamente las Constituciones ante la Santa Sede para su aprobación y cualquier legionario puede solicitarlas para comprobar que las normas que rigen la vida en la Legión o en el Regnum Christi se ajustan exactamente a las que han sido autorizadas por Roma? En cualquier caso, era mejor no difundirlas en ese momento. Constituían una prueba fundamental de la vida legionaria y de los abusos que, basándose en las mismas, se cometían en los centros de la Legión. Ya llegaría el momento de hacerlas públicas.

EL SECRETO MEJOR GUARDADO

Curiosamente, y estrechando el círculo de secretismo que Maciel impone en torno a su fundación y sus legionarios, el Primer Capítulo General Ordinario, en su artículo 681, establece la siguiente restricción después de cuarenta años de funcionamiento de la congregación:

> Con miras a un mayor control y orden, en adelante los escritos de Nuestro Fundador y los documentos de la Legión no serán de propiedad personal, sino del Centro en donde habita el religioso. De esta índole son los siguientes documentos: Constituciones de la Legión, Reglas de la Legión, Cartas de Nuestro Padre, Salterio de mis días, Explicación de los votos, Ritual de la Legión, Manual de Principios y Normas de la Legión, Epítome, Comunicaciones Capitulares, Instructivos, Manual de exámenes prácticos, Manual del Regnum Christi, Vocabulario del Regnum Christi.

Es decir, prácticamente todos. Se prohíbe comentar nada con los extraños, ni ningún papel de la Legión puede salir del centro salvo los estrictamente necesarios para el desarrollo de la misión de cada uno.

Para garantizar este secreto, los artículos correlativos exponen las siguientes normas y orientaciones:

> Para ello, en cada habitación de los Centros de formación y de los Centros de apostolado habrá una colección completa de dichos documentos. (Art. 682.)
> El Rector o el Superior de nuestros Centros deben cerciorarse, por sí mismos o por medio de religiosos designados para ello, de la existencia, estado e integridad de estas colecciones. A su vez, darán cuenta al Director Territorial, cada seis meses, de la conservación y número de dichos escritos. (Art. 683.)

Tras este Capítulo General sólo queda como propiedad personal del legionario «El índice de las Cartas, el Manual de Oraciones y el Manual de Cantos para la Misa y el Rosario», que son de uso personal (Art. 684).

No obstante, y como intentando de alguna manera salvar las situaciones absurdas o tragicómicas a las que puede llevar esta elevación del oscurantismo macielino, el artículo 685 se cura en salud señalando que «Si algún religioso o sacerdote, por razones personales o apostólicas, necesita para su uso personal alguno de estos documentos, puede acudir al Director Territorial, quien examinará atentamente cada caso», y el 686: «De forma análoga se procederá por lo que toca a los documentos del Regnum Christi para uso de los miembros consagrados.»

Y como en la Gestapo, para que nadie tenga tentaciones de copiar o duplicar cualquier documento en la soledad de su habitación —cuando no le sorprenden con una visita inesperada—, los padres capitulares regulan también el uso de aparatos audiovisuales:

Nadie debe usar *ad personam* ni tener en su propia habitación grabadoras, radios, cámaras de fotografía y aparatos semejantes. Todos estos instrumentos son *ad officium*, y deben guardarse en el Centro, en un lugar apropiado. En caso de algún viaje, cursillo, etc., pueden llevar una cámara fotográfica y una grabadora, si el Rector del Centro lo juzga oportuno. (Art. 688.)

Eso sí, como ya hemos visto, la información interna es fundamental para el control de los súbditos y los fines de la Legión, y para ello en el artículo 80 Maciel recalca a los capitulares lo siguiente:

Deseo que quede claro a ustedes y a las futuras generaciones que toda mi vida, desde la fundación, he pedido que se forme el hábito de informar —de palabra o por escrito— al Superior Mayor o a los Superiores inmediatos de todo cuanto ocurra; he pedido que sea éste un elemento que nos distinga como miembros de una organización eficiente y madura; que si su trabajo no es de orden habitual, no dejen pasar el día sin informar o reportar. ¡El reporte, el reporte, el reporte! Debe ser algo que se grabe muy hondamente en la conciencia y en la práctica de su vida desde los años de noviciado.

LOS EX LEGIONARIOS SE DEFIENDEN

En su página web este grupo de combatientes contra los atropellos en la Legión, agrupados bajo el seudónimo Exlcesp, había colocado un editorial explicando el porqué de la página que, junto con la publicación de las normas y los documentos, fue lo que preocupó a la congregación de Maciel. Obviamente les molestaba su contenido y el hecho de que la publicación de los documentos pudiese acabar con los secretos mejor guardados de Maciel y su cohorte pretoriana.

De todas formas, puesto que yo mantenía desde hacía tiempo conversaciones con los responsables de esta página web, así como con otros legionarios y ex legionarios, guardé ese material que coincidía con el que había venido recopilando en Roma, Salamanca, Estados Unidos, México, Chile y Dublín, para la creación del libro que en este momento el lector tiene en sus manos.

El editorial de Exlcesp.com no tiene desperdicio, y demuestra claramente el ánimo irreductible con el que estos sacerdotes y ex sacerdotes se disponían a luchar por la verdad:

> Finalmente después de largos días de preparación, y no sin esfuerzo de los protagonistas, nace este nuevo sitio, como una respuesta más a la invitación de *Mostrar el Esplendor de la Verdad.*
> Es un lugar para exponer la Verdad de los hechos que hasta hace pocos años han querido ser silenciados a fuerza de chantaje, amenazas y corrupción. Un lugar para hacer verdad aquella máxima de que *no hay nada oculto que no llegue a descubrirse.*
> Quizá se diga que estamos atacando a la Iglesia, que se está atacando al Papa, a los Obispos o incluso al mismo sacerdocio, y nada más lejos de esto. Será la elocuencia de los hechos la que hable en estas páginas para mostrar que «somos hijos de la Luz», venidos de la Luz como dice el apóstol san Juan.
> La única intención de este espacio es mostrar la verdad de lo que es Marcial Maciel y *su* Obra sectaria. Todos los que estamos en este espacio hemos pasado largos años de nuestra vida, muchos los mejores, dentro del sistema que tan diabólicamente ha instituido Maciel. Pablo VI afirmó que *el humo de Satanás ha entrado en la Iglesia,* y sin duda que parte del fuego que ha producido este humo lo mostraremos a lo largo de estas páginas. No creemos en la yuxtaposición Legión de Cristo-Iglesia.
> No hablamos de lo que nos han contado, sino de lo que hemos experimentado en primera persona, sin intenciones torcidas, sin espíritu de revancha, simplemente para que quienes tengan la libertad de leer estas páginas vayan sacando sus propias conclusiones.

Hoy comenzamos con la intención de que la «Historia que es maestra de la vida» juzgará con la perspectiva que da el tiempo este esfuerzo en pro de la Verdad.

Durante muchos años hemos sido silenciados «por no tener Fe». Durante décadas se nos ha manipulado con la idea de la condenación eterna si no seguíamos los caprichos de Maciel.

Ojalá que la Iglesia, «Maestra de Humanidad», no vuelva a tener que arrepentirse dentro de otro Jubileo por las culpas del pasado, sino que reconozca que dentro de su Árbol existen frutos que necesitan ser podados, limpiados y purificados por los abusos que se cometen en el nombre del mismo Cristo y de su Esposa Santa.

Confiamos que este esfuerzo ayudará a «los hombres y mujeres de Buena Voluntad» a buscar por encima de los propios intereses el dejarse penetrar por el *Esplendor de la Verdad*, para vivir aquella máxima evangélica, «la verdad os hará libres».

Las Constituciones paralelas

El Canon 631 del Código de Derecho Canónico establece lo siguiente:

El capítulo general, que ostenta la autoridad suprema en el instituto de acuerdo con las constituciones, debe constituirse de manera que, representando a todo el instituto, sea un verdadero signo de su unidad en la caridad. Le compete sobre todo defender el patrimonio del instituto (del que trata el c. 578), y procurar la acomodación y renovación de acuerdo con el mismo, elegir al Superior general, tratar los asuntos más importantes, así como dictar normas que sean obligatorias para todos.

Sin embargo, a lo largo de los últimos sesenta años de historia, en la Legión de Cristo la autoridad suprema la ostenta su fundador y director general, Marcial Maciel, quien dicta normas, leyes y reglas de todo tipo. Desde las más elementales relacionadas con las normas de conducta social hasta las canónicas en desacuerdo con la tradición de la Iglesia, como es el caso de la libertad para acudir al confesor o director espiritual, como exponíamos anteriormente. Dicta leyes de cómo deben ser las construcciones de las casas, los colores que deben usarse en las paredes, las cortinas y un largo etcétera. El superior, como aprenden los que trabajan en los centros vocacionales (seminarios menores), es omnipresente.

El Derecho Canónico, como instrumento que rige la vida de la Iglesia, establece una serie de procedimientos que en el caso de instituciones como la Legión de Cristo simplemente no son respetados, por más que su fundador asegure que es fiel al Papa y a la Iglesia.

¿Son realmente las Constituciones que aprobó Roma las mismas que tienen en su poder los Legionarios de Cristo? Y si es así, ¿por qué hasta el momento de la profesión de los votos no se entrega en su totalidad el contenido de las mismas a los formandos? ¿Por qué los legionarios temen que sus normas sean conocidas públicamente?, como hemos expuesto y probado con documentos en el inicio de este capítulo.

Junto a las Constituciones, son importantes las normas que se dictan en los Capítulos Generales, tanto los ordinarios como los extraordinarios. Hasta la redacción de este libro, la Legión ha celebrado dos Capítulos Generales Ordinarios en Roma: el primero, con fecha 26 de noviembre de 1980, consta de 715 artículos, y el segundo, también en Roma, promulgó sus decretos el 25 de diciembre de 1992. El primero afirma en su artículo 1:

> La Providencia del Padre Celestial nos ha convocado para celebrar el Primer Capítulo General Ordinario en este momento histórico de nuestra vida y de la vida y desarrollo de la Legión de Cristo y del Movimiento. Esa misma Providencia, hace cuarenta años, puso en marcha esta obra con unos designios que, en parte, ya nos han sido revelados y, en parte, aún permanecen en el misterio.

Los primeros artículos se dedican al fundador, para el que no se ahorran toda suerte de alabanzas y reconocimientos, hasta el punto de reconocerle la misión como ya cumplida:

> A juicio de todos los Padres Capitulares, la misión de Nuestro Padre Fundador está cumplida, aunque no acabada; y quiera Dios concederle aún muchos años para perfeccionarla. A los Cofundadores corresponde conocer, asimilar y transmitir las Constituciones, la doctrina, el espíritu, la metodología, las genuinas tradiciones, la disciplina y el estilo de vida de la Legión tal y como ha sido manifestado por el Fundador (Carta de Maciel de 1-X-80). El balance que a nombre de todos hemos hecho durante el Capítulo en

sesiones generales y en la reflexión personal arroja como resultado un cumplimiento general bueno. Lo que nos falta para llegar al cumplimiento excelente es una mayor conciencia de cofundadores y de todas las responsabilidades que esta vocación nos impone [se dice en el artículo 4].

El artículo 6 incide en el carácter sobrenatural de la fundación y sitúa a la Legión por encima de los demás:

> Si nuestra razón se resiste a creer y nuestra vida se resiste a cambiar para ajustarse en todo al plan de Dios, es porque no hemos contemplado y reflexionado hondamente que no ha habido a nuestro alrededor cosa semejante en estos tiempos; que Dios no ha dado a otros tantas pruebas, señales y prodigios como los que ha realizado por nosotros ante nuestros mismos ojos...

Y en aras de seguir con ese culto a la personalidad del fundador, al que nos referíamos en el capítulo anterior, los padres capitulares acuerdan dedicar una buena parte del inicio de las conclusiones al informe del fundador que abrió el Capítulo General, y así lo explican en el artículo 24:

> Por lo cual, a la hora de presentar a todos los legionarios los frutos de estos meses de Capítulo, los Padres Capitulares hemos pensado que esta clarividencia y esta experiencia de Nuestro Padre constituyen, sin la menor duda, el fruto más logrado e importante que ofrecer a toda la Legión de hoy y de mañana; y que seríamos injustos con las generaciones presentes y futuras de legionarios si no les hiciéramos plenamente par-

tícipes de lo que recibimos a manos llenas como destinatarios inmediatos.

Así pues, sin querer sentar ningún precedente para los Capítulos Generales sucesivos, presentamos ordenadamente, a continuación, los pasajes más densos de doctrina y más cargados de experiencia y luminosidad del Informe de Gobierno de Nuestro Padre Fundador. (Art. 25.)

Y a manera de explicación de por qué se hace así, más culto a la figura de Marcial Maciel:

> Los Padres Capitulares no lo hacemos a mero título de información, sino convencidos de que constituyen un programa de vida religiosa y de acción apostólica valedero para todas las generaciones de legionarios. (Art. 26.)

LOS QUE ABANDONAN: RÉMORAS PARA EL AVANCE DE LA LEGIÓN

En este informe de Marcial Maciel hallamos dos artículos de especial importancia (el 30 y el 31), en los que el fundador se refiere a los que abandonaron sus filas:

> Deseo agradecer asimismo a quienes, participando también de la Legión, por debilidad o inconsciencia han sido para mí fuente especial de pena y sufrimiento por sus carencias y falta de fidelidad puntual y exacta al plan de Dios. (Art. 30.)
> Va también mi pensamiento a todos los que, ya sacerdotes o antes de serlo, abandonaron la Legión du-

rante este período: unos rompiendo el plan de Dios; otros, al descubrir honestamente que no era éste su camino. A unos y a otros agradezco su trabajo y la ayuda que nos prestaron mientras estuvieron entre nosotros. Los que prefirieron seguir su plan sobre el plan de Dios han sido rémoras para el avance del Reino de Cristo y de la Legión y me han ocasionado profunda pena moral. Siempre he respetado y respeto el misterio de la libertad humana. Estoy seguro de que la Providencia de Dios, que sabe escribir recto con renglones torcidos, habrá permitido esto para llevar a cabo con mayor pureza su plan sobre la Legión. Por fortuna, los pocos sacerdotes que abandonaron la Legión eran, varios de ellos, personas psíquicamente enfermas, cuya responsabilidad ante Dios se ve notablemente atenuada. (Art. 31.)

La Legión utiliza permanentemente este recurso a las personas «psíquicamente enfermas» cuando alguien decide abandonarla o critica las normas internas. De esta forma, desprestigiando al hermano que se marcha, humillándolo ante el exterior, destrozándolo psicológicamente, sin prestarle ningún apoyo, Maciel ha conseguido el silencio *casi culpable* de muchos de los que le abandonaron, como veremos más adelante. En otros casos, la respuesta a las denuncias ha girado siempre en torno a la palabra resentimiento. Todo lo niegan y lo han negado porque quienes denuncian o están locos o resentidos. Se les niega la posibilidad de explicarse, de exponer su verdad, su razón, sus motivos, porque en la soberbia de Maciel, en su propio pecado, no puede admitir la discrepancia o la verdad del otro. Muy evangélico, aunque en sus apariciones públicas haga alardes de humildad y perdón.

Al atribuir los males del mundo y de la Iglesia a una mala interpretación de la doctrina emanada del Concilio Vaticano II, Maciel, quien se considera satisfecho de cómo la Legión y sus legionarios han superado los primeros años de ese período posconciliar, debe admitir que algunos sacerdotes de la congregación se han desviado de la auténtica práctica legionaria y, por ello, recomienda:

A los Superiores [artículo 63 del Primer Capítulo] no descuiden ellos mismos la vigilancia en la guarda de sus sentidos y el cuidado de su castidad, poniendo en práctica todos los medios sobrenaturales y naturales recomendados por la Legión en el canon 91 de nuestras Constituciones. No se permitan, so pretexto de revisión o información, hojear libros o revistas, seguir programas radiofónicos o televisivos que puedan poner en peligro su castidad.

Y en esta misma línea se refiere a los peligros de la «tendencia del *aseglaramiento*»:

A todos ustedes es patente la tendencia al *aseglaramiento*, en grandes sectores eclesiásticos, en el período que estamos analizando. Pues bien, yo advierto que este fenómeno se nos viene insinuando en la vida de algunos religiosos nuestros en los últimos años. En efecto, constato en éstos el afán de comportarse en ciertos aspectos como las personas seglares que viven en el mundo sin el compromiso de los consejos evangélicos. Se nota, por ejemplo, en el sitio que eligen a veces para ir de vacaciones, en el modo de comportarse durante las mismas; en el modo de vestir, no respetando las normas del *clergyman* cuando se sale de casa o cuando, en circunstancias especiales, han de usar otro tipo de ropa, ni guiándose por criterios de austeridad y distinción, sino de mundanidad y *aseglaramiento*, en demasiado afán por visitar a la familia o comunicarse telefónicamente con ella, más allá de lo permitido; en la libertad con que algunos escuchan música popular romántica, con letra impropia para una persona consagrada; en lectura de revistas y novelas sin control; en proyecciones de películas y espectáculos televisivos en mayor número del permitido y, en alguna ocasión, de géneros frívolos, so pretexto de información cultural, actualización o descanso legítimo; en arreglárselas, otros, para salir solos de casa al margen de lo que indica la norma de ir siempre acompañados; incluso en el modo de ir por la calle y de mirar a personas de otro sexo, parejas, anuncios, etc. Creo que no se da la debida importancia a guardar la vista, a la vez con naturalidad y con delicadeza, como siempre lo hemos recomendado. (Art. 64.)

A continuación Maciel habla de la forma de vivir la pobreza, cuestión de la que como ya hemos visto él debe estar liberado:

Por lo que toca al modo de vivir la pobreza: comprando, aceptando como regalo y teniendo como propias, cámaras de fotografía, de cine, radios, grabadoras, y gastando sumas considerables de dinero en compra y revelado de películas, sin el permiso del Superior; comprando por sí mismos la ropa, útiles de viaje y objetos de trabajo que necesitan, etc., etc. (Art. 65.)

El discurso de Maciel equiparado al Evangelio de Cristo

Los padres capitulares, tan celosos ellos de guardar y alabar al fundador, llegan al paroxismo cuando en el artículo 184.1 afirman que «Los escritos y conferencias de Nuestro Padre deberán constituir, juntamente con el Evangelio de Cristo, la principal fuente de inspiración para ejercicios espirituales, triduos, retiros, cursillos, seminarios, conferencias, círculos de estudio, charlas, artículos y publicaciones».

Y éstas son algunas de las perlas más sabrosas de ese nuevo *evangelio*:

> Quiero aquí alertar a los legionarios contra los medios de comunicación social —radio, prensa, televisión, cinematografía, etc.—, que, dirigidos o infiltrados por hombres que viven por convicción o conveniencia dentro del marxismo y bajo las consignas de una nación tan terriblemente totalitaria y esclavizante como la Unión Soviética, tratan de destruir el cristianismo, convirtiéndolo en una simple ideología o en una mera institución filantrópica e inmanente. (Art. 145.)
>
> Todos deberán considerar de importancia vital para la unidad, la eficacia y el gobierno de la Legión, el perfecto cumplimiento y vigilante exigencia del Voto Privado, de manera que ni abierta ni solapadamente sufra menoscabo la persona o autoridad de ningún Superior. (Art. 194.)
>
> Siendo la Legión un solo cuerpo en Cristo en el que confluyen miembros de diversas naciones, regiones, razas y clases sociales, los legionarios no deben adherirse a partidos políticos ni votar por distintas

facciones o candidatos, para evitar las divisiones y apasionamientos que engendra la lucha política, con peligro de la unidad entre los legionarios. (Art. 672.)

El artículo anterior se completa con el siguiente:

En casos límites y a juicio del Director Territorial, cuando en un país o región se presentan a la votación pública dos programas, uno que ataca los valores éticos naturales y cristianos y otro que los apoya y salvaguarda, los legionarios podrán ejercer su derecho a voto para apoyar el programa político que salvaguarda dichos valores. (Art. 673.)

Normas de las buenas formas y maneras legionarias

Dentro de las miles de normas que rigen la vida de los legionarios, es muy significativo el Manual de Normas de Urbanidad y Relaciones Humanas, que pretende poner la base de una espiritualidad en la Persona de Cristo.

Así, en el número 2 de este manual se recoge lo siguiente:

Por ello, el legionario no se ha de contentar con una presunta santidad o pietismo, en los que estén ausentes las virtudes humanas, que de forma tan perfecta encarnó Jesucristo, sino que debe trabajar con conciencia clara y programada, con constancia, abnegándose cuanto sea necesario para forjar al hombre nuevo, dejando que el Espíritu Santo esculpa en su corazón la imagen misma de Jesucristo.

Amar la norma es una de las cosas que Maciel siempre ha querido de sus legionarios, y en el caso de las que regulan las relaciones humanas y la urbanidad, este amor es «fruto del interés de la Legión por suscitar un sacerdote y religioso nuevo», como recoge el número 5. Este sacerdote y religioso nuevo, vive la «Pobreza Legionaria», los criterios legionarios están presentes en todo momento; la forma de sentarse, de estar de pie, de comer, de peinarse. Pero ¿qué es «la Pobreza Legionaria», «La Distinción Legionaria»?

La distinción es otra de las cualidades que se busca en la transformación del hombre viejo para revestirse de Cristo, como dice Maciel. Pero en la Legión ese aspirar a los carismas mejores, como afirma san Pablo, sólo se advierte en los detalles exteriores, es decir, en ir bien peinado, con los zapatos muy limpios, sin importar si esta aceptación de las normas surge del propio convencimiento o por una mera imposición.

¿Se pueden dictar normas para estar alegres? ¿Se pueden establecer normas para controlar los sentimientos o las emociones...? En la Legión está prohibido por norma cultivar la amistad sincera y, como en todas las cosas, sólo los superiores son los jueces supremos de todo. Así lo recoge el número 57: «No manifiesten a los demás los estados de ánimo, las dificultades o los problemas. Resérvenlos para aquellas personas con quienes les corresponda tratarlos.» Las muestras de afecto humano, como el pasarse un brazo por encima, quedan también prohibidas por norma y siempre por norma se debe evitar el tuteo, incluso cuando se trata de dirigirse a un hermano que comparta la vocación, y así se recoge en el número 54 de las normas:

Sean muy respetuosos en el trato, evitando la familiaridad y muestras de confianza excesiva, como el pasarse el brazo por encima de los hombros, el tocarse, el empujarse; ni en privado, ni en público se traten de tú, sino siempre de usted.

Asimismo, Maciel aprovecha el Manual de Normas de Urbanidad y Relaciones Humanas para insistir en el trato con la familia, de modo que la actitud hacia ella no sea la de la gente mundana, sino la de un apóstol. También aquí basta señalar un solo número de los muchos que tiene el manual para darnos cuenta del alcance que desea Maciel y los superiores que lo secundan para toda la vida del legionario:

> Cuando reciban visitas de la familia muéstrense alegres, cordiales, atentos, agradecidos y satisfechos por la vocación que Dios les ha otorgado. Después de la visita aprovechen la oportunidad para renovar la oblación generosa de los afectos más íntimos y para fortalecer su consagración a Dios. Compórtense de la misma manera cuando acudan a visitarla. No se dediquen a ver televisión, ni acepten invitaciones a cines o a lugares públicos impropios de un alma consagrada. Beban vino o licor con máxima moderación. Aprovechen esas ocasiones para dar testimonio de la madurez de su vida consagrada y para hacer patente la diferencia que existe entre los criterios de Cristo y los criterios del mundo. Sean apóstoles entre sus seres queridos. Muéstrense como hombres de Dios y no mundanos. (Art. 65.)

La clara distinción entre el mundo y las almas consagradas le ha servido para dar un tinte de motivación espiritual y romper con todos los afectos hacia la propia familia (obviamente estas normas no se aplican en el trato que los legionarios deben tener hacia la persona del fundador).

La familia no debe participar de los problemas por los que atraviesa un legionario, sino que su misión se limita a apoyar la vocación desde fuera o, en el mejor de los casos, a convertirse en simpatizantes y colaboradores incluso materiales. Así pues, queda prohibido manifestar a la familia las situaciones de dificultad por las que uno puede atravesar, y dado que las cartas que se envían son revisadas por los superiores, es muy difícil compartir con los demás el camino de maduración en la vocación.

Si en el trato con la familia las normas son estrictas, más aún lo son respecto a las llamadas «Señoritas Consagradas», la rama femenina de consagradas del Regnum Christi, el movimiento seglar compuesto de tres grados (al que dedicamos uno de los siguientes capítulos). Es sorprendente que quien tanto habla de la caridad por otro lado ponga normas como la que recoge el número 82 del Manual de Principios y Normas:

> Quien tenga ocasión de estar en un centro de señoritas del tercer grado del Regnum Christi, por razón de trabajo o por alguna circunstancia, no debe pedir ni aceptar nunca alimentos o bebidas, aunque sólo sea té, café o refrescos.

Santa Teresa, a quien Maciel pone como cimiento de estas normas, dice que «entre Santa y Santo pared de cal y canto», y eso está por encima de la caridad.

En la Legión hay sacerdotes que dan retiros, clases de diversas materias a las consagradas, pero en las casas de ellas ni siquiera les está permitido ir al cuarto de baño. Quienes han tenido ocasión de trabajar allí saben que no hay un lugar separado de las dependencias para ir al lavabo, por lo que han tenido que salir fuera, sin importar la distancia, incluso para cumplir con algo tan natural como dar respuesta a las necesidades fisiológicas más elementales.

Y siguiendo con las perlas, el texto capitular y el relativo a las normas de las buenas formas y maneras legionarias causarían hilaridad si no fuese por el sufrimiento, las dudas, las vacilaciones y la soledad a las que han abocado a muchos de los que estuvieron o siguen estando bajo el dominio de esta especie de Hitler sin bigote, que se inspiró para su peculiar cruzada en el fanatismo religioso y en la lectura del *Mein Kampf*.

Empezaremos con un artículo del Capítulo General al que nos hemos referido más arriba, relativo a las formas legionarias:

> Consultado el Capítulo sobre la costumbre de no cruzar las piernas al sentarse, responde con el criterio de Nuestro Fundador. Buscando dar testimonio de sobriedad y distinción sacerdotal, así como de abnegación personal, el Capítulo reconfirma la norma de no cruzar las piernas al sentarse, a menos que medie una expresa indicación médica. (Art. 695.)

Las normas capitulares son también estrictas en cuanto a las comidas con extraños:

> No deberán comer fuera de casa más de dos veces al mes. La razón de estas comidas debe ser de apostolado y ha de preceder el permiso expreso del Supe-

rior; no podrán acudir a comer con la misma familia más de una vez al año. (Art. 641 y ss.)

Y mucho más en el trato con la mujer: «Deberán atenderlas en sitios visibles, para evitar suspicacias de los fieles» (Art. 644); «No deberán nunca andar solos con ellas en coche» (Art. 645); «No deberán salir de paseo con ellas» (Art. 646).

Sobre el mantenimiento de una cuenta en el banco, el artículo 648 establece «que deberán ser mancomunadas, y sólo con permiso expreso, dado por escrito, se podrá poner la cuenta con dos nombres».

El epistolario de «Nuestro Padre», lectura obligada

El extenso epistolario de «Nuestro Padre», compendiado en trece volúmenes que se encuentran en todos los centros legionarios, es de lectura obligada desde el mismo momento en que se ingresa en un centro de formación de la Legión, y constituye una de las cuestiones en que más insisten los superiores. Desde que se inicia el noviciado, cada día se dedican treinta minutos a la llamada Oración Vespertina para la «meditación de las cartas de Maciel», meditación posteriormente controlada por la dirección espiritual.

Y en este epistolario hay un sacerdote, conocido por todos los legionarios, que cumple un destacado papel. Se trata del padre Rafael Arumí, quien conoció a Maciel cuando llegó con el primer grupo de los «manitos» a Comillas, y que dentro de la Legión es considerado uno de los más «fieles cofundadores» por haberse fugado del seminario de los jesuitas para pasarse a las filas de Maciel. Arumí, que imparte ejercicios espirituales, centra toda su predicación en los textos de las cartas del fundador.

Cada día, durante la cena, en los seminarios se leen cartas de Maciel. Los sacerdotes están obligados, además del rezo del breviario, a ahondar en la espiritualidad leyendo cartas del fundador en un volumen especial preparado para ellos.

A través de la lectura y la meditación frecuente se busca esa transformación de toda la persona, como señala el artículo 37 del Manual de Principios y Normas:

> Si al terminar los dos años de Noviciado no se ha conseguido un buen grado de transformación del hombre viejo en Cristo, y no se ha logrado la identificación personal con el pensar, querer, sentir y actuar de la Legión, es preferible esperar antes de profesar, o seguir otro camino para servir a Dios.

La lectura diaria de las cartas de Maciel busca esa identificación personal con el pensar, querer, sentir y actuar de la Legión, de modo que el propio pensar, querer y sentir sean siempre los que dicta la regla y no la propia naturaleza.

Junto a los textos epistolares, la Legión ha creado *La-Red*, una página electrónica para uso exclusivo de los legionarios y miembros consagrados de la rama masculina, donde se facilita información sobre las actividades del fundador y otras cuestiones relativas a la proyección de la Legión, en la que se pondera también el culto al fundador y su carácter carismático.

5

LA VIDA SECRETA DEL REGNUM CHRISTI

El padre Marcial Maciel no podía conformarse con fundar una congregación religiosa. Desde los comienzos de su fundación mantuvo el secreto anhelo de ser el dirigente de un ejército de laicos, un ejército de auténticos cruzados por Cristo que iniciara la reconquista cristiana de Latinoamérica y, desde allí, la de Europa y el resto del mundo. En una sociedad dominada cada vez más por el laicismo, impregnada por las ideas marxistas, y en una Iglesia donde triunfaba la denominada Teología de la Liberación, la reconquista del Reino debía plantearse en la sociedad laica, en la vida laboral y familiar, en la política, en cualquier ámbito social, educativo o cultural donde predominaran el hedonismo y el pecado.

Maciel tenía muy claro que si quería sacar adelante su congregación legionaria y hacerla crecer debía conseguir financiación, que a su vez tenía que salir de la sociedad civil, de las familias, de los empresarios y los políticos. Para reconquistar el Reino y conseguir financiación, los legionarios y los sacerdotes que iban ordenándose en los seminarios de la Legión no eran suficientes, ni por número ni por la dificultad de acceder a un mundo en muchas ocasiones cerrado y vetado para ellos, debido a la cultura imperante y a las propias normas de la congregación religiosa. Durante la revolución cristera en México, Maciel tuvo la oportunidad de conocer la importancia de los laicos en un mundo en el que los sacerdotes eran perseguidos e incluso asesinados.

Por ello, Marcial Maciel va mucho más allá. Consciente de los nuevos carismas que surgen en la Iglesia y los nuevos caminos que se abren en ella y en la sociedad, concibe un ejército de laicos cuya misión, su apostolado, es la de multiplicarse rápidamente a través del tejido social, y así, bajo la dirección espiritual y moral de los legionarios, ayudaría al avance y la extensión del Reino de Cristo en el mundo, o lo que es lo mismo, el reino de Maciel.

El Regnum Christi es, por lo tanto, un movimiento militante de apostolado que busca la instauración del Reino de Cristo entre los hombres a través de la santificación de sus miembros en el estado y la condición de vida al que Dios les ha llamado, basándose en una acción apostólica personal y organizada conforme a lo que se estipula en sus Estatutos.

Con una estructura que se asemeja mucho a la del Opus Dei (en realidad prácticamente está copiada del mismo), el Regnum Christi es como una gran naranja dividida en dos partes. Una mitad es la llamada rama consagrada, compuesta por sacerdotes y laicos consagrados, tanto hombres como mujeres, y la otra incluye a los laicos divididos en tres grados de adhesión. Además están los sacerdotes diocesanos que pueden ser admitidos en el Regnum Christi, no así los religiosos que tienen su propia espiritualidad. La génesis del movimiento empieza a fraguarse en

1949, tras la conversión de la Legión el año anterior en congregación de derecho diocesano.

Los miembros consagrados del Regnum Christi deciden vivir la castidad, generalmente en comunidades pequeñas y acompañados de algún sacerdote legionario, y consagran su vida por completo a las obras de apostolado y educativas. Son como los religiosos de otras congregaciones pero con la diferencia de que son seglares y de que en lugar de profesar los votos propios de las órdenes religiosas hacen una promesa. Los miembros no consagrados (solteros o casados) realizan su actividad normal familiar y profesional, colaborando con el movimiento en tareas sociales, formativas y educativas, a la vez que se ocupan, dentro de sus posibilidades, de financiar las necesidades del mismo y de la congregación sacerdotal. En el capítulo de los miembros consagrados ocupa un papel importante la mujer, que desarrolla su actividad pastoral fundamentalmente en el campo educativo y de la consultoría familiar. El primer grupo de mujeres laicas consagradas del Regnum Christi se fundó el 8 de diciembre de 1969 en Dublín.

Dentro del Regnum Christi, según establecen sus Estatutos, existen entre sus miembros tres grados claramente diferenciados.

Al primer grado del movimiento pertenecen los sacerdotes diocesanos y los laicos, hombres o mujeres, que después de una iniciación se comprometen con una serie de prácticas religiosas, conocidas como prácticas de piedad (Art. 205 del Manual del Regnum Christi), con carácter diario, semanal o mensual. La dirección espiritual es considerada un principio fundamental, y anualmente los miembros del primer grado deben renovar los compromisos con el movimiento. Entre las prácticas de piedad obligatorias diarias figuran el ofrecimiento del día a Dios al levantarse, la meditación durante diez o quince minutos, la celebración eucarística y la comunión, si es posible, el saludo a la Virgen, el rezo del misterio del rosario en honor de la Madre de Dios, la lectura y reflexión evangélica durante diez minutos, a excepción de los días en que haya homilía dentro de la misa u hora eucarística en común y, al acostarse, hacer el balance espiritual del día durante cinco minutos y rezar un padrenuestro, un avemaría y un credo.

Los miembros del primer grado se comprometen a un retiro mensual de mediodía, en silencio, en torno a una meditación, una plática, un balance personal por escrito y la Santa Misa, y anualmente deben efectuar un triduo de renovación o, en su lugar, ejercicios espirituales en régimen de silencio (la renovación de su compromiso con Dios en el movimiento).

Este primer grado, según el artículo 66 del manual del movimiento:

> [...] es un modo de vivir con coherencia las exigencias de la vida cristiana según el Evangelio, sirviéndose para ello de los medios de santificación y apostolado que les ofrece el Movimiento Regnum Christi. Al primer grado pueden pertenecer los sacerdotes diocesanos, y los seglares, casados o solteros, hombres o mujeres, que desean encontrar una ayuda especial para la vivencia de su fe cristiana.

El segundo grado aparece descrito por medio de una definición que habla por sí misma, recogida en el artículo 67 del manual:

El segundo grado consiste en una dedicación más intensa a las exigencias de la vida cristiana por medio de una entrega más profunda a la vida de oración y al ejercicio de las virtudes cristianas y de una mayor disponibilidad a las tareas apostólicas del Movimiento. Pueden pertenecer a él los sacerdotes diocesanos, y los seglares, casados o solteros, hombres o mujeres, que respondiendo a una invitación divina, desean comprometerse con Dios nuestro Señor según las modalidades que en este grado el Movimiento les ofrece.

El tercer grado, dentro de esta escala de compromisos, se describe de la siguiente forma en el artículo 68 de este directorio para el Regnum Christi:

El tercer grado es un compromiso de dedicación absoluta y de por vida, en el celibato, al seguimiento de Cristo dentro del Movimiento Regnum Christi. Pertenecen al tercer grado los Legionarios de Cristo y aquellos seglares, hombres y mujeres, que desean responder así a un llamado de Dios a una vida consagrada plenamente a Él.

UN EJÉRCITO EN LA SOMBRA

Dentro de los dos primeros grados existen otras escalas de adhesión, o como dicen los legionarios: «Grados de compromiso con Dios.» También están los simpatizantes, una especie de primer peldaño en la escala de compromisos, pues así se aplica uno de los principios de la captación dentro de la Legión y del movimiento, que resume la dinámica interna de atraer a las personas a su seno: «Simpatía, amistad, confianza, convencimiento y entrega.»

Los simpatizantes son todos aquellos que entran en contacto con los legionarios o miembros del movimiento en cualquiera de los grados y con los que se inicia una labor de proselitismo para captarlos, pues tanto los laicos como los consagrados tienen la única consigna de transformar todo encuentro en la captación de nuevos miembros para la Legión o, en su defecto, que colaboren con ella económicamente o de cualquier forma posible, con la finalidad de hacer crecer el movimiento.

Este ejército en la sombra que es el movimiento sirve además a Maciel para trabajar en diócesis o lugares donde los obispos no dejan entrar a los legionarios, desarrollando toda la labor por medio de laicos, sean consagrados o no.

Un dato importante sobre el movimiento, recogido en el Primer Capítulo General, versa sobre los planteamientos políticos de sus miembros:

> Considerando que el Movimiento como tal no toma posiciones en asuntos político-sociales, ante la inserción de muchos de sus miembros en las estructuras civiles —políticas, económicas, culturales, sociales, etc.—, Nuestro Padre, al que nos unimos los Padres Capitulares, insiste en el serio deber de formar rectamente las conciencias de los miembros del Movimiento, para que los líderes seglares del mismo actúen siempre según criterios auténticamente evangélicos. (Art. 602.)

El artículo siguiente establece que pueden admitirse en el Regnum Christi miembros de otros movimientos, siempre que se cumplan las siguientes condiciones: que no tengan promesas equivalentes a votos, que provengan de un movimiento poco estructurado, que la espiritualidad del mismo no sea equívoca y que no se trate de los miembros más comprometidos.

El proceso de concienciación en el Regnum Christi es idéntico tanto en los que son consagrados como en los que no lo son, y se le da una importancia vital a los mismos principios, como por ejemplo:

> Tener conciencia de cofundadores, sentirse privilegiados por el llamado exclusivo de Dios para ellos de pertenecer a esta obra, la obediencia absoluta a los superiores o directores dependiendo de las circunstancias de compromiso, etc.

Dentro del movimiento los miembros reciben el nombre de células, que son las encargadas de aumentar el número de adeptos, es decir, captando otras células. No obstante, tienen otra misión muy importante que se mantiene siempre oculta, hasta que se considera al nuevo miembro lo bastante adoctrinado o comprometido, como es la de las ayudas económicas. Así lo recoge el número 349, e) del Manual del Regnum Christi:

> Aportar toda la ayuda económica posible para las obras de apostolado del Movimiento, mediante los donativos personales, la búsqueda de fondos y la colaboración en las actividades de la sección.

En relación con las captaciones de nuevos miembros, el Primer Capítulo General demanda de los responsables del Regnum y de los centros educativos que:

Ayuden con todos los medios, especialmente con la orientación moral sabia, la oración y la vida sacramental intensa, a madurar las nacientes vocaciones, bajo la luz y dirección del Espíritu Santo, evitando tanto las presiones y aceleramientos imprudentes e irrespetuosos, como la desidia irresponsable o la excesiva blandura y condescendencia ante los peligros que amenazan a toda vocación en ciernes. Hagan especiales oraciones y sacrificios por esas almas que el Señor ponga en sus manos. (Art. 608. 2.)

El siguiente artículo advierte de que «de acuerdo con el Director Territorial, preparen a las familias con prudencia y habilidad para que acepten con agrado sobrenatural el don concedido a su hijo o a su hija o, al menos, no pongan obstáculos de gran monta o consideración». Y el 610, que «una vez que la vocación esté madura para dar el paso a la entrega total, pidan al Director Territorial instrucciones sobre el programa concreto que han de seguir en cada caso».

Los *paganos* de la financiación de la Legión

Maciel incluso ha equiparado el grado de integración con las donaciones que realizan sus seguidores, llegando casi a asegurar la salvación eterna en función de los donativos que entregan sus súbditos, aunque por supuesto tales donaciones son siempre justificadas para «hacer crecer» el Reino de Cristo. Así, en los Estatutos del Regnum Christi recogemos las siguientes consignas de Maciel a los miembros del mismo:

La búsqueda de donativos para el sostenimiento de las obras de apostolado existentes o para la apertura de nuevas obras, o para el sostenimiento de las vocaciones sacerdotales o consagradas. Cada miembro, movido por su integración con el Regnum Christi, puede preocuparse de buscar a su alrededor ayudas materiales de tipo económico, visitando a personas, instituciones o fundaciones. (Número 328, c.)

Número 329. La economía en el Regnum Christi constituye también una forma de apostolado. Dios se hace presente en el mundo a través del esfuerzo que hacen los miembros del Movimiento para ofrecer un soporte material a las obras por las que se difunde la Palabra de Dios, se orienta a la juventud o se catequiza a los adultos. Dios se complace también en ese interés de los miembros del Regnum Christi por lograr que sus sacerdotes puedan dedicarse a tiempo completo a su misión sacerdotal, sin ocuparse en la consecución de recursos materiales.

Junto a los miembros de derecho, según los estatutos que regulan la vida de pertenencia al movimiento Regnum Christi, están los que lo son por simpatía, que también se procura que realicen aportaciones. Como dice el lema de una página web propiedad de los legionarios (<www.es.catholic.net>): «Donaciones, igual a Bendiciones.»

LAS FUNDACIONES PARA LA CAPTACIÓN
DE FONDOS

Una de las realidades desconocidas del movimiento pero que sin duda ayuda a los objetivos de los legionarios es lo que apunta Maciel sobre la puesta en marcha de «sociedades generadoras»:

> Los miembros del Movimiento pueden asociarse para abrir sociedades estables generadoras de fondos cuyos beneficios se pueden dedicar, íntegramente o en parte, a las obras de apostolado del Movimiento. (Manual del Regnum Christi, n.º 328, d.)

Estas sociedades generadoras han contribuido desde los inicios a crear empresas, fundaciones y grupos financieros.

Con motivo de la persecución religiosa que sufrió México durante tantos años, las instituciones religiosas tenían prohibido registrar o inscribir en su nombre las propiedades que les pertenecían. Maciel, con mirada atenta a estas circunstancias, creó una gran fundación llamada Horizons Institute, con sede legal en Estados Unidos, que perdura hasta nuestros días y a la que se encuentran adscritas gran cantidad de instituciones educativas (casas como la que los legionarios tienen en la península de Sorrento en Italia) y fundaciones.

Algunas de estas fundaciones se parapetan bajo el objetivo de ayudar a los más desfavorecidos, como la cadena de colegios Mano Amiga, cuya finalidad última es financiar los seminarios y otras obras que aumentan día a día el patrimonio de los legionarios.

Es significativo que mientras en los colegios elitistas los padres de familia pagan sumas elevadas para la educación de sus hijos, los legionarios destinen sacerdotes como capellanes o directores de los mismos. Sin embargo, en ninguna parte del mundo hay un solo legionario trabajando a tiempo completo como capellán o director de un colegio Mano Amiga, destinados a la formación de los chicos de renta más baja o sin recursos económicos. En estos centros son los laicos del movimiento los que se ocupan de la administración y la dirección.

Otra forma de lograr ayudas y dinero, tanto en España como en el resto del mundo donde están implantados, es la del envío de cartas a familias acomodadas y a empresarios para organizar reuniones. En esta línea, el actual responsable de la Legión en España, el padre Deomar de Güedes, de origen brasileño, dirigió la siguiente carta a familias acomodadas de diversas comunidades autónomas españolas, para financiar «un transformador de suministro eléctrico para nuestro seminario de Salamanca».

La carta, a la que acompaña un folleto de las obras sociales de la Legión, señala:

> Soy el Padre Deomar de Güedes, L.C., director territorial de la Congregación de los Legionarios de Cristo en España. La Legión de Cristo es una congregación joven. Fundada en 1941 por un sacerdote mexicano, el Padre Marcial Maciel, L.C., en la Ciudad de México con 13 chicos en un sótano. Ahora cuenta con más de 500 sacerdotes y 2.500 seminaristas en todo el mundo y es la congregación religiosa masculina que más ha crecido en los últimos 25 años, ¡nada menos que un 94 por ciento! Sólo aquí, en Salamanca, hay más de 200 seminaristas en sus primeras etapas de formación. [Los legionarios siempre han sido maestros en inflar las cifras, de las que nunca restan a los que no terminan o abandonan a lo largo de los años.]

Por último, se añade en la carta para llegar al meollo del asunto:

En el folleto informativo que le adjuntamos, podrá ver una parte significativa del trabajo apostólico que hace la Legión de Cristo. Aunque no tenemos muchos sacerdotes, junto con un grupo nutrido de laicos comprometidos y generosos, hemos logrado hacer obras de apostolado y educativas de mucha envergadura.

Deomar de Güedes informa entonces al destinatario que no han podido hacer frente al gasto para la instalación de un nuevo transformador y sistemas auxiliares en el seminario de Salamanca, y por ello le pide que, si puede, envíe diez euros o la cantidad que estime conveniente para pagar este gasto, a la vez que le advierte de que la instalación está prácticamente acabada y todavía no saben cómo van a hacer frente a la factura.

Las cartas están fechadas en Madrid, en una de las sedes con las que cuentan los Legionarios de Cristo, en la avenida de América, 66, 1.º izda. 28028, y facilitan también los números de teléfono y el fax al posible benefactor.

En otra carta, dirigida a un importante empresario colombiano, el responsable de una de las obras de la Legión (Juventud Misionera) le dice al receptor que «me comentaron que usted es una persona a la cual le gusta ayudar en acciones sociales», tras explicarle qué es Juventud Misionera y señalarle que se trata de «una organización católica internacional y apolítica. Se mantiene siempre al margen de cualquier partido o agrupación política, nacional o internacional, y no hace suyo ningún sistema ideológico o político». (Siguiendo la *discreción* legionaria, no menciona que detrás de esa organización están los legionarios de Maciel.) Termina informándole de que van a celebrar el encuentro de la Megamisión y que el costo aproximado por misionero es de 100.000 pesos, lo que incluye el transporte de ida al lugar de misiones y el regreso a Medellín, alimentos, hospedaje, material para los misioneros y para entregar en las casas de las personas visitadas durante la misión, etc.

Como usted podrá ver [concluye el recaudador de fondos], se requiere un gran esfuerzo para que con esa petición de inscripción se puedan solventar todos los gastos pertinentes. Es por eso que queremos apelar a su buena voluntad y ver la posibilidad de apoyo, monetario o en especie, de parte de ustedes. Así podremos ofrecer a los chicos la inscripción a las misiones de $ 50.000 (en vez de $ 100.000) y ofrecer becas a aquellos que lo necesiten.

La carta finaliza —lógicamente, pues va dirigida a un empresario— con una relación pormenorizada de los gastos previstos por capítulos en publicidad, carteles y folletos, rosarios, camisetas, transporte y alimentos (arroz, lentejas, garbanzos, verduras, frutas, leche, carne, huevos y varios).

El final de la carta no tiene desperdicio:

Le comento que Juventud Misionera es parte de la «Fundación Andes», la cual puede expedirles un título de donación para efectos de pago de impuestos, en caso de requerirlo ustedes. Le he hecho llegar esta carta porque desafortunadamente me ausentaré de Medellín hasta el lunes o martes de la próxima semana. Espero que para esas fechas podamos ir a saludarle personalmente. Esperando su amable respuesta y su colaboración para poder sacar adelante este proyecto en bien de las almas, en el cual ustedes pueden ser partícipes activos con su donación y sus oraciones, quedo de usted seguro servidor en Jesucristo.

La carta está firmada por el director regional de Juventud Misionera de Colombia, el legionario José de Jesús González.

Otro medio de captar fondos son los torneos de bridge que se organizan anualmente en clubes y restaurantes selectos de todo el mundo, como es el caso del Club de Campo de la Villa de Madrid, en el que benefactores de la alta sociedad se reúnen para merendar, entablar nuevas amistades y saludar a los políticos afines. Durante el encuentro se hacen regalos y rifas, se entregan los premios a las parejas ganadoras del torneo y, fundamentalmente, se captan donativos y adeptos para la causa. El último torneo de bridge organizado en Madrid, poco antes de celebrarse las elecciones generales del 14 de marzo, contó con la presencia de políticos del Partido Popular. El precio de la inscripción fue de cuarenta euros.

6

LA EDUCACIÓN DE LAS ÉLITES COMO SUPERVIVENCIA DE LA LEGIÓN

A pesar de que Maciel concibió su fundación con un marcado acento misionero, pronto se dio cuenta de que era en el campo educativo donde podría conseguir las vocaciones y la financiación necesarias para el crecimiento de la Legión.

En una carta fechada el 12 de junio de 1973, el fundador viene a sintetizar la inspiración formativa y educativa de los programas que se imparten en los colegios y las universidades que la Legión de Cristo y el Regnum Christi tienen por todo el mundo. Para ello, y parafraseando las palabras de Juan Pablo II, Maciel explica que:

> Los jóvenes no deben ser considerados simplemente como el objeto de la solicitud pastoral de la Iglesia: son de hecho, y deben ser animados a serlo, sujetos activos, protagonistas de la evangelización y artífices de la renovación social.
>
> Hacer que los jóvenes se responsabilicen del don más precioso que han recibido de Dios, su vida, y de la gran

tarea de su juventud: construir hoy el mundo de mañana, en el amor y la justicia, es uno de los objetivos de la Legión, junto con el de que conozcan a Jesucristo, que lo amen y se conviertan en entusiastas promotores del Evangelio. Estos jóvenes así formados, señala el dossier editado por los legionarios con motivo de su cincuenta aniversario, llegan a establecer un compromiso personal con Jesucristo, a quien consagran una parte de su tiempo: todos dedican un tiempo semanal a alguna actividad apostólica, muchos deciden entregar dos años íntegros de su vida a la tarea de predicar y extender el Reino de Jesucristo y algunos incluso terminan consagrando la totalidad de su vida al apostolado, ya sea como seglares o sacerdotes.

En la cúspide del ideal pedagógico que enmarca la tarea educativa de los Legionarios de Cristo se encuentra el humanismo cristiano. *Integer homo* («hombre íntegro») es lema que inspira sus instituciones educativas. Formar integralmente a cada uno de sus alumnos es la misión específica de los colegios y centros educativos de la Legión. Se trabaja al hombre desde dentro, para que cada niño, adolescente o joven llegue a asimilar e interiorizar, en la medida y forma propia de su edad, los valores perennes y trascendentes de la humanidad, y para que adquiera una justa visión de lo que significan en su vida Dios, el mundo y la sociedad.

En los centros universitarios de la Legión, una frase define el proyecto educativo: *Vince in bono malum* («Vence el mal con el bien»). Como consecuencia de este lema el programa formativo comprende tres objetivos esenciales: enseñar, es decir, ofrecer contenidos culturales y científicos que contribuyan a la capacitación personal del alumno para responder a las actuales demandas de la sociedad; educar: ayudar a los alumnos para que aprendan a pensar y razonar con rigor, a descubrir y admirar la belleza, cultivando la sensibilidad, la memoria, la imaginación, y potenciando la propia capacidad expresiva y comunicativa; formar: lograr que el alumno sea un hombre para los demás, con un recto sentido ético, sensible ante las necesidades ajenas, especialmente las de los más desfavorecidos, abierto a los valores humanos y trascendentes. De este modo, los alumnos estarán preparados no sólo para el éxito profesional, sino para realizarse como personas y cristianos auténticos en su vida familiar y social, dicen los legionarios.

La educación personalizada, destinada a formar líderes empresariales y políticos, es para los legionarios un principio metodológico fundamental. El legionario, sostiene la Legión en sus programas educativos, no educa grupos. Forma personas: a cada una en particular; en un clima que respeta y ennoblece la libertad y la conciencia del individuo.[1]

En dos cosas son maestros aventajados los seguidores de Maciel: los centros de enseñanza (auténticos centros de captación, de vocaciones y de contactos y ayudas para el futuro), y en tejer una amplia, tupida y reservada red social que ponen al descubierto sólo cuando el hacer ruido resulta ya más beneficioso que perjudicial. Claro ejemplo de ello es la universidad fundada por los Legionarios de Cristo en las Lomas de Anáhuac, Huixquilucam, estado de México.

---

1. El lector puede encontrar más información sobre los centros educativos de la Legión, sus benefactores y sus programas de formación en mi libro anterior sobre la congregación de Maciel y en el de Alfonso Torres, *La prodigiosa aventura de los Legionarios de Cristo*.

Las relaciones con las grandes fortunas, las grandes empresas, las élites sociales y políticas, la formación de líderes y el marketing agresivo no están reñidos en los centros legionarios con la más pura ortodoxia católica ni con la tradición del magisterio de la Iglesia, como dejan bien claro los criterios que inspiran la fundación de la Universidad Anáhuac y la definen como católica. El apartado 3.º de sus principios fundacionales dice textualmente:

> Fidelidad al mensaje cristiano tal como es presentado por la Iglesia. En las asignaturas del área de Religión, para los estudiantes de licenciatura, se presenta el cristianismo vivo de la Tradición y la Escritura en su vínculo orgánico con el Magisterio; se imparten cursos para profesores sobre el Catecismo de la Iglesia Católica y sobre la Doctrina social, siempre apegados a la letra y el espíritu de los documentos; se multiplican las ocasiones para difundir y defender las orientaciones del Papa y los obispos, tanto dentro de la Universidad como en Foros y Congresos.

Y como en todos los centros y las instituciones educativas de la Legión y del movimiento del Regnum Christi, concede gran importancia a las actividades extraacadémicas, en las que todo el cuadro docente, así como el alumnado, deben procurar su participación en las de carácter religioso y en alguna o varias del resto de las categorías, como las de claro sentido misionero o de ayuda social.

En esta lucha por contar cada vez con más centros educativos para una clase social media-alta, los legionarios han ido adquiriendo colegios laicos de prestigio en diversas ciudades norteamericanas, latinoamericanas y españolas, situados siempre en zonas de nivel social alto, y no precisamente sin que su adquisición por la Legión, mediante sociedades interpuestas, haya generado suspicacias y tensiones.

En esta línea, a finales de 2003 una nueva polémica salpicó a los legionarios en España y volvió a generar amplias críticas en los medios de comunicación contra la congregación de Maciel. La compra del colegio madrileño Virgen del Bosque por la Legión, con el curso iniciado y el anuncio de la modificación del ideario educativo para el curso siguiente, provocó la alarma e indignación entre un grupo de padres (de 87 alumnos que terminaron saliendo del colegio ante el desacuerdo con el cambio de ideario), que se constituyeron en una plataforma de afectados e iniciaron una amplia campaña informativa para detener la compra del colegio.

La Plataforma de Padres del Colegio Virgen del Bosque, a pesar de que no obtuvo respuesta positiva a sus requerimientos de que se suspendiera esta venta, poseía una buena razón para no cejar en su empeño: el colegio, de reconocido prestigio, en el que estudian hijos de familias acomodadas y de clase media alta, era privado, mixto y tenía un ideario laico. Así había sido siempre desde su fundación. No era de recibo, denunciaron los padres ante los organismos competentes (en este caso la Consejería de Educación de la Comunidad de Madrid), que, con el curso empezado y sin previo aviso, la titularidad del colegio decidiese venderlo a los legionarios, un grupo religioso —dijeron los padres— que no sólo iba a convertir el centro docente en confesional, sino que, en contra de lo habitual en la mayoría de los colegios religiosos, también iba a practicar la segregación de sexos, acabando con el carácter de educación mixta que mantienen la mayoría de los colegios españoles, y con mucho mayor motivo los concertados.

En sus múltiples denuncias, la Plataforma de Padres de alumnos afectados advirtió que la Congregación Legionarios de Cristo, que compró el colegio a principios del curso 2003-2004, «no figura en la solicitud de *modificación de titularidad* del centro». Asimismo, la plataforma señaló que los legionarios utilizan «argucias legales» para «ser invisibles» en los trámites abiertos en la Consejería de Educación. Los afectados consideraban que esta estrategia podría suponer un «fraude de ley».

En concreto [denunció la plataforma], la modificación solicitada consiste en que la titularidad pase de la cooperativa de profesores «Magerit», anteriores dueños del colegio, a la sociedad «Colegio Virgen del Bosque S.L.», al frente de la cual, figuran, de momento, los antiguos propietarios.

De este modo, se «camufla» el control de la dirección y propiedad del colegio por los Legionarios de Cristo, y se pretenden salvar los obstáculos legales que habría para obtener la titularidad por parte de esta congregación, cuando el Virgen del Bosque se definía para este curso como colegio laico e «independiente por completo de cualquier organización política o religiosa». Se trataría de lograr que, al menos aparentemente, no figuren sobre el papel los cambios de propiedad y dirección comunicados a los padres el pasado 15 de septiembre, cuando ya había pasado una semana de curso.

Los asesores jurídicos de este grupo de padres consideraron que esta situación es una:

[...] flagrante violación de derechos constitucionales y civiles, protegidos y garantizados a todos los miembros de la comunidad educativa por leyes de rango superior [y añadían que] el tratamiento meramente formal y aséptico que las autoridades educativas han dado hasta ahora a esta ilegítima situación va encaminado a legitimarla a posteriori, e ignora tanto la grave lesión ya consumada cuanto el manifiesto propósito de los negociadores de cometer fraude de ley, por cuanto amparándose en determinadas normas (la legislación de cooperativas y de sociedades, así como algunos artículos del RD 332/92) han pretendido eludir la aplicación de otras (otros artículos del citado Real Decreto, así como las leyes orgánicas vigentes en materia educativa y el artículo 27 de la propia Constitución) [...].

En otras palabras, lo que los padres temían era que se modificase en la sombra la titularidad del colegio a través de la venta de las participaciones sociales o cualquier otro procedimiento mercantil. Los afectados consideran que la Administración educativa no puede ser indiferente ante el hecho de que, bajo el manto de «cambio de titular» se encubra una auténtica transmisión de todas las titularidades, incluida la propiedad. Ni que el hecho de que tal «cambio de titularidad» implique un cambio radical de una de las condiciones esenciales de la relación que, según los padres, «nos une con el centro docente, y que representa nuestra opción libremente elegida de modelo educativo».

Para intentar «normalizar» esta irregular situación, el colectivo tuvo ocasión de presentar al consejero de la

Comunidad de Madrid, Luis Peral, en el transcurso de un encuentro, un documento de demandas que, entre otras, incluía:

> Que, desde la propia Consejería, se promuevan las modificaciones legales oportunas que impidan, mediante prohibición expresa y estableciendo las sanciones pertinentes, incluyendo la suspensión o revocación de la autorización, que este tipo de actuaciones pueda repetirse, y siguiendo para ello las siguientes líneas básicas:
> — El tratamiento del cambio de ideario o de sistema pedagógico como circunstancia especialmente relevante a la hora de conceder o denegar una autorización para funcionamiento de centros docentes.
> — La constitución de un organismo plural del ámbito educativo, con la función de emitir informe vinculante en cuanto al ideario o sistema pedagógico, con amplias facultades de vigilancia y ejecución, en todos los casos de autorización o modificación de autorización, que en ningún caso podrán tener eficacia antes del curso académico siguiente.
> — El establecimiento de forma expresa de un plazo mínimo de respeto de derechos adquiridos por las distintas partes afectadas, en los supuestos de transmisión de la propiedad o de la titularidad de un centro docente, cuando ésta conlleve modificación de una característica esencial del modelo vigente, por entender que el proyecto educativo de un hijo constituye un bien jurídico de una entidad merecedora de ser protegida de los faltos de escrúpulos y de los vaivenes de la libertad de mercado.
> — Que se examine la idoneidad de la congrega-

ción «Legionarios de Cristo» para impartir enseñanza, así como se soliciten informes a otros países de la Unión Europea sobre cuál es la situación legal y consideración que de la misma tiene en cada uno de ellos.
— Por último [dijeron los afectados], pretendemos que la excepcionalidad de la situación, el irreparable daño psicológico, moral y material sufrido por 87 alumnos y sus familias, obligados ya comenzado el curso escolar a cambiar precipitadamente de colegio y de ambiente, justifica sobradamente nuestras demandas y exige, incluso, una medida correctiva o sancionatoria o una declaración reprobatoria para quien ha obrado con tan evidente mala fe.

La plataforma se dirigió también a los portavoces de los Grupos Parlamentarios y a los Gobiernos Autónomos:

[...] para que impulsen en el ámbito de sus competencias, las medidas oportunas para velar por el cumplimiento del mandato constitucional, de modo que quede protegido el derecho de los padres a la libertad de elección de centro educativo y que se impida, por tanto, que en el futuro estas transacciones puedan llevarse a efecto en los términos que, de hecho, aquí se han dado.

En el documento, los padres afectados afirman que el alcance de esta operación de venta supera el estrictamente regional, «teniendo en cuenta, además, que hemos podido conocer la existencia de transacciones equivalentes en otras Comunidades Autónomas», en referencia a la compra del colegio laico Guillén Tatay en Valencia, que en el año ochenta y seis pasó a manos de los Legionarios de Cristo o al de los Padres Agustinos en Pamplona, también adquirido en esos días.

La Plataforma de Padres de Alumnos afectados por la compra del colegio Virgen del Bosque no estaba equivocada. Los escándalos, el secretismo, las sociedades interpuestas, las supuestas irregularidades y la polémica han estado presentes en muchas de las compras de colegios o de terrenos por los Legionarios de Cristo, apoyados en su movimiento de laicos, el Regnum Christi, en todo el mundo.

Centros de adoctrinamiento y captación de vocaciones

Desde siempre, las instituciones de la Iglesia han dado una importancia fundamental a la educación de los niños, jóvenes y adultos aprovechando para ello los colegios, institutos y universidades. Bajo esta misma óptica, Maciel, como ya hemos dicho, ha basado gran parte del entramado de su obra en dar formación a las élites de la sociedad mediante la creación de colegios y universidades muy costosas, que son utilizados como fuentes de ingresos, centros de adoctrinamiento y captación de vocaciones para la Legión y el Regnum Christi.

Veamos qué les decía Maciel respecto a la captación de vocaciones a los padres capitulares en el Segundo Capítulo General Ordinario:

> Espero que de esta manera se cumpla la imagen con que siempre me he representado nuestros centros

de apostolados: «un estanque» donde se cultiven los peces para que los pescadores tengan la oportunidad de dedicarse a la pesca con intensidad y con certeza de éxito. (Art. 341.)

Aprovecho esta oportunidad de excepción que me ofrece el Capítulo General para insistir una vez más en ello, padres capitulares. Nuestros centros educativos —como en realidad toda obra apostólica de la Legión y el Movimiento— no agotan su sentido y finalidad en su cometido específico como centros de enseñanza. Más aún, no realizan su sentido verdadero, en los planes de Dios sobre nosotros, si no sirven para acercar al Regnum Christi a un gran número de alumnos, padres y familiares de los alumnos y profesores. Lo he dicho muchas veces: para nosotros esos centros son en primer lugar medios abiertos de captación. (Art. 344.)

El Segundo Capítulo General Ordinario de la Legión de Cristo recoge de forma sintética lo que realmente pretenden los legionarios con la fundación de colegios, desde el Primer Colegio Cumbres de la ciudad de México hasta los últimos adquiridos, como el caso del Virgen del Bosque, sin importar cuánto cuesten:

> En este momento una buena parte de nuestras obras de apostolado la constituyen las instituciones educativas de diverso género: colegios, universidades, escuelas de la fe, institutos de ciencias sobre la familia, etc. Dios nos ha concedido desarrollar este campo de apostolado en una medida casi insospechada en 1954, año en que Nuestro Padre fundó el Instituto Cumbres en la ciudad de México. Creemos, sin embargo, que cuanto mayor es la expansión, más vivos deben

estar en la mente y en el corazón de todos los que trabajan en tales centros los fines que movieron a Nuestro Padre Fundador a optar por fundar un colegio de esas características y no otra obra de apostolado: primero, la importancia de la formación humana y cristiana de la niñez y de la juventud; segundo, como medio abierto de captación según el carisma propio; tercero, como fuente de vocaciones a la Legión y a la vida consagrada; y finalmente, como apoyo económico a los centros de formación. (Segundo Capítulo General Ordinario, n.º 552.)

Y el Primer Capítulo Ordinario tampoco se quedaba corto a la hora de exhortar a la búsqueda de nuevas vocaciones:

> Nuestro Padre Fundador, a quien nos unimos todos los Padres Capitulares, exhorta y pide encarecidamente a todos los Directores de nuestros Centros educativos y Obras de apostolado que, aprovechando el contacto de excepción con innumerables grupos de personas que les permite su responsabilidad de Directores, se esfuercen por ganar y orientar al Regnum Christi por lo menos cien personas cada año de las más caracterizadas y cualificadas por su liderazgo. (Art. 615.)

Además, en el artículo 616 y siguientes se instruye a los responsables y directores de los centros de educación legionarios para formar y designar como «maestras de religión para las primarias de nuestros Colegios a señoras y señoritas del Regnum Christi», «como maestros de religión para las secundarias de varones, a jóvenes del Regnum Christi y a los religiosos encargados de la disciplina», «como maestras de religión para las secundarias de señoritas, a señoras y señoritas del Regnum Christi y a las señoritas de tercer grado encargadas de la disciplina» y «como maestros de religión para las preparatorias de varones a religiosos legionarios, para que, en colaboración con los religiosos encargados de la disciplina, o con un grupo de profesores preparados por ellos, impartan la doctrina católica con convicción y responsabilidad en ese momento tan delicado de la vida de los jóvenes».

El artículo 621 establece que se formen y designen:

> [...] como maestras de religión para las preparatorias de señoritas a señoras del Regnum Christi y a señoritas del tercer grado. El asesor espiritual del colegio deberá dar algunas conferencias sobre temas difíciles y delicados de dogma y moral.

Asimismo, en aquel Capítulo Ordinario (Art. 622), los legionarios animan a crear y organizar:

> [...] las Sociedades de Ex-alumnos, que Nuestro Fundador desde hace años está urgiendo, y que se fomente entre ellos un espíritu y una mística que los aglutine y los motive continuamente a trabajar en apoyo de la Institución a la que pertenecieron.

EL ECYD, LA NUEVA CANTERA

Como hemos visto, los colegios constituyen una de las principales fuentes de vocaciones para los legionarios, y ésta es una de las consignas que desde siempre Maciel ha querido marcar a sus seguidores:

Dada la situación general, y para que no sufra detrimento el aumento de vocaciones, para que la Legión pueda cumplir el plan de Dios, les pido que de manera preferencial y de forma organizada y permanente, presten atención al crecimiento y desarrollo del ECyD (bajo el nombre de Educación Cultura y Deporte, el ECyD es como un Regnum Christi para niños y jóvenes) en todo el mundo. Dado que uno de los principales medios de apostolado es la educación y formación de la niñez y juventud en nuestros propios colegios, es claro y lógico esperar que si los legionarios escuchan esta súplica mía, como Fundador de la Legión, y ponen manos a la obra, nuestros colegios les prestarán una amplia y cercana posibilidad de crear un ECyD fuerte, vigoroso, lleno de vitalidad, de donde sin duda alguna y a pesar de las circunstancias del ambiente del mundo, puedan cultivar y obtener numerosas vocaciones para la Legión y el Reino. (Segundo Capítulo General Ordinario, n.º 252.)

La formación de la que se habla en todos los escritos de Maciel es realmente adoctrinamiento al más puro estilo de las juventudes hitlerianas. Maciel, como hemos señalado anteriormente, aparece como el principal impulsor de todo lo que se realiza, por lo que el día de su cumpleaños, el aniversario de ordenación sacerdotal y otras fechas relevantes se celebran de modo especial en los colegios, suprimiendo incluso días de clases, organizando actividades deportivas, pidiendo a los alumnos y profesores que escriban cartas al fundador para mostrarle el cariño y la gratitud por todo lo que él hace para fundar colegios. En todos los centros, además de cuadros con la representación de Cristo, la Virgen María y fotografías del papa Juan Pablo II, no faltan las fotografías de Marcial Maciel, para que nadie olvide que gracias a él se ha fundado ese colegio.

Dentro del programa de «captación», como se le llama en el lenguaje legionario al estar más cerca de las familias más influyentes por medio de una atención especial a los hijos e hijas de las mismas, lo que en realidad se busca es que esos chicos lleguen tarde o temprano a formar parte de la Legión como sacerdotes y las chicas como posibles consagradas del movimiento Regnum Christi. Todo el esfuerzo va encaminado en esa dirección.

La pretensión legionaria es que todos los niños que pasan por sus centros educativos formen parte del ECyD, por medio del cual, como dice el mismo Maciel en el citado Capítulo General, se pretende lo siguiente:

> Como resumen de todo esto, y para que entiendan bien lo que les he expresado, puedo decirles que en el ECyD deben buscar tener un buen grupo, de los mejor dotados, que vivan en realidad la misma vida y formación que los adolescentes y jóvenes de nuestras apostólicas. Podríamos decir que un centro del ECyD debería ser algo así como un «centro vocacional abierto», cuyos miembros viven en sus casas y estudian, de ser posible, en alguno de nuestros colegios. Un centro en el que madure y se proteja la vocación cristiana de los adolescentes, del que salgan los futuros cuadros del Regnum Christi, y de donde surjan abundantes y buenas vocaciones. (Segundo Capítulo General Ordinario, n.º 252.)

El artículo 3 de los Estatutos del ECyD señala:

Educación Cultura y Deporte aspira a ser:

1. Un complemento a las instituciones educativas y familiares que dirige el Movimiento Regnum Christi, ofreciendo a los niños y adolescentes un programa amplio de formación humana y cristiana, un ambiente acogedor y de amistad, una escuela de valores auténticos, profundamente humanos y cristianos.

2. Un apoyo para los obispos y párrocos en la aplicación de los programas de pastoral diocesana.

3. Un constante y selecto medio de preparación de miembros para el Movimiento Regnum Christi.

4. Un medio para propiciar la acogida de la llamada de Dios a la vida sacerdotal y a la vida consagrada en la Iglesia, y de modo particular en la Legión de Cristo y en el Regnum Christi.

5. Un campo natural de apostolado para la sección de jóvenes del Movimiento Regnum Christi.

En su informe de gobierno, recogido en el Segundo Capítulo General Ordinario de la Legión de Cristo, Marcial Maciel dicta la siguiente consigna a sus seguidores:

> Quiero volver a pedir a todos los legionarios que renueven la conciencia de su responsabilidad personal de obtener buenas y abundantes vocaciones. Una responsabilidad que afecta especialmente a quienes trabajan directamente en el campo vocacional y a quienes ejercen su apostolado entre los niños y jóvenes del ECyD y del Regnum Christi, o en los colegios. (Segundo Capítulo General Ordinario, n.º 120.)

En definitiva, con esta especie de clubes se logra que los niños y las niñas tengan después de las horas de clase una continuidad en el adoctrinamiento legionario por medio de otras actividades, como academias de lenguas, deportivas o de otra índole. Se les ofrece «dirección espiritual» desde la edad más temprana, método donde radica el adoctrinamiento más personalizado. Obviamente, a los padres no se les dice nada de esto, pues ellos creen que sus hijos se inscriben en estos clubes para aprovechar las instalaciones del colegio e incluso realizar sus labores académicas. Lo que los legionarios buscan en el fondo es un control total de la vida de esos chicos, no sólo en el ámbito académico, sino sobre todo en la vida espiritual, por medio de la cual se les somete a un auténtico lavado de cerebro. A los chicos les van sacando información para saber más acerca de sus familias, para conocer el grado de influencia de las mismas en la sociedad, puesto que el «Carisma» dado por Dios ya no es ir con los más pobres y desfavorecidos, sino que a partir de Maciel la estrategia divina ha cambiado: ahora se pretende caminar junto a los líderes, los más influyentes en la sociedad, los mejores y con mayores capacidades económicas, pues por medio de ellos es más fácil difundir el mensaje del Evangelio.

Queda claro que según los planteamientos de Maciel y sus seguidores los niños son más fáciles de manejar, por lo que conviene atraerlos lo antes posible hacia la Legión, para que así se produzca el «milagro» de sentirse llamados por Dios.

El control y la intromisión en la vida privada de las familias

En cualquier centro educativo es habitual la realización de encuestas entre los padres de los alumnos y entre los propios discípulos sobre el grado de satisfacción con el colegio, la integración en el mismo, etc. En los colegios legionarios esto se hace de forma mucho más exhaustiva y entrando en cuestiones que atentan, cuando menos, contra la vida privada familiar y la personal del educando. Se pregunta también por el conocimiento y la valoración de las propuestas e iniciativas de ayuda social del Regnum Christi y de la Legión, y sobre otras empresas y proyectos legionarios.

Todos los directores de centros están obligados a enviar mensualmente, al centro de la Legión en Roma, un memorando de control informativo, donde no sólo figuran datos académicos sino también las nuevas captaciones que se han realizado de alumnos y de amigos de éstos y familiares. Junto a este informe mensual, todos los años antes del comienzo del curso se envía otro mucho más exhaustivo, que incluye las previsiones y los objetivos para el siguiente curso.

Estos informes, que se realizan a partir de las encuestas y los propios datos recogidos por el centro en el seguimiento diario del alumnado, pretenden responder no sólo a la imagen que alumnos y familiares tienen del centro educativo en cuestión, sino también, y es lo más importante, sirven para programar los objetivos y las estrategias para el futuro, reforzar los puntos y aspectos donde se detectan fallos y hacer un seguimiento exhaustivo de la vida familiar de cada alumno, de sus posibilidades de ser captado, de la simpatía de los padres por la Legión y el Regnum Christi y la posición económica y social de éstos.

En los informes que se recaban en cada centro, junto al nombre de los alumnos y el curso que están siguiendo, se adjuntan consideraciones como: «quiere ser sacerdote», «visita a terapeuta para evaluación, lo califican como hiperactivo y déficit de atención», «el padre vende computadoras. Los padres son aprensivos, muy pendientes», «se van en 2000 a Costa Rica, tienen restaurantes», «la madre no trabaja», «el niño va al neurólogo», «la madre va a talleres de la Legión», «va bien. Es adoptado. Ella no se casó, vive con la mamá», «él trabaja en la Renault, me ayudó con lo del coche», «está agresivo, trabaja con ritmo no apropiado, tiene hiperactividad y varios problemas de seguimiento», «es parte de una banda de besa niñas. Es muy capaz», «no tiene dinero y debe, mala información sexual por parte de los compañeros del colegio», «ayuda a Mano Amiga», «ella viuda, ¿vuelta a casar?», «se están separando, abril 99», «¿agregados del Opus Dei?», «va O.K.», «ella abogado»...

Y en este resumen sobre las fichas que se hacen de familias y alumnos hallamos una de tantas perlas legionarias: «el señor parece que tiene injerto de pelo. Ella muy Opus. Buen matrimonio. La hija se masturba».

Todo este trabajo de investigación en torno a los alumnos y sus familias no hace más que responder a lo que opina Maciel sobre lo que deben ser los colegios legionarios:

> Cuando Dios nuestro Señor nos dio la oportunidad de comenzar nuestra primera obra de apostolado, en 1954, optamos por crear un centro educativo. Desde ese momento vi claramente que ése era el camino que Dios nos marcaba. En primer lugar por la importancia que tenía, tiene y tendrá la formación humana y cristiana de la niñez y la juventud. En segundo lugar porque de ese modo podríamos entrar en contacto estrecho con muchísimas personas, a través de la relación

con los padres de familia y con los profesores, en función del proyecto que tenía en mente de formar y comprometer en el apostolado a los laicos católicos. Pensaba sobre todo, como ya recordamos antes, en los líderes católicos. Por ello nos lanzamos a la creación del Instituto Cumbres, y no de una escuelita de barrio, que habría sido mucho más sencillo y llevadero. En tercer lugar estaba convencido de que los colegios habrían de ser una importante fuente de vocaciones para el Movimiento y para el sacerdocio. Finalmente, pensaba también en el apoyo económico que esas instituciones habrían de ofrecer para el sustento de las casas de formación de la Congregación.

7

PEDERASTIA EN LOS SEMINARIOS LEGIONARIOS

La jerarquía eclesiástica católica, y el propio Pontífice, se han visto obligados a tomar cartas en el asunto de los pecados —dicen ellos—, delitos —decimos otros muchos— contra el sexto mandamiento desde que estalló el escándalo por pederastia en Estados Unidos. Sin embargo, y a pesar de que la gravedad del problema es aceptada por todos (con más o menos reticencias en cuanto a su extensión), muchos ilustres miembros de la Iglesia siguen manteniendo que los abusos de pederastia pueden ser resueltos con el perdón en confesión del abusador, con la indemnización (lo más discreta posible) a la víctima y la confianza en que el infractor, con el adecuado tratamiento, cambiará su tendencia hacia el abuso de niños.

Estos ilustres cardenales, obispos, rectores de seminarios y párrocos, cuando no prefieren mirar hacia otro lado, siguen defendiendo el sigilo en el tratamiento de estos casos o incluso el secreto más absoluto y, por supuesto, «que la ropa sucia se lave en casa».

En cuanto a Marcial Maciel y sus legionarios, esto es

evidente, porque ni siquiera se ha hecho justicia en el orden canónico a los muchos afectados por abusos y pederastia en los centros de la congregación. En realidad, como sostiene Miguel Ángel Granados Chapa en su artículo *Delito y pecado*:[1]

> Simplemente mencionarlo es delicado, por la relevante presencia de ese sacerdote y las instituciones que fundó —la congregación misma y las escuelas y universidades que de ella dependen— en influyentes medios mexicanos. Pero se trata de un hecho que, aunque fuera parcial y brevemente, fue denunciado en público por los propios afectados, entre ellos uno que llegaría a ser rector de la Universidad Anáhuac y que ya ha muerto.
> La acusación no prosperó. En México, porque el rango del denunciado lo puso fuera del alcance de los tribunales eclesiásticos; porque los acusadores no lo llevaron a los del fuero común (donde no habría tenido curso a causa de la prescripción, ya que el abuso ocurrió cuando eran niños), y porque el cardenal Rivera fue omiso al respecto. En el Vaticano el asunto fue cerrado tan pronto se supo de quién se trataba. El cardenal prefecto de la congregación para la doctrina de la fe (el antiguo Santo Oficio, la Inquisición), Josep Ratzinger dictó sentencia sumaria, favorable al padre Maciel. Dijo al obispo de Coatzacoalcos, Carlos Talavera, «que no consideraba prudente abrir el caso porque era una persona muy querida del Santo Padre, que había ayudado mucho a la Iglesia», según el padre Alberto Athie [quien

---

1. Publicado en *Reforma*, el 16 de abril de 2002.

desde el primer momento apoyó la causa de los que dieron el primer paso público para denunciar a Marcial Maciel].

Con motivo de la defensa que hizo de los primeros acusadores contra Maciel, a los que nos hemos referido anteriormente, el padre Athie empezó a tener problemas con la jerarquía eclesiástica tanto de Roma como de México, que obstaculizaron su trabajo pastoral y le presionaron para que cejara en su defensa de los acusadores de Maciel. En mayo de 2003 decidió abandonar el ministerio del sacerdocio «con preocupación y dolor porque no puedo ejercerlo en su totalidad», según él mismo declaró entonces. Se truncaba así una excelente labor pastoral al servicio de la justicia y de los pobres, así como el futuro de una brillante carrera eclesial.

La trayectoria de Alberto Athie Gallo, una víctima más, en este caso indirecta, de Maciel y sus amigos en la curia no podía ser más prometedora: licenciado en Roma en teología moral, con especialidad en ciencias sociales en la Universidad Gregoriana, obtuvo el doctorado en filosofía en la Universidad de Santo Tomás. Tras ser ordenado sacerdote y de regreso en México, fue superior y profesor del Seminario Conciliar y profesor de ética social y doctrina social de la Iglesia en la Universidad Pontificia de México. Contribuyó a que el Arca (movimiento internacional que recoge a personas abandonadas en hospitales psiquiátricos y forma comunidades de vida con ellos) se implantase en México. Fue secretario ejecutivo de la Comisión Episcopal de Pastoral Social, secretario ejecutivo de la Comisión Episcopal para la Paz y Reconciliación en Chiapas y asesor en materia de pastoral social para el Departamento Episcopal de Pastoral Social del

Consejo Episcopal Latinoamericano (CELAM), entre otras responsabilidades y cargos.

Athie es otro mártir de la causa contra la pederastia. La jerarquía católica puede seguir tratando de encubrir los hechos, pero éstos están ahí y siguen ocurriendo, como pondremos de manifiesto a lo largo de este capítulo.

No se trata ya sólo, como se defienden los legionarios si alguna vez se ven obligados a hablar de ello, de ocho acusadores de «denuncias falsas», alguna de ellas —dicen— por celos o resentimiento, como son las que formularon en su día Alejandro Espinosa Alcalá, Félix Alarcón Hoyos, José de Juan Barba Martín, Saúl Barrales Arellano, Arturo Jurado Guzmán, Fernando Pérez Olvera, José Antonio Pérez Olvera y Juan José Vaca Rodríguez (así como Juan Manuel Fernández Amenábar en su lecho de muerte). Los ocho, ayudados por el padre Athie, iniciaron un largo proceso contra Maciel en el Vaticano que aún sigue abierto. No han abandonado su lucha, siguen compareciendo ante los medios de comunicación para que por fin se haga justicia, a pesar de las presiones que ejerce la Legión para que los medios informativos no se hagan eco de sus palabras. Siguen ayudando a ex legionarios a integrarse de nuevo en la realidad tras su lavado de cerebro en la Legión. Siguen animando a otros compañeros a superar los abusos sufridos y les animan a denunciar a Maciel y a la congregación legionaria. No cejan en su lucha y continúan en ella, confiando en que algún día por fin se haga justicia.

Nuevos casos van apareciendo. Yo mismo, al escribir estas páginas, me he topado con unos cuantos y he escuchado relatos que turbarían a cualquiera. Por lo tanto, ya no son sólo ocho los acusadores más el testimonio de Fernández Amenabar en confesión, en su lecho de muerte. Y tampoco es Maciel, según los nuevos testimonios, el autor único de estas tropelías, como tampoco es verdad que los hechos denunciados sucedieran hace muchos años: al menos hasta la década de los noventa, como probaremos a continuación, las situaciones de abusos y de pederastia en los seminarios de la Legión han seguido sucediéndose, con una reiteración casi patológica en el centro vocacional de Ontaneda, en España.

Junto a la denuncia del padre Patricio y la trágica experiencia de Ricardo, los primeros de los que tuve conocimiento, me he encontrado con nuevos casos durante mi investigación, de los que sólo recojo los más significativos ante la imposibilidad de reflejarlos todos. ¡Ojalá que sean los últimos!

La vida en un seminario menor legionario

Nadie en este mundo debería poder maltratar, violar, abusar o matar a otra persona. Todo ser vivo es libre y así debe vivir. Nadie es mejor que otro y por tanto nadie tiene el poder de decidir sobre la vida de otra persona, sólo se puede opinar.

Los niños son como los muñecos de plastilina, si en un momento determinado no los tratas como debes esa marca quedará para siempre grabada.

Seré libre el día que no tenga que volver a escuchar mi llanto interior, un llanto ahogado, sin lágrimas. El llanto de un niño.

Con estas tres terribles sentencias finaliza su testimonio Ricardo,[2] un joven de veintiséis años que sufrió increíbles e inimaginables abusos y aberraciones a lo largo de casi una semana en el centro vocacional (seminario menor) que la Legión tiene en Ontaneda (Cantabria), adonde había acudido invitado por los legionarios en su búsqueda de captación de vocaciones durante una Semana Santa que tristemente se convirtió en un auténtico *calvario* y en una terrible reedición de la Pasión para este joven, entonces un adolescente de apenas trece años que vivía y vive en Segovia. Más adelante recogeremos su cruel testimonio con exactitud.

En la localidad de Ontaneda, situada a unos 30 kilómetros de Santander, en la carretera que une Burgos con la capital cántabra, los legionarios ubicaron uno de los dos centros vocacionales o seminarios menores que tienen en España (Moncada, en Valencia, es el segundo). El de Ontaneda, que nos ocupa en este capítulo, fue abierto el 1 de octubre de 1952, al trasladar Maciel el centro des-

---

2. Tanto el nombre de Ricardo como el de su ciudad natal, Segovia, son supuestos. Por las circunstancias familiares de este joven, que hoy cuenta con veintiséis años y vive en una ciudad pequeña donde por motivos del trabajo de su padre es bastante conocido, opté por no hacerlo público. Es el único caso de los que aparecen en el libro en el que he utilizado un nombre falso para proteger la identidad de uno de mis testigos y confidentes, ya que su padre todavía desconoce la cruel realidad que Ricardo vivió en Ontaneda y también porque él mismo sigue luchando por superar aquella dramática experiencia. Guardo, por supuesto, su dramático testimonio autentificado ante notario y con sus datos de identidad. Hay que señalar asimismo que Ricardo ha ocultado los nombres auténticos de sus compañeros y sus abusadores en su testimonio. De estos últimos, algunos coinciden con los nombres auténticos que cita el padre Patricio en su testimonio.

de Cóbreces a su actual ubicación. Esta clase de centros poseen unas características muy peculiares, quizá realmente alejadas del espíritu del Vaticano II.

En ellos, los Hermanos Apostólicos (seminaristas menores), viven en un régimen de total incomunicación con el mundo para no contaminarse, para no sucumbir a los embates del pecado que rodea la sociedad y para tener la posibilidad de discernir con *libertad* la «vocación eterna» que han recibido de ser Legionarios de Cristo.

Los hechos que exponemos a continuación se produjeron a finales de la década de los ochenta y principios de los noventa, cuando el padre Patricio, prefecto del centro, tuvo que afrontar la cruda realidad que allí se vivía: el seminario prácticamente se había convertido en una casa de mancebía donde los apostólicos eran objeto de prácticas pederastas por parte de algunos de sus responsables y formadores.

Este descubrimiento llevaría al padre Patricio, después de denunciar el hecho ante sus superiores, a superar las pocas dudas que le quedaban respecto a su vida en la Legión y, tras ser trasladado a Roma, tomar la decisión definitiva de abandonar la congregación y emprender una auténtica batalla, junto con otros ex legionarios dispersos por todo el mundo, para poner al descubierto la realidad que muchos de los legionarios habían sufrido y que otros conocían pero preferían silenciar, para no echar por la borda tantos años de preparación hacia el Reino de Cristo.

En un centro legionario como el de Ontaneda la vida se desarrolla esencialmente entre la oración, el estudio y el juego. Los niños, pues estamos hablando de adolescentes de edades comprendidas entre los once y los quince años, se levantan todos los días a las seis y cuarto de la mañana, salvo los domingos, que se duerme una hora más. Los prefectos dan unas palmadas gritando tres veces «Cristo Rey Nuestro», a lo que los apostólicos responden: «¡Ayúdanos!» Comienzan por quitarse el pijama y ponerse los pantalones dentro de la cama, pues el pudor impone ciertas reglas... al mismo tiempo que repiten una oración en voz alta junto con el prefecto.

Una vez vestidos, se pasa a filas. Todas las actividades comienzan con una rigurosa fila, que sólo se rompe cuando el superior da la orden, generalmente al grito de «Cristo Rey Nuestro». Después los apostólicos, en total silencio, se dirigen a los lavabos para asearse medio cuerpo y, al cabo de media hora, pasan nuevamente a filas al escuchar el sonido del timbre que hace sonar el superior. Tras ser revisados por éste, suben a la capilla para realizar las primeras oraciones. De rodillas, con la cabeza en alto mirando al Sagrario, los apostólicos comienzan sus preces: oración al Padre, oración a Jesucristo, oración al Espíritu Santo, y así durante diez minutos hasta llegar al canto del *Veni Creator Spiritus*, que marca el inicio de la meditación.

La meditación consiste en una reflexión que cada día realiza un prefecto en voz alta delante de toda la comunidad, y en la que se abordan temas establecidos previamente desde el inicio del año: la vocación, la vida de Nuestro Padre, Cristo, María, y todo lo que Maciel considera que contribuye a moldear el corazón sacerdotal de los niños. Después de la meditación, se inicia la celebración de la Santa Misa durante media hora, excepto los días de fiesta, que bien puede llegar a una hora o más.

Tras la misa, se pasa al desayuno, también en riguroso silencio, pues se dispone de poco tiempo antes de comenzar las clases y el estudio. Diariamente, uno de los cursos dedica la primera hora a realizar labores de la casa, tales como limpiar los pasillos, baños, jardines, etc. De esta manera se conciencia de la importancia de «aprender el trabajo manual» y, por otro lado, se reducen los gastos del presupuesto, que siempre anda escaso.

Una de las cosas que siempre se venden a la hora de invitar a los «niños vocacionales» por parte de los «reclutadores» (nombre que se da a los sacerdotes que lanzan las redes para atrapar vocaciones) a pasar unos días en Ontaneda, son las instalaciones deportivas, y sobre todo la piscina de aguas sulfurosas que, en épocas pasadas, sirvió a los mismísimos reyes de España para disfrutar de unos chapuzones medicinales en las aguas de la piscina del desaparecido Gran Hotel, que fue un símbolo para este pueblo.

Sin embargo, como contrapunto, nunca se menciona la disciplina a la que deben enfrentarse los niños vocacionales o apostólicos: el silencio, los castigos y las demás motivaciones que se viven dentro.

La disciplina es uno de los aspectos más importantes, quien falta a una de las normas debe pagar con una «reparación». Dependiendo de las faltas, la reparación es más o menos dura: unas vueltas corriendo, ponerse en cuclillas, permanecer unas horas o días en silencio, etc. En una ocasión, el mismo día de Navidad, un niño se quedó sin cena por haber tirado en un descuido la sopa que les habían servido.

El juego y la práctica del deporte también son muy importantes en el seminario menor. Durante los días de clases hay dos recreos: uno por la mañana de treinta minutos y otro después de comer, de una hora aproximadamente. *Nuestro Padre* prefiere los juegos al aire libre, así que generalmente se practican deportes como el fútbol o el baloncesto, o simplemente dan un paseo corriendo por el parque situado justo a la salida del seminario. A los hermanos apostólicos hay que cansarlos para que el demonio no les haga caer en las tentaciones de la carne.

El sábado suele haber paseo, sin correr, y si lo permite la climatología, se sube a uno de los numerosos montes que rodean el entorno, como el Tablao, el Calamaco, o se hacen grandes travesías para explorar nuevos lugares. Durante el paseo, el prefecto debe tener a todos los niños bajo su atenta mirada, y jamás un apostólico puede quedarse detrás de él. «Uno nunca, dos jamás, tres con permiso, y cuatro son comunidad», como reza el lema que aprenden de los prefectos desde los primeros días que reciben la instrucción.

Otra de las cosas que sorprenden del sistema legionario es la formación intelectual de los apostólicos. Por un lado, se pretende que sea lo más sólida posible, pero por otro, como por ejemplo en las materias de biología relacionadas con la sexualidad, las explicaciones las facilita el rector y no los profesores.

Los apostólicos no pueden leer la Biblia, sobre todo debido a los capítulos escabrosos que contiene la palabra de Dios, y ésta es una de las cosas que se repetirá a lo largo de los años de formación, aconsejando otras lecturas, que son controladas por los rectores y los prefectos de estudios. Dejándolos a la propia conciencia de los lectores, hay libros que tienen marcas con corchetes para indicar que esa parte no debe ser leída. Sobre todo tratándose de obras como el *Quijote* u otros clásicos, que puedan incluir algún relato amoroso que perjudique la vocación.

En los centros vocacionales el silencio es siempre obligatorio en la capilla, en los lavabos y en el dormitorio. Llama la atención el hecho de que los apostólicos duermen con una luz encendida durante toda la noche para que no se asusten si tienen que acudir al cuarto de baño, dicen los superiores. En realidad la razón es que los prefectos puedan mirarlos siempre, evitando así los actos impuros que tanto ofenden al Señor.

Entre cada cama de los apostólicos debe haber un metro y medio de distancia, y al final del dormitorio, que carece de cualquier división interna, se encuentra «la caseta», una especie de cubículo en el que duerme el prefecto, para estar siempre disponible a los requerimientos de los hermanos apostólicos.

La castración y doma del potro

Junto a las normas que hemos mencionado existen otros métodos para dominar al «potro» que no obedece a las riendas. Hay que quitarle fuerza, enseñarle quién manda, no dejarlo entero porque se hace difícil montarlo.

Parece oportuno disculparse por el símil hípico, pero cuando se habla del capítulo de los castigos, de las *reparaciones* en los centros legionarios, resulta inevitable. El asunto de las *reparaciones*, el sistema disciplinar férreo que hay en la apostólica, es uno de los aspectos más sorprendentes para los de dentro, es decir, los que empiezan su formación en la Legión, y también para los de fuera. Quienes hayan pasado por Ontaneda como alumnos recordarán muy bien los castigos que allí se imponen a los que quiebran la regla, la Voluntad de Dios.

Hay castigos de tipo académico, por ejemplo quedarse fuera del comedor sin poder comer hasta que se memoricen algunas poesías. Quienes rompen el silencio son castigados con pasar uno, dos días o hasta una semana sin hablar con nadie, ni siquiera con los superiores, salvo por medio de una ficha escrita.

Pero el peor de los castigos, el refinamiento en la corrección, es la denominada Reparación Mayor, y que por su gravedad —se trata de un castigo ejemplar— sólo puede imponerla el rector. El apostólico pierde, por así decirlo, todos sus derechos, se le despoja del uniforme, no puede estar con nadie de la comunidad, debe guardar silencio absoluto sin dirigirse a nadie (ni siquiera con los superiores puede intercambiar una palabra), mientras que durante el día se ocupa en realizar todos aquellos trabajos que se le van encomendando: barrer la casa, lavar los platos, barrer los jardines, limpiar la porqueriza, donde en la época de la que hablamos se criaban cerdos...

Si la sanción coincide con un fin de semana en el que a los apostólicos se les permite recibir llamadas telefónicas, sólo pueden hablar con sus padres para decirles que están en reparación mayor. No tienen derecho a recibir cartas; comen, si queda algo después de que termine la comunidad, totalmente solos...

Ontaneda, en aquel entonces, era prácticamente un cuartel. No obstante los castigos más frecuentes consistían en dar unas vueltas al «corazón», nombre con el que se denomina al jardín circular que queda fuera del garaje.

Para formar el valor, todos los apostólicos debían arrojarse al agua desde el trampolín que hay en la piscina grande, y si alguien se resistía, como ocurría a veces, se quedaba allí arriba mientras no bajara de la misma manera que sus compañeros.

Las bofetadas, según testimonios de ex legionarios que pasaron por el centro, era otro de los castigos que estaban reservados al rector, y que en algunos casos permitía ejercer a los asistentes, dependiendo de la gravedad de las faltas.

Si alguien llegaba tarde por la mañana a filas, normalmente era *motivado* a llegar puntualmente al día siguiente, dándose un baño en la piscina a las siete de la mañana. La motivación, ésa es la palabra mágica que usan los superiores en la apostólica para referirse a los castigos. Todo en la apostólica es motivación.

El sistema de castigos tenía el contrapunto de los premios. En función de los logros se conseguían una serie de premios, generalmente relacionados con la comida. El mayor de todos, que sólo podía conceder el rector, era el salir a comer un día de la semana, generalmente el miércoles, fuera del centro. Otro de los premios consistía en tener una tarde libre con juegos, en aquella época los jueves, y la proyección de algún vídeo cultural.

Se destapa el prostíbulo que llevó a Patricio a dejar la Legión

En el entorno que hemos descrito sucedieron los hechos narrados a este autor por el padre Patricio, que los vivió directamente y cuya declaración transcribimos:

A finales de la década de los ochenta y principios de los noventa, el rector, como cada año, se había marchado para hacer sus Ejercicios Espirituales y había llegado a Ontaneda un sustituto para esos días. Pero en realidad el que manejaba los asuntos de la casa era el prefecto general de disciplina, quien ya tenía muchos años de experiencia.

A las tres de la madrugada de un frío día de enero

alguien llamó a la puerta de la caseta. Era un hermano apostólico que quería hablar con el prefecto menor (responsable de los apostólicos más pequeños) sobre una cosa que al parecer durante el día no se atrevía a comentar y quería aprovechar la penumbra de la noche para hacer una tremenda revelación.

—¿Padre, puedo hablar con usted un momento?
—Oye, ¿no te parece que es un poco tarde?
—Sí, pero es algo importante.
—Bueno, dime.
—Mire, yo no sabía que en Ontaneda había maricones...

Detrás de esta aparente confesión se escondía un terrible drama, y por respeto a los implicados he cambiado los nombres y sus regiones de origen.

—Pues yo tampoco. Cuéntame.
—Mire, venga y véalo usted mismo.

En el lavabo el prefecto general estaba abusando sexualmente de un hermano apostólico. No había lugar a dudas. El apostólico que me había informado no estaba exagerando.

¿Qué se podría hacer...?, me pregunté.

Quizá muchos de los que lean estas palabras no lograrán comprender la pregunta, pues en la cabeza de cualquier persona surge una respuesta inmediata, hasta que sepan cómo son las cosas dentro de la Legión de Cristo y, de manera especial, la aplicación en la práctica de los votos privados.

La confesión de Juan, así se llamaba el hermano apostólico, era la punta del iceberg que se escondía debajo de las apariencias de santidad y disciplina de aquel centro.

Surgió un gran dilema en la conciencia del prefecto, pues quien estaba implicado en actos de abuso a menores no era otro que su superior inmediato, y las Constituciones de la Legión de Cristo prohíben que se diga nada negativo de los superiores ni comentarlo con nadie...

Había que esperar toda la noche para poder telefonear al director territorial, nombre que se le da en la Legión al superior de una región, que en aquella época comprendía toda Europa y que se encontraba en Vals de Flors, atendiendo espiritualmente a los superiores que, como el rector de Ontaneda, estaban haciendo sus Ejercicios Espirituales.

No era fácil hacer aquella llamada, pues para usar el teléfono se necesita permiso del superior, y ¿cómo decirle que quería llamar al superior mayor, el único capaz de solucionar lo que se pedía, para algo que implicaba a un superior contra el que él no podía hacer nada?

El prefecto fue a pedir consejo, bajo el secreto de confesión, a otro sacerdote, quien le dijo que no necesitaba permiso para llamar al superior mayor.

Resuelta aquella duda, la conversación telefónica con el superior mayor fue como sigue:

—¿Qué me cuenta? ¿Qué pasa para que me llame en medio de los Ejercicios Espirituales?

—Padre, el prefecto de mayores ha violado a un apostólico

—¿Está seguro?

—Claro.

—Bueno, no se preocupe, ahora mismo sale el padre Jesús para Ontaneda

Dicho y hecho. A las 15.30 estaba llegando el rector, sin haber concluido los Ejercicios Espirituales, para poner remedio a una situación que se presentaba bastante complicada. Lo primero fue llamar al prefecto de mayores y luego al de menores para hablar con ellos por separado. Tras exponerle los hechos que les habían dejado esa noche sin dormir, el rector les dijo que no comentaran ni una palabra del asunto con nadie.

Al día siguiente de la llegada del rector, se encontraron con una gran sorpresa... «Fiesta de Despedida.» Eso, fiesta, pues Nuestro Padre trasladaba al padre Gustavo, el prefecto general paidófilo. Lo enviaron a Madrid, y allí estuvo unos días, hasta que habló supuestamente con Marcial Maciel, director general y responsable de todas las cosas que ocurren dentro de la Legión.

Se fue... y comenzó una nueva experiencia en la apostólica. Los niños que habían sufrido abusos —en la investigación de los hechos se descubrió que eran bastantes— poco a poco fueron llevados personalmente a sus casas. El rector les explicó a sus padres que estaban mal académicamente y por eso se creía que no tenían vocación. Dentro, entre los sacerdotes, se comentaba que «estaban contaminados» o «ya no tenían vocación». Así, cada día el rector salía a diversos puntos de España para entregar los muchachos a sus padres, en total aquel año unos ochenta de un total de ciento veinte apostólicos.

Ontaneda, el primer seminario de los legionarios en España, quedó reducido a un número muy pequeño de alumnos y desde aquella época no se ha recuperado. De hecho, mientras escribimos estas líneas, tenemos conocimiento de que no hay vocaciones en el seminario y que traerán unos cuantos chicos mexicanos para ver si el Padre Eterno comienza a bendecir nuevamente con vocaciones a esta «Obra Suya».

Los niños (¡eran niños con vocación eterna!) fueron excluidos sin ningún tipo de ayuda para superar el trauma que les quedó después de la experiencia sufrida. Hoy en día algunos siguen estudiando, trabajando, tratando de rehacer sus vidas, pero siempre portando la huella que les marcó sin remedio. Otros han comenzado a movilizarse para crear una asociación de afectados y, tras los casos de pederastia en Estados Unidos, intentar emprender acciones legales contra la congregación, lo cual será difícil, pues muchos no contaron a sus familias lo que ocurrió y otros posibles testimonios simplemente prefieren no volver a recordarlo o que su entorno actual tenga conocimiento de los hechos.

Ésta es la experiencia que viene repitiéndose a lo largo de los años, pues en muchos otros lugares «niños con vocación eterna para Legionarios» siguen confiando y sufriendo abusos. «El superior —aprenden— es padre, amigo y hermano. Y esos en quienes dejaron su confianza depositada les traicionaron y se aprovecharon de ellos», mantiene el padre Patricio.

En sus cartas, quizá por propia experiencia, como sugieren las acusaciones que pesan sobre él desde los años cincuenta, Maciel dice que es normal que aparezcan afectos en un prefecto y que los rectores deben estar atentos a esto.

Anteriormente a estos hechos —continúa su relato el padre Patricio—, habían surgido en Ontaneda otros casos, como el año en el que el rector Jorge Carrillo tuvo un accidente justo el día 30 de diciembre, pues los apostólicos pasan la Navidad y la Noche Vieja con su «Familia Legionaria». Ese año venían muchos apostólicos y amigos que ellos traían para ver si alguno también tenía vocación. Y en la parada de Burgos se le avisó al rector de que en el autobús no cabían más niños y por ello se vio obligado a venir con su coche desde Ontaneda a Burgos para que no se perdiese ninguna vocación por falta de espacio.

Cuál sería la sorpresa cuando al cabo de dos horas de espera el rector no daba señales de vida y, al llamar a Ontaneda para confirmar la salida del mismo, se les dice que se trasladen como puedan sin darles ninguna otra explicación. Subiendo hacia el seminario, y a mitad del puerto del Escudo, el chófer del autobús muestra a los apostólicos y a sus amigos una camioneta que era la del rector, empotrada contra las rocas.

Por la noche, a las dos de la madrugada el padre Jorge Carrillo volvió del hospital Marqués de Valdecilla, donde lo habían trasladado junto a su acompañante, un religioso que hacía las veces de prefecto general de estudios y que tuvo que permanecer en el centro durante unos días más ya que en el accidente se quedó inconsciente. De regreso en Ontaneda, le pusieron un hermano apostólico como enfermero, y este «niño con vocación eterna», como le encanta decir a Maciel, también sufrió abusos a manos de aquel en el que puso su confianza.

Por casos similares de pederastia y de abusos el centro vocacional de Ontaneda había sido ya cerrado temporalmente en 1982 y todos los niños que habían iniciado su formación ese año fueron enviados a su casa. Borrón y cuenta nueva, como sostiene el dicho popular, todos a su casa. Trajeron un grupo de niños mexicanos y todo comenzó de nuevo para que Dios siguiera bendiciendo «su Legión».

Cronología de los abusos sexuales en Ontaneda

Ontaneda ha tenido diversas etapas en los casos de abusos sexuales a menores, según la información facilitada por diversos ex legionarios, alguno de los cuales denunció posteriormente al fundador y ocupó puestos de responsabilidad en el centro vocacional:

1970. Primer cierre por escándalos sexuales. Según el testimonio del ex legionario Juan José Vaca:

> En febrero o marzo de ese año, siendo rector de la apostólica de Ontaneda el padre Jesús Martínez y yo vicerrector, director espiritual y director vocacional, vienen a mi despacho cuatro apostólicos (cada uno por separado) y, temerosos y avergonzados, me informan de que Penilla los ha estado llevando a su cama por las noches, con actividades masturbatorias...
>
> De inmediato, llamo a Roma e informo por teléfono a Maciel de lo ocurrido. Me indica que trate de calmar a los dichos apostólicos y que mandará enseguida de Salamanca al padre Arumí para procesar la salida de Penilla hacia «otro lugar» (Chetumal, donde los legionarios cuentan con una prelatura territorial) y que de momento yo me encargue de ocupar el puesto de rector hasta nuevas ordenes.
>
> Seis horas más tarde, llegó Arumí a Ontaneda (hacia las seis de la tarde), y dos horas después, con su

chófer (un hermano junior), llevaron a Penilla a la estación de la Renfe en Torrelavega para abordar el tren hacia Madrid y desde allí, fulminantemente, a Chetumal.

Como yo le hice a Maciel un buen trabajo al tranquilizarle las aguas turbias de Ontaneda y un callado *cover-up*, me premia, tras finalizar los trabajos de la gira vocacional y las actividades del verano en Ontaneda, con el nombramiento de superior del noviciado de Orange, Connecticut (por aquel entonces la única casa de la Legión en Estados Unidos).

1982. Llegó el padre Herminio Morelos, que falleció de cáncer el 17 de marzo de 1985. Lo mandaron a Ontaneda porque habían surgido casos de abusos sexuales a menores. Herminio Morelos llegó con la orden de mandar a todos los apostólicos de la época a su casa, con la excusa de que Ontaneda se cerraba para restaurar la casa.

Tras la muerte de Morelos, mandaron al hermano Jorge Carrillo, que fue nombrado nuevo rector de Ontaneda. Carrillo fue ordenado sacerdote en Ontaneda, a pesar de no haber estudiado nunca teología en Roma o en alguna facultad que lo acredite, como ocurre y ha ocurrido con otros muchos legionarios que no estudian en facultades reconocidas, sino que simplemente estudian por su cuenta y después les examinan.

1991. El padre Patricio descubre los abusos sexuales en los que está implicado el padre Gustavo Ramos, en aquella época el prefecto general de disciplina. El padre Ramos había sido trasladado a Ontaneda desde Moncada (Valencia) porque había tenido problemas con niños en ese centro vocacional.

Ese mismo año llegó el legionario Fernando Cutanda

desde Estados Unidos para solucionar el caso, pero duró sólo unos meses, dado que tuvo problemas con el rector, Jorge Carrillo, porque estaba muy acostumbrado a tocar a los niños. Posteriormente, según el testimonio del padre Patricio, que todavía hoy conserva su condición de sacerdote legionario aunque está fuera de la Legión, se ha sabido que Cutanda abusó sexualmente de niños cuando fue rector de la apostólica de New Hampshire. (Cutanda llegó a rector de la apostólica sin haber completado sus estudios sacerdotales y sin haber estudiado teología.)

¿POR QUÉ...?, UNA PREGUNTA QUE SIGUE SIN RESPUESTA TRAS TRECE AÑOS

Conocí a Ricardo a través de un foro de ex legionarios. Una noche llegó su mensaje, conciso, inconexo, extraño. A mi respuesta siguieron otros mensajes. Alguno incluso cargado de cinismo. Llegué a pensar que era una trampa de la congregación de Maciel. Resultaba muy extraño que una persona, alguien que decía tener veintiséis años y que había sido sometido a una pesadilla de abusos sexuales, según sus palabras, pero de los que se negaba a hablar, se hubiese sumado a un foro en una página web en la que eran muchos los que contaban abiertamente sus experiencias negativas en la congregación de Marcial Maciel, criticando su sistema programado de despersonalización del individuo que caía en sus redes.

Poco a poco, noche tras noche, en las madrugadas frías del invierno, Ricardo fue sincerándose. Hacía tiempo que habíamos abandonado el foro para ponernos en contacto mediante el chat. Él no sabía nada de mí... Yo preservaba mi intimidad temiendo que alguien intentara abortar la publicación del libro que estaba escribiendo, el segundo sobre los Legionarios de Cristo. Finalmente ambos dimos un paso adelante y quedamos en comer en Segovia, su ciudad natal. La química surgió desde el primer momento. Yo llevaba mi primer libro sobre los legionarios, que terminé dedicándole a media tarde antes de emprender el regreso a Madrid. Me prometió su testimonio ante notario. Nuestra conversación en aquella comida había terminado con sus dudas, cuando le narré el caso de otros que habían vivido su misma experiencia.

Éste es el testimonio resumido de la terrible experiencia de Ricardo que, confieso, en alguna ocasión, en nuestras interminables horas nocturnas de chat, me hizo llorar de impotencia, a pesar de que no era el primer caso del que tenía conocimiento por el relato directo de las víctimas. El testimonio original consta de 55 folios, a cuál más terrible. Ricardo me autorizó a resumirlo y publicarlo con la condición de que respetase su intimidad.

La historia de Ricardo: humillado, violado y golpeado

El final de la niñez llega en el momento en que te das cuenta de que el mundo es duro, que ya no todo es diversión, que tienes que empezar a caminar por ti mismo.

El momento de mi vida en el que tuve que sobrevivir comenzó como cualquier mañana del año. Corría el mes de marzo del año noventa y uno, faltaba una semana para llegar a las fiestas de Semana Santa y aún hacía demasiado frío para aquella época del año. Fue la primavera en que todo cambió, después de aquello sólo vi a mis amigos dos o tres veces y jamás hablé con ellos como lo había hecho hasta aquel momento. Hoy en día, cuando les veo, sólo les lanzo un «hola» seco y después vuelvo la cabeza hacia otro lado.

Aquel día las clases habían comenzado con normalidad, pero justo la hora antes del descanso (o recreo, como lo llamábamos por aquel entonces), nos anunciaron que unos señores querían informarnos de algo. Dijeron que sólo podían quedarse los chicos, lo que le dio más emoción porque éramos los elegidos y, como consecuencia, casi ninguno protestó por perderse el recreo.

Nos reunieron en la sala de audiovisuales, una habitación repleta de sillas y con aparatos de vídeo y diapositivas al fondo. Todos mis compañeros, yo incluido, fuimos ocupando las sillas repartidas en las dos primeras filas. Sentados junto a la pared, había dos hombres de unos cuarenta años, vestidos con pantalones y chaquetas negras. No me di cuenta de que llevaban alzacuellos hasta que les miré por tercera vez.

Una vez que todo el mundo estuvo sentado, el profesor encargado de cuidarnos esa hora nos mandó callar y señaló a uno de los dos hombres, mientras se sentaba en la silla. El hombre se levantó de su sitio y carraspeó dos veces para aclararse la garganta. La clase estaba totalmente en silencio y él nos mostró una sonrisa muy ensayada.

—Buenos días, chicos. Siento haberos quitado la hora de descanso, pero el que quiera comerse el bocadillo puede hacerlo aquí.

Los chicos comenzaron a murmurar por habérselo dejado guardado en la mochila. Yo hacía mucho tiempo que había dejado de llevarme bocadillo, puesto que me quitaba el hambre para la hora de comer. El hombre esperó a que cesaran los murmullos y luego continuó hablando.

—Os he pedido que vinierais para hablaros sobre un colegio.

Los murmullos comenzaron de nuevo, ninguno de los presentes esperábamos que aquella reunión fuera para algo tan aburrido como un colegio.

—Os prometo que esto os gustará. Un poco de calma hasta que empiece. Éste es uno de los mejores colegios del país, pero seguro que eso no os interesa mucho, así que directamente voy a pasar a mostraros las fotos que he traído.

Hizo un gesto al profesor y éste apagó las luces sin moverse de su asiento. El hombre se acercó al proyector de diapositivas y lo encendió. La pantalla del fondo se iluminó, pero no apareció más que una luz blanca. El otro hombre que lo acompañaba encendió un casete que tenía justo a sus pies. Una maravillosa música, que me recordó a la de un anuncio de un videoclub, comenzó a inundar cada rincón de la sala. Las diapositivas aparecieron en la pantalla. Eran fotos de paisajes, al fondo se veía un edificio enorme, con unos jardines majestuosos y muy bien cuidados. Las diapositivas iban cambiando rápidamente, mostrando a chicos jugando al fútbol, baloncesto, nadando en una piscina, corriendo por el bosque e incluso haciendo escalada.

Poco a poco, fui interesándome por las fotos. Eran divertidas y los chicos que aparecían en ellas parecían pasarlo bien. Reconozco que cuando se terminaron lamenté que no hubiese otra caja con más. La música y las fotos no estaban sincronizadas, así que aquélla siguió sonando hasta que el segundo hombre reaccionó y la apagó. El profesor volvió a encender las luces y la mayoría de los chicos, que aún seguían mirando a la pantalla, reaccionaron frotándose los ojos.

—Éste es nuestro hogar. Un colegio donde convivimos todos como una gran familia.

El hombre hablaba ahora con más confianza en sus palabras, sabía que las fotos habían gustado a la mayoría y que sentíamos curiosidad.

—No es un colegio normal, eso puedo asegurarlo. Tenemos una piscina climatizada, un campo de fútbol, una sala de juegos, una tienda de golosinas, unos jardines hermosísimos y unas instalaciones que son la envidia de mucha gente.

El hombre volvió a forzar la sonrisa y giró la cabeza para que todos la viésemos. El otro se puso en pie y se acercó a su compañero, ahora era su turno de hablar.

—Una semana normal allí es muy interesante. Voy a contaros un poco. Las clases empiezan cada día a las nueve y terminan a las dos y media, después comemos y por la tarde hay tres horas de estudio; luego los chicos salen a practicar el deporte que prefieran, incluida la natación. A las ocho se cena, cada día un grupo es encargado de hacer la comida y la cena. Después de cenar se puede hacer lo que se quiera sin salir del recinto del colegio, puedes quedarte en la sala de recreo o bien salir a dar una vuelta por los jardines. A las diez y media se apagan las luces y todo el mundo tiene que estar en la cama. Así toda la semana. Los sábados por la mañana toca estudio, pero por la tarde hacemos excursiones, durante las cuales practicamos escalada, el esquí o montamos a caballo o en bicicleta. El domingo es más de descanso, salimos todo el día a preparar comidas campestres o vamos a conocer sitios nuevos, pero siempre relacionados con el campo. Os aseguro que es mucho mejor que pasar el sábado y el domingo encerrados en el colegio.

El hombre miró a su compañero como cediéndole la palabra. Los chicos estábamos cada vez más interesados.

—Estoy seguro de que esto que os estamos contando os lo habrán dicho un montón de veces, así que nosotros queremos demostrarlo y, por ello, os invitamos a pasar la Semana Santa allí con nosotros.

Un revuelo de murmullos se apoderó de la sala. Yo me quedé callado, imaginando cómo sería aquella semana.

—Es completamente gratis, como una excursión de varios días. Así veréis cómo es la vida allí durante una semana. Estoy seguro de que es la mejor forma de que os convenzáis de que es cierto todo lo que os he contado, así podréis hablar con los chicos que viven allí todo el año y conoceréis su opinión.

Sin apenas darnos cuenta se había pasado todo el recreo, el timbre sonó y todo el mundo miró su reloj impulsivamente.

—Se nos ha acabado el tiempo, así que el que quiera apuntarse que le pida a su profesor una hoja de autorización, que la rellenen sus padres y mañana se la entregáis al profesor. Nosotros nos comprometemos a pasar por las casas de las personas que la rellenen, entre el jueves y el viernes, para informar a los padres. La estancia será desde el lunes antes de Semana Santa hasta el lunes después de Resurrección. Muchas gracias por habernos cedido vuestro tiempo y espero que nos veamos pronto. Os prometo que será una semana que jamás olvidaréis.

En aquel instante nadie de los allí presentes pensó en lo ciertas que eran aquellas palabras. Después los hombres salieron de la sala y se formó una gran cola delante del profesor encargado de repartir las hojas. Yo también cogí una autorización, aunque no sabía si quería ir... o quizá sí. La verdad es que nunca estaba seguro de nada. No era de los chicos más católicos del mundo y nunca me habían interesado los colegios internos y menos aún de curas, pero me gustaba la idea de pasar allí aquella semana. Tampoco sabía qué opinarían en casa, pues sólo había ido a dos campamentos en toda mi vida: al primero había asistido con mi hermana, y el segundo estaba dirigido por un amigo de mi padre. Seguramente la idea de que el pequeño de la casa se marchara a un sitio del que no sabían nada no les haría mucha gracia, pero al menos debía intentarlo.

El relato de Ricardo prosigue con la explicación a su padre y a su abuela (en aquel entonces era ya huérfano de madre) de la visita que han recibido en el colegio, y que resumimos para situar los hechos que posteriormente sucedieron durante la primera noche de la estancia en Ontaneda.

—Bueno, pues si quieres ir, ve. Si lo que quieren es convenceros de que estudiéis allí, os tratarán estupendamente. Por la noche rellenaré la autorización. ¿Por cierto, dónde está ese colegio?
Yo sonreí y dije:
—En un pueblo de Santander.
Mi padre abrió los ojos como platos, jamás se hubiera esperado que fuera tan lejos. Luego meneó la

cabeza, como si esta vez tampoco me entendiese. Conseguí su permiso y la semana pasó volando. Cuando me quise dar cuenta, los mismos hombres que habían ido al colegio se presentaron en mi casa para explicar lo de la excursión. Aquel día mi padre había llegado antes a casa para estar presente durante la reunión con ellos. Al ser viernes, mi hermana había salido con sus amigos, pero cuando se lo conté no le pareció tan mal como yo pensaba, sólo había dicho que yo no podría ser cura ni por asomo, porque era demasiado bueno. Mi abuela sirvió café a los dos curas y nos sentamos los cinco para hablar del colegio. El cura que había hablado más en el colegio fue el encargado de empezar la conversación.

—Bueno, pues les explicaré en qué consiste la estancia y luego podrán preguntar lo que quieran.

Mi padre y mi abuela asintieron y el hombre sacó unos papeles de un viejo maletín que llevaba.

—La estancia dura de lunes a lunes, pretendemos que los chicos conozcan nuestra forma de vida y luego decidan qué les apetece hacer. Les diré que sólo uno de cada veinte se queda allí, pero la experiencia les gusta a todos. Sabemos que la mayoría de los chicos sólo van por saltarse algunas clases y pasarlo bien esos días y eso nos complace, porque en verdad es nuestro objetivo. Ni siquiera les preguntaré después si quieren quedarse o no, ellos lo elegirán a su tiempo, da igual si es un mes más tarde o dos años. Pero al menos ya conocerán cómo es aquello. Él volverá a casa el día acordado y yo le daré un folleto del colegio donde vendrá el teléfono. Si quiere estudiar allí, pónganse en contacto con nosotros y les explicaré qué hay que hacer para matricularlo...

—¿Van a ir muchos chicos de su colegio? —le preguntó mi padre.

El hombre sacó más papeles de la cartera y me fijé en que eran las fichas de otros chicos.

—De su colegio van seis, pero de otros colegios de la misma ciudad en total van doce. Ayer visitamos las casas de los demás. La verdad es que querían ir muchos más chicos, pero al final sus padres no les dejaron, ya sabe que hay gente demasiado protectora. Es una pena, porque la experiencia es muy buena.

Mi padre parecía preocupado y no muy convencido.

—¿Qué pasará si al llegar allí se da cuenta de que no quiere permanecer la semana entera?

El hombre colocó las manos sobre la mesa y me miró fijamente.

—Bueno, eso no suele ocurrir, porque hay tantas actividades que los chicos no quieren perderse nada. Pero en tal caso uno de los educadores, seguramente yo, le traería personalmente y no intentaríamos convencerle de que se quedara. Preferimos que los chicos vayan por su propia voluntad, ya que si no, no disfrutan de aquello tal como es.

El hombre miró su reloj y después volvió a mirarme a los ojos.

—Me gustaría hablar con tus padres en privado, Ricardo. ¿Serías tan amable de esperar un momento fuera?

Yo asentí con la cabeza y salí del salón bajo la mirada amable de todos. Sabía que espiar no estaba demasiado bien, pero tenía curiosidad por saber qué era aquello que no podía escuchar. Me quedé cerca de la puerta entreabierta y escuché cómo hablaba el mismo hombre.

—Preferiría hablar esto con ustedes en privado. Espero que no les importe. Es sobre el tema del chico... He visto que en la ficha falta el nombre de la madre.

Aguanté la respiración para no perder detalle de lo que decían.

—Su madre murió hace seis años, ella es su abuela —dijo mi padre.

—Su profesor me ha dicho que Ricardo es un chico bastante retraído, que no se relaciona mucho con la gente. Quería decirles que esta experiencia puede ayudarle bastante para relacionarse con chicos de su edad y convivir con ellos. Si quieren alguna dedicación especial hacia él, sólo tienen que pedirlo.

Se produjo un largo silencio, luego escuché la voz de mi padre.

—No, Ricardo es normal, sólo que un poco vergonzoso, pero estoy seguro de que se amoldará perfectamente. Tal vez es algo infantil para su edad, pero es cuestión de tiempo el que madure...

Habíamos abandonado nuestra ciudad a las diez y media de la mañana. A las dos y media paramos a comer en un restaurante de carretera. Todos nos bajamos deseando estirar las piernas, pues las cuatro horas de viaje se habían hecho muy largas. Nos dejaron reposar la comida más o menos una hora, así que a las cuatro menos cuarto volvíamos a estar sentados en el incómodo autobús, esperando reanudar el viaje.

Aproximadamente eran las siete y media cuando divisamos el pueblo donde estaba situado el colegio. Desde lejos supimos cuál era por las fotografías que nos habían enseñado. Antes de llegar, una doble puerta de hierro nos impidió el paso. Aquello significaba que estábamos justo delante de la entrada a la finca que pertenecía al colegio. Un hombre de aproximadamente la misma edad que los otros dos se apresuró a abrir la puerta. El autobús arrancó y ambos hombres saludaron con la mano al que nos había abierto.

Atravesamos un camino central de arena que conducía a la puerta principal, pasaba junto a un campo de fútbol y una arboleda. El autobús paró delante del edificio grande. Admiré la majestuosa escalera que conducía a la puerta e imaginé cómo sería por dentro.

—Ya hemos llegado —dijo uno de los curas desde el pasillo central del autobús dirigiéndose a nosotros—. Bajad del autobús, coged vuestras maletas y dejadlas justo delante de la puerta principal. Los encargados de llamar por teléfono venid conmigo, los otros acompañad al padre Gutiérrez, que os llevará a jugar al fútbol hasta que bajemos nosotros...

Tuvimos tiempo de jugar medio partido de fútbol, deporte que no era uno de mis preferidos. Además, allí practicaban una modalidad desconocida para mí, pues había dos o tres balones y muchos equipos en el mismo terreno de juego. El hombre volvió a acercarse a nosotros cuando estaba a punto de cogerle el truco al juego.

—Seguidme todos dentro del edificio —dijo cuando estábamos lo bastante cerca para oírle. Le seguimos y nos condujo hasta la sala que servía de entrada al colegio, que estaba nada más atravesar la puerta. Era una sala cuadrada y de reducidas dimensiones. Al fondo había una puerta de cristal que separaba las escaleras que antes había visto. Las paredes estaban pintadas de color beige. Había un crucifijo colgado de la pared y el suelo era de madera vieja (casi como todo lo que había visto al subir para telefonear).

—Bueno, voy a poneros más o menos al corriente. Empezaré por presentarme para quien aún no sepa mi nombre. —Respiré hondo, me aterraba la idea de no saber siquiera el nombre de aquel cura—. Yo soy el padre Guzmán y éstos —dijo señalando a otros dos curas, (uno de los cuales era el que ya conocíamos, pero al otro nunca le habíamos visto ni nos habíamos dado cuenta de su presencia hasta aquel momento)— son el padre Gutiérrez y el padre Mendiguez. Aunque hay más profesores y educadores en el colegio, nosotros seremos vuestros responsables, así que todo lo que pase nos lo comunicaréis. Para empezar, os explicaré cómo será la estancia aquí. ¿Os parece bien? —En realidad no era una pregunta, porque de inmediato añadió—: La semana que paséis aquí será como una competición, amistosa por supuesto. Formaréis tres grupos y, calificando un montón de cosas que luego os explicaré, iréis sumando puntos. Primero formaremos los grupos.

Instintivamente comenzamos a acercarnos a las personas que más conocíamos, como formando los grupos nosotros mismos. El padre Gutiérrez se dio cuenta de ese detalle de inmediato.

—Lo siento, chicos, pero nosotros formaremos los grupos. Uno de los objetivos de este juego es que conviváis mejor en equipo y, para ello, hemos decidido que los equipos serán lo más variados posibles.

En aquel momento, y hasta mucho tiempo después, no me di cuenta de que los grupos no fueron hechos al azar, sino que nos separaron para debilitarnos y nos reunieron en función de si teníamos problemas en nuestras casas, en nuestras vidas o en nuestras cabezas...

El padre Guzmán volvió a tomar la palabra para anunciar los nombres de los miembros que formarían los grupos.

—El primer grupo se llamará Alfa. —Nos mostró una cartulina con el símbolo de la letra griega, que hasta aquel momento era desconocido para mí—. Estará formado por Pedro, Rubén, Javier, Borja y Alberto. —Los nombrados fueron formando una fila donde les había indicado. Yo me quedé horrorizado, porque en ese grupo habían caído tres chicos de mi colegio, lo que reducía un montón las posibilidades de que me tocara con alguno. También había dos de los chicos que habían ido conmigo en el autobús—. El segundo será el grupo Beta. —El padre Gutiérrez, que sería el encargado de ese grupo, mostró la segunda cartulina con el símbolo de la letra griega—. Lo formarán: Jonathan, Israel, Roberto, Santiago, Ricardo y Benjamín.

Me separé instintivamente del grupo de los que aún quedaban por nombrar para acercarme a la fila que ya estaban formando los chicos del nuevo grupo. Lógicamente no me había tocado con nadie de mi colegio. Estaba en la tercera posición de la fila cuando el padre Mendiguez nombró el tercer grupo.

—Naturalmente yo seré el encargado del tercer grupo, el Gamma. —Al igual que sus dos compañeros, también mostró la cartulina con el símbolo—. El grupo lo formarán los chicos restantes, o sea, Nicolás, Pablo, Lorenzo, Diego y Jesús.

Éstos también formaron la fila delante del cura que mostraba el símbolo entre sus manos. Yo miré a los chicos de mi grupo y pensé que jamás llegaría a trabar amistad con ninguno de ellos, y menos en una semana. El padre Guzmán, que al parecer llevaba la voz cantante, se dirigió de nuevo a nosotros sin soltar la cartulina ni moverse de su sitio.

—Cada grupo es como una familia, tenéis que ganar puntos para ser los primeros. Hay varias formas de conseguir puntos. Una es siendo el primero en levantarse, hacer la cama, vestirse y llegar a la fila en el menor tiempo posible. El primero y el segundo conseguirán cinco puntos para su grupo, eso todos los días. Otra forma es tirándose de cabeza a la piscina el primero, haga el tiempo que haga, sumando otros cinco puntos. También habrá diversas pruebas que iréis descubriendo con el tiempo. La forma más fácil de ganar puntos es jugando con los contrincantes. Todos los días que pasemos en la sala de juego, el que quiera puede jugar con un chico de otro grupo a cualquier juego: ajedrez, damas, conecta cuatro, tres en raya, etc. El que gane le dará un punto a su equipo. Así conseguiréis los puntos para ganar. Espero que lo intentéis con todas vuestras fuerzas.

Aquello sonaba bastante bien, a pesar de que estuviese en un grupo lleno de desconocidos.

Después de aquella reunión no volví a ver en todo el tiempo que estuve en aquel lugar a ninguno de mis amigos, me quedé con los chicos que formaban mi grupo y apenas nos dejaron hablar con los demás.

Nos mandaron a la sala de juegos después de la pequeña reunión. Al poco rato nos llamaron para la cena. Nos indicaron dónde estaba el comedor, y en la puerta el padre Guzmán nos esperaba para darnos los últimos detalles.

—Éste es el comedor del colegio —dijo señalando la estancia en la que estábamos. Mientras hablaba, miré alrededor. Era una habitación bastante grande, repleta de mesas largas y sillas, con una mesa al final reservada a los profesores, junto a una pared de madera. Las mesas estaban colocadas en fila, formando pequeños pasillos que llevaban hasta la mesa central.

—Deberéis sentaros en mesas separadas, cada uno en una mesa con los alumnos del colegio. Ellos compartirán sus cosas con vosotros. Espero que habléis con ellos, pero os advierto que suelen ser muy sinceros con nosotros, así que pensadlo bien antes de hacer o decir algo malo. Confío en que os guste la cena. Hasta dentro de un rato.

Se alejó sin decir nada más. Los más atrevidos del grupo se acercaron a algunas mesas donde veían sitios libres. Yo esperé unos segundos, hasta ver que eran aceptados por los chicos del colegio, después me decidí a buscar un sitio.

La mesa que elegí no estaba muy alejada de la puerta. Desde allí podía ver una parte de la cocina. Había cinco chicos sentados, la mesa era para seis. Me acerqué tímidamente y me puse delante del plato que estaba libre.

—¿Está ocupado este sitio?

Los cinco chicos me miraron. El más próximo a mí se decidió a responderme.

—No, su dueño está pasando las fiestas en su casa. No vendrá hasta que os hayáis marchado. —Separé la silla y me senté en ella. Vi que desde el fondo de uno de los pasillos formados por las mesas se acercaban los responsables de repartir la comida—. Me llamo Roberto. —El chico me tendió su mano.

—Yo soy Ricardo —dije estrechándole la mano que solté rápidamente.

—¿De dónde eres? —me preguntó mientras comenzaban a servir la comida en los platos de nuestra mesa.

—Soy de una pequeña ciudad del centro. He venido de visita para ver cómo es esto.

El chico miró su plato repleto de comida y dijo:

—Pues yo vivo aquí. Estoy aquí desde hace dos años.

Los demás muchachos hablaban entre ellos y no prestaban atención a nuestra conversación.

Terminamos de cenar a las ocho y media. Los chicos residentes comenzaron a levantarse de la mesa y a salir por la puerta. Nosotros, los que habíamos ido de visita, nos quedamos sentados esperando nuevas órdenes. El padre Guzmán se acercó hasta uno de nosotros y le dijo algo. Luego el chico se levantó de su sitio y nos indicó con un gesto que acudiéramos. Casi todos los que estábamos de visita ya nos conocíamos. Cuando me hizo un gesto a mí, me acerqué y me uní al grupo que se había formado alrededor de él. Cuando estuvimos todos, el chico echó a andar hacia la puerta del comedor.

—Seguidme, tenemos que subir. —Todos nos miramos extrañados pero seguimos al chico, del que adiviné que venía del Cristóbal Colón. Subimos hasta lo que suponía era la sala de recreo.

Era una habitación muy grande, con ventanas a los lados y una tarima de madera al fondo. Había mesas de estudio con montones de juegos en ellas. En una pequeña esquina tenían montado lo que parecía un puesto de feria ambulante, con golosinas, bollos, helados y patatas fritas. Al fondo, encima de la tarima estaba el padre Guzmán. Nos hizo un gesto con la mano y nos indicó que nos acercáramos hasta él.

—Sentaos aquí. —Señaló las sillas de madera que había justo delante de la tarima—. Ésta es la sala de juegos. Casi todas las noches está llena, menos hoy que les he pedido a los chicos que nos la dejaran para poder hablaros. Voy a explicaros los horarios y luego preguntáis lo que queráis. —El padre Guzmán desplegó un papel que tenía doblado delante de él y comenzó a leer—. Por las mañanas nos levantaremos a las siete y media. Nos vestiremos y bajaremos a la capilla. Cuando hayáis rezado vuestras oraciones, un padrenuestro y un ave María, bajaremos a desayunar en el mismo lugar donde hemos cenado. Después nos reuniremos en la entrada, donde formamos los grupos, para poneros al día de las actividades que desempeñaremos. Cuando sepamos los planes para el día, tendremos una hora de piscina. Los horarios de cada día se modificarán, dependiendo de las distintas actividades. La comida es a las dos y media y la cena a las ocho. Los chicos suelen acostarse a las diez y media, aunque estos días lo ampliaremos hasta las once y media, pero a esa hora todo el mundo deberá estar metido en la cama. Por cierto, hay que dormir con pijama y debéis cambiaros de ropa dentro de la cama o en algún vestuario, pero siempre a solas. No quiero ver a nadie que enseñe ninguna parte de su cuerpo. —En aquel momento todo aquello sonó ridículo. Todos procedíamos de colegios en los que después de hacer educación física nos obligaban a ducharnos y ya habíamos estudiado sexología en la clase, como para que a esas alturas nos impresionara ver el cuerpo desnudo de un chico de nuestra edad—. Eso es muy importante. Si veo a alguien exhibiendo alguna parte de su anatomía, tendrá serios problemas. —Los chicos se miraron sorprendidos. Tan sólo un día después encontraría una explicación a todo aquello—. Si alguien quiere hacer una pregunta, éste es el momento.

Un compañero, que se encontraba dos filas delante de mí, levantó la mano. El cura le miró y asintió con la cabeza para cederle la palabra.

—¿Qué ocurrirá en la piscina? Me refiero a que tendremos que vernos casi desnudos.

El padre Guzmán le miró y volvió a asentir con la cabeza mientras meditaba su respuesta.

—Cierto, por ese motivo ningún alumno de este colegio se bañará a la vez que vosotros. Los horarios están divididos en dos turnos, uno para los chicos que viven aquí y otro para vosotros.

El muchacho no debió de quedar convencido.

—¿Y en las duchas?

—Las duchas son individuales. El vestuario es conjunto, pero saldréis arropados por la toalla. Además, los alumnos del colegio se ducharán por la mañana y vosotros por la tarde. —La sala se llenó de murmullos, cada muchacho comentaba lo que pensaba con el que tenía al lado—. Lo siento, chicos, pero ésas son las normas. No son muchas ni muy costosas, sólo tendréis que ser un poco más discretos de lo habitual. Es nuestra forma de alejaros del pecado.

El padre Guzmán esperó unos segundos por si alguien quería hacer alguna pregunta más. Como nadie dijo nada, bajó de la tarima y echó a andar entre las sillas.

—Bueno, entonces podéis ir a los jardines con los

demás chicos. Mientras tanto, prepararemos la sala de juegos y luego podréis subir a divertiros aquí...

 Atravesé la puerta de la calle y contemple el jardín. Estaba bastante oscuro, apenas un par de farolas iluminaban la piscina y uno de los campos de fútbol. La mayoría de los chicos estaban sentados en las escaleras que conducían a la puerta, charlando amigablemente y comiendo dulces. Alguno se había alejado un poco más, pero casi todos estaban en la entrada. Bajé las escaleras pasando entre ellos y seguí andando por el camino de tierra hasta un banco cercano. Me senté, aprovechando que no estaba ocupado, y me puse a mirar la luna. Aquella noche brillaba más de lo normal, apenas se veían las estrellas por la luz que desprendía. Me fijé en la silueta de las montañas que tan cerca estaban y me pregunté qué se sentiría perdido allí arriba en una noche como ésa.

 Mis pensamientos se disiparon al instante cuando noté que alguien me tocaba el hombro. Me volví y vi que era el chico con el que había estado cenando. Creí recordar que se llamaba Roberto.

 —¿Qué haces aquí tan solo? —me preguntó.

 Volví a mirar las montañas, sintiéndome molesto de que aquel chico fuese tan entrometido.

 —Nada, simplemente miraba las montañas. Están tan cerca que casi pueden olerse.

 Él se sentó en el banco sin esperar a que yo le invitara a hacerlo.

 —La primera noche que pasé aquí yo también hice lo mismo. Supongo que echas de menos tu casa.

 Aquello me resultó ofensivo. No me gustaba que la gente intentase adivinar lo que sentía, estaba harto de que todos me compadecieran.

—Es distinto. Tú viniste para quedarte, yo sólo he venido para pasar unos días, así que yo lo veo como una diversión, no como una obligación. —No lo dije con un tono de voz especialmente seco, pero en el fondo sé que pretendía molestarle.

—Claro, pero de todas formas sientes morriña.

Yo arqueé las cejas y le miré extrañado. Era la primera vez que oía aquella palabra y no sabía qué significaba.

—¿Qué quieres decir con eso?

El chico sonrió al advertir que no había entendido lo que me había dicho.

—Es una expresión gallega. Quiere decir que sientes nostalgia por tu hogar.

Bajé la cabeza y me di por vencido. Luego dije:

—Tal vez tengas razón. A lo mejor es que lo pienso demasiado, debería divertirme, ¿no crees?

Roberto desvió la mirada y noté que intentaba evitar la respuesta.

Oí voces procedentes de la puerta y me volví hacia allí, pero debido al contraluz sólo pude ver la silueta de un adulto.

—La sala de juegos ya está lista. El que quiera ya puede subir. Para todos los demás, a las once y media deberéis entrar o dormiréis fuera.

Por la voz adiviné que era el padre Guzmán.

Vi cómo la entrada iba despejándose de chicos que acudían hacia los juegos de mesa y los futbolines. Rápidamente el patio quedó desierto y Roberto y yo seguíamos sentados en el banco.

—Creo que deberíamos subir con los demás, aquí fuera ya no queda nadie. —No sabía por qué pero estaba nervioso, mis palabras lo denotaban. Roberto se levantó y se dirigió hacia la parte más oscura del jardín.

—Ve tú si quieres, yo no voy. Prefiero estar fuera, estoy más seguro.

Estuve a punto de preguntarle qué le ocurría, pero le dejé que siguiera caminando unos metros. Yo me quedé quieto mirando la puerta y después a Roberto. No sabía lo que debía o quería hacer.

—Ven, te enseñaré mi lugar secreto.

Aquello me sonó un poco a película, como si todo el maldito mundo tuviese un sitio donde esconderse. Me imaginé el lugar lleno de fotos y recuerdos, con montones de tonterías.

—¿No nos meteremos en ningún lío?

Roberto siguió caminando y ya apenas le distinguía entre las sombras.

—¿Acaso no has oído lo que han dicho? Hasta las once y media tenemos tiempo de sobra.

Miré mi reloj y a duras penas pude ver que aún eran las diez y cuarto.

Moví los brazos en señal de enfado conmigo mismo por ser tan estúpido y eché a andar tras Roberto. Una vez que estuve a su altura, miré hacia atrás y al fondo vi la luz que desprendían los ventanales del colegio.

—No sé por qué te hago caso. Seguramente acabaré metido en un lío el primer día que estoy aquí.

Roberto sonrió y la poca luz del ambiente hizo que aquella mueca me pareciese terrorífica.

—Me haces caso porque soy el único amigo que tienes.

Estaba a punto de contestar que él no era mi amigo cuando me sujetó por el brazo y tiró con fuerza de mí hacia unos matorrales.

Aún no entiendo por qué, pero aquello me hizo sentir miedo, noté cómo se me encogía el estómago y me palpitaban las sienes. Algunas ramas de los matorrales me arañaron las piernas y los brazos, pero nada más atravesarlos nos adentramos en un pequeño círculo rodeado de matojos altos. El suelo estaba cubierto de césped y dentro la oscuridad era casi total.

—¿Qué mierda hacemos aquí?

Roberto se agachó y encendió un pequeño farol a pilas que había apoyado en un árbol.

—No te asustes. El peligro no está aquí, sino allí dentro. —Se sentó en el suelo y sacó un paquete de cigarrillos de entre los arbustos—. ¿Quieres uno?

Negué con la cabeza y dije:

—No fumo y tú tampoco deberías hacerlo. Si te pillan...

Me miró con expresión seria.

—No te preocupes, no me pillarán.

Noté cómo cambiaba la expresión de su cara al moverse para encender el cigarro. Se llevó la mano al costado y emitió un pequeño gruñido de dolor.

—¿Te pasa algo?

Me miró como si no supiese a qué me refería. Después reaccionó.

—Sólo es un golpe, seguramente causado por algún deporte.

Ricardo dio varias caladas y volvió a ofrecerme un cigarrillo. Yo retrocedí como si me estuviese apuntando con una pistola.

—¿Por qué te cuesta tanto comprender las cosas a la primera?

Al ver que yo no me sentaba, Ricardo se levantó del suelo y al hacerlo su camisa (el uniforme de los alumnos estaba compuesto por una camisa blanca de manga corta y unos pantalones de vestir negros), que a esas alturas de la noche ya llevaba por fuera del pantalón, se le quedó enganchada y dejó al descubierto un moratón de unos diez centímetros de diámetro. Al principio pensé que era una sombra, pero enseguida me acordé de cómo se había dolido al encender el cigarro.

—¿Te has fijado en cómo tienes eso?

Él se bajó la camisa rápidamente y se apartó un poco de mí.

—Ya se curará. No digas nada de esto. —Tiró el cigarrillo al suelo y se dirigió hacia el hueco de los matorrales por el que habíamos entrado. Yo le agarré del hombro. Sospechaba que se lo habría hecho en alguna pelea con los compañeros y que por eso siempre estaba solo.

—¿No quieres contarme quién lo ha hecho?

Al notar mi mano en su hombro, Roberto se volvió bruscamente y me empujó con tanta fuerza que caí de costado al suelo, justo donde él había estado sentado instantes antes.

—Si vuelves a tocarme, te mato. ¿Lo has entendido? Te mato.

Por un momento me quedé allí tirado. Apenas me dolía el golpe, pero estaba sorprendido por aquella reacción. Él me miró fijamente a los ojos y me tendió la mano para ayudarme a levantarme. Yo rechacé su ayuda.

—Es mejor que no sepas nada. Si sabes algo, corres peligro.

Aquel cambio de actitud me sorprendió más que el empujón. De pronto, ya no se mostraba agresivo, sino que parecía dispuesto a ayudarme.

—Como quieras, pero deberías contarles a los profesores quién te ha hecho esto.

Miró fugazmente al camino entre los matorrales y luego se volvió hacia mí... Tenía los ojos llenos de lágrimas.

—Son ellos los que me lo han hecho.

Por un momento me quedé bloqueado mentalmente, hasta que por fin reaccioné.

—¿Los profesores te han hecho ese moratón?

Roberto, más que sentarse, se dejó caer al suelo, las manos inertes y la cabeza baja, mirando al suelo.

—Lo siento, no deberías haber venido aquí conmigo. Si se enteran... —Se echó a lloriquear como un niño, mientras yo contemplaba absorto aquella escena.

—¿Qué pasará si se enteran? ¿De qué tienen que enterarse? Dime algo, comienzo a estar asustado. —De hecho, lo estaba desde que había visto su moratón.

—Me están destrozando... Ya no aguanto más. Quiero salir de aquí pronto... No soy el único. —Las palabras surgían de su boca entre sollozos. No era coherente. Noté cómo mi mente comenzaba a llenarse con tanta locura.

—¿Por qué te están destrozando? ¿A qué te refieres? Te maltratan. Es eso, ¿no?

Él me miró de nuevo a los ojos, y vi las lágrimas brillando a la luz del farol.

—Las palizas son lo de menos... No soporto que me toquen, que me... —No terminó la frase, se volvió bruscamente al oír un ruido al otro lado de los matorrales. Su rostro se llenó con una expresión de verdadero terror y abrió los ojos desorbitadamente—. ¿Lo has oído?

—Ha sido una simple rama, no pasa nada.

Ricardo se levantó de un salto y salió de entre los matorrales en busca de la causa del ruido. Yo salí tras él y vi cómo avanzaba hacia el colegio mientras miraba alrededor.

—No te acerques a mí. Déjame en paz, es lo mejor que puedes hacer. Entraré yo primero en el colegio y después entra tú —dijo casi a gritos, puesto que la distancia que nos separaba era cada vez mayor.

Apreté el paso para alcanzarle y pedirle una explicación, pero andaba demasiado deprisa. Vi que estaba subiendo las escaleras del colegio cuando de pronto el padre Guzmán lo sorprendió por detrás. Roberto se volvió y ni siquiera pestañeó. El padre Guzmán le dijo algo desde el pie de las escaleras y Roberto bajó lentamente mirando al suelo, como si volviese derrotado de una guerra. Yo estaba demasiado lejos para oír lo que le decía. Vi cómo le pasaba el brazo por el hombro y se lo llevaba hacia la puerta de la cocina. Permanecí inmóvil, pero fue inútil, ya que el padre Guzmán parecía saber que había otra persona por allí. Echó un vistazo alrededor hasta que por fin su mirada se cruzó con la mía. Se detuvo un momento y señaló la puerta principal.

—Entra adentro, algunos de tus amigos estarán preocupados por ti. Están en la sala de recreo. Yo voy a ver si puedo ayudar a Roberto con su problema.

Fui incapaz de moverme. No sabía qué pensar ni qué hacer. Por una parte sentía miedo, pero por otra creía que todo se debía al cansancio del viaje y el ajetreo del día (con la emoción, apenas había podido dormir la noche anterior). Así pues, me quedé esperando hasta que vi cómo desaparecían tras la puerta de la cocina. Después me apresuré a ir a la sala de recreo. Sentía lástima por Roberto, pero en el fondo me parecía que no era un chico muy normal, sino más bien un poco lunático, como había notado durante la cena. Lo único que quería en aquel momento era volver con mis compañeros del colegio y olvidarlo todo.

Cuando miré el reloj, eran las once y diez de la noche. Llevaba cinco minutos en la sala de juegos observando cómo Javier, uno de mis compañeros de colegio, machacaba en una partida de ajedrez a uno de los internos. Durante aquel tiempo no había parado de buscar con la mirada a Roberto, pero no había rastro de él. Noté un fuerte escozor en la pierna y vi que la tenía llena de arañazos, seguramente de los matorrales. Por fin se abrió la puerta de la sala y apareció Roberto. Avanzó mirando al suelo, sujetándose el costado donde tenía el moratón. Me miró de reojo y de inmediato se dirigió hacia el otro lado de la sala. Me sentí triste y confuso. No entendía qué le había molestado, pero de un modo u otro estaba resentido conmigo. Por unos segundos no supe si acercarme o no. Cuando por fin decidí olvidarme de Roberto y de aquella noche, el padre Mendiguez se acerco a mí y se situó justo delante de mi campo de visión.

—¿Nadie te ha hablado del vestuario? —Su tono de voz era severo pero un tanto amable.

—No. ¿Con respecto a qué?

Él señaló mis bermudas.

—Está prohibido entrar en la sala de recreo y la capilla en bañador. Tendrás que cambiarte ahora mismo.

Yo miré el reloj. Me parecía absurdo tener que

cambiarme de ropa cuando quedaba tan poco para ir a dormir.

—No es un bañador, son...

Él negó con la cabeza y señaló la puerta de la sala.

—Da igual, cámbiate. Respeta a tus compañeros.

—Me puse de pie. Los chicos que estaban conmigo me miraron unos segundos, luego volvieron a su partida—. Las maletas están en los vestuarios de la planta baja. Bajas por las escaleras del comedor y tuerces a mano izquierda.

—De acuerdo. —No supe qué más decir, así que me encaminé hacia la puerta.

Antes de salir reparé en que Roberto tenía la mirada fija en mí. Cuando vio que le miraba, gesticuló algo con la boca y luego meneó la cabeza. Yo no le entendí, se lo preguntaría cuando volviese de los vestuarios.

Nada más salir, la puerta se cerró tras de mí y, con ella, mi infancia... de eso estoy seguro.

No tardé en encontrar la sala. Tuve que hacer el mismo camino que a la hora de la cena, pero esta vez torciendo a la izquierda. La habitación era bastante más pequeña que el comedor, pero aun así era grande. Había varias banquetas de las utilizadas en las clases de educación física, armarios de madera de color claro y varias puertas, que supuse serían de vestuarios. En una sala contigua estaban las duchas, precedidas por una antesala que tenía más bancos y una mesa en medio. Me acerqué hasta donde estaba mi maleta y, cuando me disponía a cambiarme, entró el padre Guzmán. Me quedé quieto, mientras él se acercaba a mí y se sentaba en una de las banquetas.

—Veo que por fin has decidido cambiarte de ropa.

—Yo asentí con la cabeza—. ¿Qué te parece si hablamos tú y yo un momento?

—¿De qué? —Tenía la maleta en la mano y la sujetaba con fuerza.

—Me gustaría que me contaras lo que te ha dicho Roberto.

—Nada. Sólo me habló de su familia —contesté negando con la cabeza.

—Bueno, entonces ya te ha dicho algo —susurró mientras se levantaba y comenzaba a acercarse a mí.

—Sí, claro. Pero sólo era eso. —Sin saber por qué, mi voz sonó entrecortada y las piernas me temblaron.

Sin previo aviso, el padre Guzmán alzó rápidamente su mano y me golpeó la cara con la parte superior. La maleta cayó al suelo. En un acto reflejo me llevé las manos a la cara y me eché a llorar.

—No he hecho nada, de verdad. —Apenas podía hablar, puesto que el miedo y las lágrimas me lo impedían.

Él me empujó con mucha más fuerza de lo que lo había hecho Roberto y caí de culo en la sala contigua a las duchas.

—A mí no me engañas, mocoso. Vas a contarme la verdad o te mato.

Comencé a arrastrarme por el suelo intentando escapar de él, pero topé con las piernas del padre Mendiguez.

Éste me agarró por el pelo y me hizo ponerme de pie. El padre Guzmán me sujetó por los hombros y me empotró contra la pared. Sentí un gran dolor en la cara, a la altura de la ceja, y acto seguido vi cómo mi sangre teñía la pared de baldosas blancas. Caí de rodillas y sentí como si las piernas se me rompiesen. El padre Guzmán comenzó a desabrocharse los pantalones.

—De acuerdo, chico. Si no es por las buenas, será por las malas. —Los pantalones le quedaron recogidos a la altura de las rodillas. Después se bajó de golpe los calzoncillos y quedó desnudo de cintura para abajo...

La narración de los hechos que hace Ricardo, folio tras folio, es de pesadilla. Siguiendo el consejo de los amigos que lo han leído, ahorraré los detalles que descarnadamente van desgranándose, como si así pudiese liberar la mente y el alma de Ricardo de tanto horror, como si al suprimirlo estuviese limpiando toda la angustia, la suciedad y la soledad arrastradas desde entonces... Ricardo fue violado y siguió sufriendo todo tipo de humillaciones y abusos... Al día siguiente continuaron los golpes, las palizas y los abusos sexuales. Prácticamente no se libró un día de ellos. Cuando los compañeros le preguntaban por los moratones y las marcas en la cara, sólo se atrevía a decir que se había caído por las escaleras. Siempre estaba vigilado, lo despertaban por la noche cuando los demás dormían y volvía a ser sodomizado. No le dejaban jugar con el resto de los compañeros ni bañarse con ellos en la piscina, alegando que perjudicaba al equipo por su rebeldía y por no respetar las reglas. En los ratos que podían estar juntos, Roberto trataba de consolarle y se echaba a sí mismo la culpa por haber hablado con él el primer día. Le contó que sus casos no eran los únicos y le animaba a aguantar, pues faltaba poco tiempo para regresar a su casa.

En dos ocasiones Ricardo fue forzado y humillado por dos sacerdotes a la vez, siempre con la amenaza de que si decía algo a cualquiera de sus compañeros no saldría de allí... Apenas comía. Creía estar viviendo una pesadilla. Entre el dolor y la humillación, se decía que aquello no podía ser cierto.

—No puedo olvidarlo, por más que lo intento no puedo —le dije en una ocasión a Roberto, que intentaba animarme.

Él se acercó un poco más a mí e intentó consolarme poniendo la mano encima de mi hombro. Yo me separé instintivamente y Roberto apartó su mano como si supiese mi siguiente paso.

—No podrás olvidarlo, sólo tienes que aprender a vivir con ello.

Yo bajé la mirada y me di por vencido.

—No creo que sea posible. Si no se puede olvidar, es mejor no vivir.

Aquélla era mi rendición. Por algún motivo, sentía que había llegado mi final. Roberto se dirigió hacia la puerta y antes de salir me miró.

En otro momento de su testimonio, Ricardo cuenta que una mañana un sacerdote le acompañó hasta el despacho del padre Guzmán.

—Sé que has estado hablando de nuevo con Roberto... Voy a hacerte una advertencia. Si intentas escapar o le dices a alguien algo, te mataré antes de que salgas de aquí. Si por el contrario cuentas algo cuando ya no estés aquí, será peor para ti. La gente no te creerá, tendrás que ir a juicios, saldremos inocentes y tú tendrás que cambiar de colegio. Imagina la cara de tus vecinos, amigos, profesores, cuando sepan la verdad. O tu familia... Piensa en cómo les afectará esto a ellos.

Yo no podía pensar, tenía mucho miedo y quería que me soltara. Me dolía la cabeza, pues no paraba de pegarme y yo sólo sabía llorar y suplicarle que me dejara, que no contaría nada.

—En el fondo, tú te lo has buscado y sé que lo estabas deseando. —Al oír aquellas palabras, rompí a llorar sin control alguno, incapaz de entender lo que le hacía pensar que podía querer algo así—. Si no crees lo que te digo, pregunta a tu novio Roberto sobre Carlos...

Cuando salí del despacho, ni siquiera sabía hacia dónde iba ni lo que tenía que hacer. No sabía dónde estaban mis compañeros, ni si aún quedaba alguien en aquel maldito colegio. Sin apenas darme cuenta, llegó la hora de la comida. Los chicos, que no sabía de dónde habían salido, comenzaron a entrar en el edificio. Aquélla fue la primera vez que me pregunté cuántos de ellos sabrían lo que estaba pasando y cuántos aún tenían la suerte de ignorarlo. No podía quitarme de la cabeza el nombre de Carlos. No sabía a qué se refería el padre Guzmán, ni qué podía contarme Roberto acerca de aquello.

Me encaminé hacia el comedor. No soportaba la idea de volver a ver la cara del padre Guzmán, pero por otra parte, si no asistía, tal vez pensasen que había intentado escaparme. La puerta del comedor estaba colapsada de adolescentes hambrientos. Intenté colarme entre ellos sin rozar a ninguno. De pronto recordé mi herida en la ceja y la toqué con un acto reflejo. Cuando separé los dedos, los tenía ensangrentados, lo que hizo que me sintiese muy mal, tanto que estuve a punto de marearme. Vi a Roberto sentado a la mesa que yo solía ocupar y me acerqué con paso decidido, olvidándome de la herida.

—¿Te han pillado? —me preguntó, y yo asentí mientras me sentaba y comprobaba que el padre Guzmán no me quitaba ojo de encima desde su mesa.

—Sí, pero hay algo que tienes que contarme. —Me tapaba la boca con la mano y no miraba a Roberto, para disimular que estaba hablando con él.

—¿A qué te refieres?

Aquel día faltaba el chico que se sentaba a mi lado en la mesa, lo que me dio más seguridad para hablar.

—¿Quién es Carlos?

Roberto arqueó las cejas y mostró una expresión casi cómica.

—¿Carlos? ¿Qué Carlos?

Yo me encogí de hombros sin darme cuenta y me maldije a mí mismo por hacer gestos.

—No lo sé. El padre Guzmán dijo que te preguntase qué le pasó a Carlos. También me advirtió que no dijese nada al salir de aquí.

Roberto debió de recordar algo, porque cerró los ojos y apretó con fuerza los labios.

—Carlos no existe. Es el protagonista de una película. Ni siquiera lo recordaba.

Miré alrededor por si alguien estaba escuchando la conversación. Hablábamos en susurros, por lo que nadie podía oírnos, pero de todas formas prefería asegurarme.

—¿Es ficticio? ¿Qué significa todo esto? ¿Por qué me lo dijo entonces?

Roberto se acercó un poco más a mí y me miró a los ojos. Cualquier persona, por lejos que estuviese, notaría que estábamos hablando.

—No es ficticio del todo. Su personaje está basado en la vida real, pero es una película. Es la historia de un chico que sufre abusos y un día se decide a contar la verdad, pero entonces se producen tantos cambios en su vida que no lo soporta. Abogados haciendo preguntas, juicios en los que parece que él es el culpable, vecinos que les niegan la palabra a él y a su familia, etc. Al final de la peli el chico no aguanta la presión y se suicida.

Apenas fui consciente de que tenía la cuchara, con la sopa aún caliente, camino de la boca abierta en un gesto ridículo.

—Te la pusieron para asustarte, ¿verdad?

Roberto asintió con la cabeza.

—Es una forma de coaccionarnos. Nos la pusieron una noche a cuatro chicos y a mí. Tuvimos que tragarnos aquella tortura psicológica después de haber sufrido abusos por primera vez. Lo que hicieron con nosotros es inhumano.

Se me había pasado el hambre por completo.

—¿Qué pasó con los chicos que vieron la película contigo?

El padre Guzmán se había levantado de su sitio y caminaba entre las mesas vigilando que los chicos tomaran su comida. Estaba bastante lejos, pero presentía que nosotros seríamos uno de sus objetivos en su paseo.

—Dos de ellos abandonaron el colegio tres meses después, cuando acabó el curso, pero jamás debieron de contar nada. El otro sigue aquí, pero ya ni siquiera nos miramos cuando nos cruzamos por el pasillo. Quiere meterte miedo a ti también, porque sabe que dentro de unos días abandonarás esto.

—¿Qué se supone que debo hacer? —Volví a derrumbarme, y al notar las lágrimas rodar por mi cara, apoyé la cabeza contra la palma de mis manos para que nadie me viese llorar—. ¿Cómo debo actuar? Tengo mucho miedo y sólo quiero volver a casa. —Las palabras salían de mi boca como un suspiro, algo desesperado que escapaba de mi razón para convertirse en un triste grito de ayuda hacia alguien que estaba más hundido que yo.

—No te rindas o estarás perdido. Piensa en que muy pronto estarás en casa con tu familia y con tus amigos.

Al oír a Roberto, me eché a llorar con más fuerza. Jamás debería haber abandonado mi hogar, pero ya era demasiado tarde...

La humillación, la violencia, la sinrazón todavía no habían alcanzado la máxima depravación. Tres noches antes del día en que aquellos chicos debían regresar a sus casas, llevaron de nuevo a Ricardo a las duchas, donde se encontró con Roberto desnudo. Les obligaron a besarse, a practicar el acto sexual entre ellos y les hicieron fotografías... Después los violaron a los dos.

Al día siguiente, aprovechando una excursión a un túnel de ferrocarril abandonado de cinco kilómetros de longitud, donde los legionarios obligaban a los escolares a atravesarlo en grupos para probar su valor, Ricardo, incapaz de aguantar más, se rezagó del grupo en medio de la oscuridad y corrió hacia el lado opuesto para escapar. No le sirvió de nada. Al cabo de unos minutos, se dieron cuenta de que había abandonado el grupo y uno de los sacerdotes que les acompañaban, que había participado en algunas de sus terribles pesadillas, corrió tras él. Cuando le alcanzó, le violó, de pie, contra la pared del túnel. Después le ordenó vestirse y reunirse con sus compañeros, advirtiéndole que no les dijera nada de lo que había ocurrido, simplemente que se había caído.

—Cuando llegamos a la salida del túnel, los chicos ya estaban fuera. Se hallaban junto a una casa en ruinas que había por allí, preparando ansiosos el almuerzo. Me senté lo más alejado posible de cualquier grupo, ya que en aquellos momentos no podía estar con nadie. Poco a poco los chicos fueron repartiendo la comida que habían preparado. Uno de mis compañeros de colegio se acercó para preguntarme qué me había pasado, y tuve que contarles la mentira que el padre Méndez me había dicho. Aquella mentira justificaba los arañazos de la cara y las manchas de barro de mi ropa. No sé si alguno de ellos dudó de mis explicaciones o si alguno imaginó lo que pasaba, pero si así fue no le interesó preguntar. No les culpo por ello.

La excursión terminó al poco rato. Los chicos estaban agotados por la caminata y además había comenzado a lloviznar. El primer grupo se fue en la furgoneta y el segundo, en el que me encontraba yo, fuimos caminando unos kilómetros hasta que la furgoneta volviera a recogernos.

Llegamos al colegio justo a la hora de la cena. Convencí a uno de los chicos de mi grupo de que me acompañase a cambiarme de ropa. Sabía que si el padre Méndez se enteraba, no le gustaría nada, pero yo no podía volver a aquel vestuario solo, tenía demasiado miedo aunque supiese que no habría nadie. Una vez que me cambié en uno de los vestuarios para que el chico no viera ninguna de mis marcas, subimos al comedor. Nos sentamos y me di cuenta de que Roberto ya no estaba en la misma mesa que yo, lo habían puesto en una más cercana a la de los profesores. Tenía la mirada perdida y supuse e imaginé que no quería mirar hacia donde yo me encontraba.

Cuando terminó la cena, uno de los profesores fue repartiendo unas pastillas. Dijeron que eran para los posibles mareos provocados por la oscuridad y la luz de las linternas durante el tiempo que habíamos permanecido en el túnel, pero tengo que reconocer que yo me encontraba mejor antes de tomar aquella pastilla que después. Me invadió un profundo sueño, no creía ni que pudiera aguantar despierto el tiempo de recreo que nos daban después de la cena. Así que cuando subimos a la sala de juegos me senté en una de las sillas y esperé, luchando por no quedarme dormido allí mismo.

Cuando llegué a la cama, me sentí aliviado de poder dormir aquella noche. Tenía mucho sueño y últimamente no había dormido mucho, así que la perspectiva de dormir me animó. Recuerdo que aquélla fue la última noche que me dejaron dormir de un tirón.

Aún pude oír el llanto de algunos chicos en su cama, algún grito suelto en una habitación próxima a la que nos encontrábamos y, por un momento, soñé que estaba en mi casa, en mi cama, agarrando el brazo de mi hermana y pensando en lo hermoso que era volver a sentir mi hogar.

Sé que aquella noche, a eso de las doce, me prometí a mí mismo que volvería a mi casa, que lucharía con todas mis fuerzas por volver a estar con mi familia y que jamás me rendiría...

Me tapé la cabeza con la almohada para dejar de oír los tristes sollozos de aquellos chicos y lloré. Desde entonces no he oído llantos como aquéllos. Son lágrimas que salen solas y que te queman por dentro...

Durante el camino de regreso a nuestra ciudad nos dieron los premios que habíamos ganado. Tuve que hacer el trayecto sentado junto a uno de mis violadores, que se encargó de recordarme la humillación que sufriría si contaba algo, me convenció de que la gente no me creería y que en el fondo ellos eran inmunes, nadie podía tocarlos. Un tormento que duró cerca de seis horas de viaje, haciendo que me sintiese culpable por el mero hecho de haber sido violado. La mente de un niño asustado es muy fácil de manipular.

A mitad de trayecto paramos a comer. Lo hicimos en un área de descanso donde había columpios para niños. En aquel lugar me dije que yo no había sido el único. Un chico se me acercó, era uno de los que habían ido de otro colegio, me miró fijamente a los ojos y me dijo algo que se me quedó grabado de por vida.

—Tú no has tenido la culpa. No estás solo en esto. —Después se separó de mí y se alejó con su grupo. Yo fingí ir al lavabo y lloré amargamente.

Cuando por fin vi mi ciudad, sentí verdadero alivio. Por un momento me pareció más grande, más hermosa que cuando la dejé. Pero también algo dentro de mí se rompió, ahora debía enfrentarme a la verdad y, en el fondo, me daba tanto miedo como volver a aquel infernal colegio.

Cuando el autobús se detuvo y vi a mi familia, decidí que jamás lo contaría. Fueron sus caras, verles sonreír cuando me vieron al otro lado de la ventanilla, sentir sus abrazos y sus besos, escucharles decir cuánto me habían echado de menos. No podía castigarles contándoles la verdad, ellos eran felices así, viéndome de nuevo a su lado, y yo me sentía protegido de nuevo, lejos de aquellos hombres. Subí al coche y nos alejamos. Escuché las risas de mi familia por volverme a tener a su lado, percibí su ansia porque les contase cómo lo había pasado. Entonces miré atrás y vi a aquellos hombres al pie del autobús, hablando con los padres, sólo uno de ellos miraba mi coche y sonreía con malicia. En el fondo él había ganado y lo sabía.

En mi caso, y supongo que también en el de los demás, lo peor llega poco a poco. El consuelo de estar de nuevo en casa dura unas pocas horas, después vuelves a estar asustado y alerta. El primer año después de aquello fue el más horrible de mi vida, sin contar los días que estuve allí. Pasé todo el año nervioso, aterrorizado y sufriendo pesadillas. Me duchaba a escondidas para que nadie viese mis marcas, que día a día iban desapareciendo. A veces, durante los primeros días, tenía que lavar mi ropa interior para ocultar la sangre. Me entró un miedo atroz a dormir y no conseguía pegar ojo pensando que alguien iba a ir a despertarme para repetirse todo. Acudí al psicólogo a causa del insomnio. Me recluí en mí mismo, perdí a todos mis amigos y comencé a mostrarme arisco con la gente. La mentira se hacía cada día más grande y me costaba ocultar lo que realmente sentía. Descuidé del todo mis estudios, ya no me interesaban, pues lo único que quería era estar sólo y sentirme vacío.

Con el paso de los años la cosa fue empeorando. En mi adolescencia hacía cualquier cosa por llamar la atención. Cuando salía con los compañeros, lo único que me importaba era que si me emborrachaba nadie estuviese delante para que no descubriera lo que pasaba. Me creé una máscara, reprimí mis sentimientos al máximo y, una tras otra, mis relaciones fueron cayendo en picado.

Pero a partir de cierto momento ya no puedes más. Habían destrozado mi vida y a saber la de cuántas otras personas. Un día estallé. La primera persona en saber toda la verdad fue mi hermana. Ella había notado algo raro en mí y me hizo alguna pregunta, nunca relacionada con el tema, puesto que no se lo imaginaba. Pero algo en mi interior me hizo sincerarme. Se lo conté todo, las palizas, las violaciones y cómo me había sentido en aquellos momentos. Siempre recordaré su cara, desencajada por el dolor. Poco a poco fui confiando en más personas, pocas, pero que me ayudaron mucho a saber lo que sentía y a desahogarme.

Si ahora mismo tuviese que explicarle a alguien cómo me sentía no sabría qué decirle. Sé que cuando te pasa sólo tienes miedo, sientes el dolor físico y te preguntas si vivirás para pensar en ello. Luego te sientes humillado, como si tu libertad hubiese sido destrozada, como si nada de tu intimidad estuviese allí. Piensas que jamás podrás descubrir el sexo con amor, que jamás podrás disfrutar de las relaciones sexuales, que nunca estarás con esa persona especial ni sentirás que, poco a poco, te entregas a ella. Te sientes como un juguete, como una marioneta que alguien utiliza a su antojo.

El miedo fue lo que hizo que yo nunca contase lo que me ocurrió allí dentro. Un miedo que alguien me inculcó y que me hizo sentir culpable. Miedo a la gente con la que tienes que convivir, vecinos, compañeros de clase, amigos, etc. Pensar que la gente va a mirarte mal, imaginarte sentado en un estrado explicando a las personas que están allí cómo alguien te destrozó la vida simplemente porque sí, ser siempre el chico violado, la víctima... Ésos son los motivos que hacen que muchas personas no hablen, no cuenten la verdad. Después comprendes que en realidad son los miedos que los violadores te han inculcado para esconderse detrás de ellos, que nada es como habías pensado, que la gente que te quiere siempre está ahí apoyándote. Pero para llegar a esa deducción, antes hay que pasar por un calvario de miedo y dolor.

Han pasado trece años desde entonces y hoy en día todavía arrastro secuelas. Sé que mi personalidad fue labrada en aquella semana y que el presente que vivo y el futuro que me espera siempre será consecuencia de aquellos largos días de sufrimiento.

Las pesadillas aún persisten a diario, en algunas incluso aparece gente que ni siquiera conocía en el tiempo que pasé allí. Mis relaciones son fracasos estrepitosos. Siempre desconfío de las personas que no conozco y, a veces, aflora ese demonio que dormita en mi interior y que lleva lo peor de muchos años de sufrimiento. Me cuesta estar en sitios llenos de gente y siento que todo el mundo me mira como si llevase escrito un cartel en la frente. Sufro depresiones frecuentes y suelo dormir lo justo para resistir un día más. Lo peor de todo es que hubo un tiempo en que pensé que el futuro no existiría para mí y jamás hago planes adelantados, intento vivir cada día como si fuese el último de mi vida.

Algunos días, cuando estoy realmente deprimido, me da por pensar en los innumerables chicos que tuvieron que pasar por aquello después de mí, en que mi silencio no ayudó a nadie y en que algunos de ellos seguramente no soportarían aquella carga que alguien les hizo vivir. A todos ellos les pido perdón y espero que algún día no me culpen por no denunciarlo, igual que yo hace mucho tiempo que no culpo a Roberto de lo que me pasó.

El dramático testimonio de Aaron:
a quien pueda interesar

Así, con este enunciado, inicia Aaron su testimonio sobre los abusos sexuales de los que fue objeto en el noviciado de los legionarios en Dublín (Irlanda), en una carta fechada el 26 de marzo de 2004, facilitada al autor por el propio denunciante. La carta originalmente fue escrita en inglés para darla a conocer públicamente en la web y para acompañar la denuncia que presentó ante la policía de Dublín. La traducción es del propio denunciante, ya que conoce el castellano porque todos los legionarios están obligados a estudiarlo y hablarlo:

A quien pueda interesar:
Mi nombre es Aaron L., nací el 13 de abril de 1977, en Coleraine, Irlanda del Norte, diócesis de Down y Connor.
Encontré por primera vez a un director vocacional de la Legión de Cristo en septiembre de 1990. Tenía trece años. Visité el noviciado muchas veces, incluida una estancia de seis semanas en el noventa y dos antes de recibir la sotana, el 15 de septiembre de 1993, de prometer vivir en castidad, pobreza y obediencia, de acuerdo a las Constituciones de la Legión

de Cristo y las tradicionales promesas legionarias de no criticar ni aspirar a cargos de autoridad dentro de la congregación, y de esta manera entré en el noviciado de la Legión de Cristo, en Leopardstown, R.D. Dublín 18, a la edad de dieciséis años.

El instructor de novicios era el padre James McKenna. Él me fue asignado como director espiritual y confesor. En septiembre siguiente, 1994, fue reemplazado por el diácono padre Eoghan Devlin, L.C. Con algunos otros novicios, fui a su ordenación en Ciudad de México en noviembre de ese mismo año. Él también fue designado como mi confesor y director espiritual.

Bajo la apariencia de prepararme para la profesión de los votos religiosos y los votos privados de la Legión de Cristo, que yo quería tomar al final de mi segundo año de noviciado, frecuentemente me preguntaba en la dirección espiritual cuestiones personales de naturaleza sexual.

Me preguntó sobre cualquier «experiencia» sexual que hubiese tenido como niño. Me preguntó sobre mis hermanas y hermanos, mi familia y mis amigos, inquiriendo si había visto a alguno de ellos desnudo. Me preguntó sobre cualquier «juego sexual» que hubiese podido practicar de niño. También me preguntó si tenía fantasías sexuales y en qué consistían. Él quería saber hasta qué nivel estaba sexualmente «enterado».

Su obligación era descubrir, dado que me había propuesto como candidato idóneo para la vida religiosa, y yo contesté a sus preguntas lo más abierta y honestamente posible, aunque las encontré entrometidas e incómodas. Por otro lado, no tenía nada que ocultar.

Le dije, a pesar de todo, que pensaba que me atraían los hombres. Me comentó que la homosexualidad no existe, que no me preocupase por eso porque al estar en un entorno totalmente masculino me sentía atraído por las cualidades más femeninas de los otros hombres debido a la falta de mujeres que me atrajesen. Aseguró que cuando estuviese en el apostolado y en «el mundo» eso no duraría.

No estaba de acuerdo ni en desacuerdo con él, pero decidí que en cualquier caso la castidad era lo mismo para todo aquel que desease ofrecérsela a Dios. También calmé mi conciencia repitiéndome que no me sentía atraído por nadie en particular, hombre o mujer, y no encontré ningún obstáculo real para vivir la castidad. De hecho, veía la castidad como un maravilloso regalo a Dios y como expresión de intimidad con Él.

El padre Eoghan me dijo en dirección espiritual que yo tenía «afectos desordenados» hacia otro novicio. No supe exactamente qué quería decir con eso. Me resultaba confuso. Me preguntó si en los tiempos para la conversación yo buscaba al otro hermano para charlar con él más que con otros. Me preguntó si buscaba su compañía y la prefería. Dijo que yo tenía «pasión» por él y me animó a confesarle ese pecado contra la castidad cada vez que se manifestase.

La amistad individual o particular no está permitida en la Legión. Ese novicio en particular, hacia el que aparentemente yo sentía una pasión, era un hombre amistoso e inteligente. Encontré que era una buena compañía y describiría mis sentimientos hacia él como de amistad y aprecio (me caía bien). Nunca tuve ningún pensamiento sexual, deseos o impulsos hacia él.

No obstante, me encontré a mí mismo examinando continuamente mi conciencia y pureza de intenciones cada vez que hablaba con él. Mantuve el mínimo contacto con él, temiendo «pecar» si reía con sus chistes. ¿Reían los demás? ¿Lo haría sólo yo? ¿Sería mi afecto desordenado? Encontraba muy duro calificar este «pecado» contra la pureza y confesar cualquier cosa que pensase que pudiese ser «inapropiada» a la «Universalidad Legionaria». Constantemente reflexionaba sobre mi pureza de intenciones con los otros novicios, con mi familia y con mis superiores, intentando evitar cualquier afecto desordenado.

Una noche, el padre Eoghan entró en mi dormitorio después de las oraciones. Yo estaba en la cama, pero aún no dormía. Me preguntó si estaba bien. Le contesté que sí. Me preguntó si llevaba ropa interior debajo del pijama. Le dije que llevaba calzoncillos. Me dijo que no era normal que alguien llevase ropa interior en la cama, aparte del pijama. Me dio instrucciones para que no lo hiciese en el futuro.

El padre Eoghan y yo pasamos muchas horas cada semana hablando sobre la castidad, y recompensaba mis esfuerzos por la pureza. Guardo correspondencia escrita con él casi a diario, informándole sobre mis progresos del día. A menudo me daba tareas especiales para hacer, para «tener mi mente ocupada», frecuentemente le acompañaba si él tenía que salir del noviciado. Me hizo su secretario y también me nombró enfermero. Me puso a cargo de un gran proyecto, el rediseño de los jardines del noviciado.

Un día de primavera, en 1993, él estaba enfermo en la cama. El asistente del instructor de novicios, el hermano Patrick Conlon, L.C., me preguntó si podía ayudarle a llevar el almuerzo al padre Eoghan. Lo hice y el padre Eoghan me lo agradeció. (No estoy exactamente seguro de cuándo fue. Creo que a principios del mes de mayo, dado que pasamos ese mes trabajando en los jardines y el tiempo parecía bueno. En ese caso yo acabaría de cumplir justo los dieciocho. Sé que era definitivamente antes de junio. De hecho, pudo ser antes de mi cumpleaños, puesto que también tuvimos algunos días de trabajo en marzo y abril.)

En las Constituciones de la Legión de Cristo un legionario no puede entrar en el dormitorio de otro legionario sin estar acompañado por una tercera persona. Por eso el hermano Patrick y yo llevamos juntos el almuerzo al padre Eoghan.

Esa noche, cuando todos estábamos dormidos, el padre Eoghan vino a mi dormitorio en pijama y me despertó. En el noviciado no nos estaba permitido cerrar las puertas de nuestros dormitorios excepto cuando nos cambiábamos.

Me pidió que fuese con él. Parecía tener tanta urgencia que ni siquiera pude ponerme la bata y tuve que correr para alcanzarlo cuando iba a su dormitorio. Como es costumbre en la Legión, todos guardamos silencio absoluto después de las oraciones de la noche hasta después de la misa de la mañana del día siguiente. El silencio significa no sólo que no se permite hablar, sino también intentar hacer el menor ruido posible (cerrar las puertas muy despacio, etc.)

El padre Eoghan estaba acostado en su cama y dijo que tenía fuertes calambres en el estómago. Se desabrochó la parte superior del pijama y me dijo que me arrodillase. Vertió aceite sobre su estómago y me pidió que lo masajeara. Nunca había hecho nada parecido antes y él tomó mis manos y me enseñó a hacerlo. Me pidió que presionase hacia abajo, masajeando en sentido circular. Él empezó a jadear. No tardó en desabrocharse la parte inferior del pijama y vertió más aceite. Me pidió que «lo hiciese más profundo». Pensé que quería decir más fuerte, pero quería decir más abajo. Tenía el pene erecto y yo estaba desconcertado. Empecé a masajear entre su ombligo y la región púbica. Él tomó mis manos y las puso en su entrepierna. Yo lo masajeé allí. Me pidió que lo hiciese más vigorosamente. Yo estaba un poco escandalizado, pero realmente no sabía qué estaba ocurriendo. Recuerdo mis manos en su vello púbico, húmedas por la crema de masaje. Cerré los ojos y recé. Su pene seguía erecto y descubierto todo el tiempo. Estaba húmedo y lubricado.

Recuerdo con claridad los pensamientos que tuve:

1. ¿Por qué estábamos solos? ¿Dónde estaba la tercera persona que las Constituciones requerían? Me respondí a mí mismo que sería demasiado embarazoso para cualquier otro ser testigo. Uno (yo) era suficiente.

2. ¿Por qué no era su superior (el rector, el padre Eugene Gormley, L.C.) quien lo ayudase entonces? O incluso su asistente, el hermano Patrick Conlon. En caso de necesidad en la Legión, pedíamos a nuestros superiores ayuda o permiso, no a nuestros iguales o subordinados.

3. ¿Qué horrible enfermedad era ésa para un sacerdote? Pensé que sus calambres eran una aflicción terrible, y él justo acababa de ser ordenado. También apareció en mi mente la idea de que él quería que lo

masturbase, porque él era un sacerdote y yo no, y él no podía controlar su enfermedad. Por consiguiente, si lo hacía, si yo lo llevaba a liberarse, el pecado sería mío, no suyo. El menor de dos males, como tal. Sin embargo, yo sabía que no podía pecar así y no lo hice, aunque esperé que me lo pidiese.

Él continuó pidiéndome que lo masajease más fuerte y profundamente. Al hacerlo, varias veces toqué accidentalmente su pene erecto, que se movía vigorosamente, correspondiendo al movimiento de mis manos. Yo mantenía la cabeza baja y los ojos cerrados.

Entonces él me pidió que me lavase las manos y que le diese una toalla. Fui al lavabo y, cuando volví, él estaba secándose con un pañuelo. Me pidió disculpas por las «incómodas circunstancias» de su enfermedad. Él a menudo se sentía enfermo de esa manera, dijo. Me preguntó si había notado que él tenía una erección cuando le llevé el almuerzo más temprano. Negué con la cabeza. Me envió a mi dormitorio y dijo que durmiera para recuperar el sueño perdido.

Fui al oratorio y recé a Dios para que lo curase de su enfermedad, y le ofrecí un sacrificio para que le ayudase durante la noche.

Yo estaba muy desconcertado por lo sucedido, pero nunca dudé de que el padre estaba enfermo. Pensé que puesto que habíamos hablado de temas sexuales en la dirección espiritual él confiaba en mí, confiaba en que no me escandalizaría o le juzgaría erróneamente en su desafortunada condición. ¿A qué otro podría haber recurrido?, me pregunté.

Durante el incidente no hablé. No quería romper el silencio absoluto.

En la Legión de Cristo estamos para obedecer a los superiores incluso en sus caprichos, no solamente en sus órdenes. En la Legión de Cristo nos explican que si un superior quiere una taza de té, incluso si sólo lo menciona como si fuese un pensamiento en voz alta, debería tener el «Espíritu Legionario» de ir, prepararle uno y llevárselo.

En la Legión de Cristo nosotros hacemos el voto de nunca criticar las acciones, los hechos o la persona de un superior y dar parte de cualquiera que lo haga. Si en algún momento debe hacerse una crítica, ésta debe plantearse de manera formal al superior del superior y en el espíritu de la caridad.

Yo había prometido esta obediencia, no criticaría al comienzo de mi noviciado y estaba en un período de discernimiento para aceptar los votos religiosos.

Al día siguiente vi al padre Eoghan y al padre Eugene hablando y paseando lentamente arriba y abajo en el corredor del noviciado, como era habitual durante la dirección espiritual. Pensé que el padre Eoghan estaba informando al rector sobre lo que había ocurrido.

Después de eso, el padre Eoghan tuvo menos tiempo para mí. Me dijo que no debería depender tanto de él, ya que yo iba a ir al juniorado de Salamanca, España, y allí había una comunidad mucho mayor, donde mis superiores no tendrían el mismo tiempo para mí.

Noté un cambio hacia mí. Parecía más indiferente, como si se hubiera cansado de mí. Al final del verano profesé los votos religiosos de acuerdo a las Constituciones de la Legión de Cristo y los votos privados de la Legión.

Recuerdo que deseaba leer las Constituciones en

su totalidad después de esto, puesto que sólo los profesos religiosos y los sacerdotes legionarios podían leerlas, ya que como novicios teníamos una versión censurada.

Fui destinado para estudiar humanidades en el Centro de Humanidades y Ciencias de la Legión de Cristo, avenida de la Merced, Salamanca.

Después de un año y medio aquí, mi rector, confesor y director espiritual, el padre Jesús María Delgado, L.C., me dijo que no me veía como sacerdote y me animó a dejarlo y «casarme». No estuve de acuerdo con él, y nunca supe el motivo por el que quería que lo dejase. Su única razón fue que yo no era idóneo y que me faltaba la «materia prima». Cuando acabó el período de humanidades, no quiso dejarme empezar filosofía en Roma, pero dijo que yo tenía una «misión especial». Esperé dos meses para saber a qué se refería, y entonces me pidieron que acompañase a un sacerdote en la gira de reclutamiento vocacional en el norte de España. Acompañé al padre Luis Ignacio Núñez, L.C., a través de varias ciudades españolas en busca de vocaciones para la Legión, para el movimiento apostólico Regnum Christi y donaciones para la congregación, y también se trataba de intentar abrir un colegio legionario en Bilbao.

Durante un año y medio después de que el padre Jesús me informase de su convencimiento de mi falta de vocación, recé y trabajé duro, intentando encontrar la Voluntad de Dios. Nunca dudé en mi corazón y en el cumplimiento de mis compromisos religiosos que Dios me había llamado, no sólo para el sacerdocio, sino para la Legión de Cristo, y que como asunto de conciencia yo debía y quería obedecer la llamada de Dios.

A la larga, y bajo mucha presión, tomé como una señal de Dios manifestada a través de mis superiores que yo no tenía vocación ni para el sacerdocio ni para la Legión de Cristo. También recibí una carta del Director General y fundador de la congregación, el padre Marcial Maciel, L.C., al que llamábamos «Nuestro Padre», en la que decía que debía salir y regresar a casa en paz, sin problemas de conciencia. Que él me aseguraba que la Voluntad de Dios no era para mí ser sacerdote. Como un acto de fe dejé la Legión, a pesar de que yo realmente no lo quería y seguía escuchando la llamada de Dios.

Desde el momento que decidí salir y en el momento en que me dieron un billete de avión, no fui considerado más como un legionario, un miembro de la comunidad. No se me permitió decirle a nadie, excepto a mis padres, que me iba.

Hasta este día, todavía tengo que luchar con mi conciencia sobre esto. En la Legión se nos dice continuamente que somos llamados para toda la Eternidad, escogidos con sumo cuidado por Dios para cofundar la Legión de Cristo, y que si no tenemos fe en la llamada de Dios, Él nos escupirá de su boca y encontraremos la condenación.

Cuando la gente deja la Legión de Cristo, ya sea por propia elección o por ser «invitado» por un superior, lo hacen en secreto. Ellos simplemente desaparecen durante la noche.

Está prohibido hablar sobre cualquiera que ya no esté presente durante más tiempo en la comunidad. Si los superiores son preguntados confidencialmente, a menudo mienten y dicen que ese hermano ha sido enviado a una misión especial a México o a otro país.

Me entregaron una maleta, me advirtieron que dejase todas mis notas y que sólo me llevase mis ropas y mis cosas personales. Sería mejor, decían, a lo largo del camino no tener demasiados recuerdos. Me dieron mi pasaporte, un billete de avión de Madrid a Belfast y 50 dólares para gastos. Me dijeron que si no necesitaba ese dinero para emergencias durante el viaje, debería enviarlo de vuelta a Salamanca.

Volví a casa con mis padres el 20 de agosto de 1998. Les dije que había estado viviendo los votos religiosos los tres años anteriores, y que con la renovación de votos aproximándose había reflexionado y concluido que no quería seguir viviendo de esa manera. Era mentira. No podía hacerme a la idea de decirles que la Legión me había rechazado, que yo no era material adecuado para el sacerdocio.

También estaba confundido porque yo había tomado los votos por tres años el 15 de septiembre de 1995. Por consiguiente, yo era aún un religioso consagrado hasta el 15 de septiembre de 1998, pero en cambio había dejado la Legión. No sabía cómo vivir mis votos en casa durante ese período, me preguntaba si tenía que informar al obispo o al sacerdote de mi parroquia. Mis padres me dieron dinero para comprarme algo de ropa, pero tampoco sabía si aceptarlo o no, puesto que yo estaba aún obligado a la pobreza.

Era muy duro para mí ajustarme otra vez a la vida normal, pero intenté hacerlo lo mejor que pude y pedí la ayuda de Dios para encontrar su Voluntad fuera de la vida religiosa.

Fui a la universidad, pero gradualmente me deterioré y tuve que dejarlo. Al principio de mi segundo año empecé a sentirme enfermo. Sentía náuseas y me encontraba cansado, estaba a menudo confuso y olvidadizo. Mi memoria a corto plazo se volvió pobre e incluso me encontraba perdido a veces, sin saber dónde estaba. Tenía problemas para saber qué época del año era, y estaba a menudo desorientado. Esto, por supuesto, afectó a mi vida universitaria. No sabía qué estaba mal, pero fui a un asesor psicológico en la universidad, donde admití que tenía una depresión. Recuerdo que en mi primera sesión no sabía por qué estaba allí o de qué podría hablar. Me sorprendí porque pasé casi todo el tiempo hablando sobre mis experiencias en el seminario. No tenía idea de que aún era tan dependiente de la Legión de Cristo. Toda mi psique, mi sistema emocional, mi balance psicológico dependían del sistema de vida dentro de la Legión y, por mucho que yo quisiera, no podía funcionar fuera del mismo. Todo se convertía en un desafío para mí. Es difícil describirlo, no quiero decir que quisiera vivir como un legionario, que me levantase temprano por la mañana y tuviese horas de meditación antes de la misa, pero tenía una dependencia inconsciente de la Legión. Era algo sagrado para mí.

De alguna manera, era como un león que ha sido criado en cautividad en una jaula. Después de haber sido «rescatado» y devuelto a la libertad, a mi hábitat natural, sólo me es posible pasear arriba y abajo recorriendo la longitud de mi jaula, aun cuando los barrotes hayan sido quitados.

Desde entonces he estado acudiendo a un asesor psicológico que me ha ayudado mucho, pero ha llevado y llevará años volver a aprender los elementos necesarios y más básicos de una vida en una «sociedad normal».

Poco después de empezar el asesoramiento psicológico, en noviembre de 2000, encontré un artículo en Internet informando de alegaciones de abuso sexual contra el fundador, Marcial Maciel, L.C. No lo creí y me disgusté. Pero cuando leí los detalles de las acusaciones, los recuerdos de lo que el padre Eoghan Devlin me había pedido que hiciese cuando él estaba enfermo en el noviciado volvieron a mí y me di cuenta por primera vez de la verdad de lo que había sucedido: de hecho, él había abusado sexualmente de mí. La similitud de lo que algunos de los primeros legionarios decían que Maciel les había obligado a hacer y lo que el padre Eoghan me pidió que hiciera era sorprendente. No podía creerlo. Imprimí el artículo y escribí mi propia experiencia. Enseñé ambos escritos a mi padre y a mi psicólogo. No podía expresar con palabras qué había pasado, no podía hablar sobre eso, pero necesitaba una confirmación, necesitaba que esas personas me creyeran, o quizá que dijesen lo que yo no quería creer.

Desde entonces fui reacio a afirmar realmente que sufrí abusos, me persuadía a mí mismo de que el padre Eoghan estaba realmente enfermo o de que era culpa mía. Pero no puedo seguir negándome la verdad de lo que hizo. Él me preparó y abusó de mí para su propia gratificación sexual. Mi negativa sólo servía para enmascarar mi dolor al aceptar la verdad, nunca negué los hechos ni fui poco claro sobre ellos.

Recuerdo que cuando fui humanista en Salamanca todas las comunidades de la casa fueron llamadas a una reunión especial en el auditorio. El rector, el padre Jesús María Delgado, L.C., nos dijo que un periódico de Estados Unidos había publicado unas sorprendentes y falsas acusaciones contra «Nuestro Padre» (Marcial Maciel, el fundador de la congregación). No recibimos más detalles de esta acusación.

Nos informaron de que nuestra correspondencia personal sería doblemente examinada (todo el correo entrante y saliente es habitualmente revisado por los superiores en la Legión) por cualquier cosa que pudiese contener detalles de ese artículo periodístico, pero teníamos que ser cuidadosos y si encontrábamos cualquier referencia en nuestro correo o en cualquier sitio sobre la acusación, debíamos abstenernos inmediatamente de leerlo y entregárselo a nuestro superior.

También teníamos prohibido hablar sobre la acusación.

Me di cuenta de que el artículo periodístico que se mantuvo oculto era el mismo que leí en Internet, activando la memoria de mi propio abuso. Estaba furioso con que la Legión me hubiese denegado el acceso a esto (podría haberlo sabido antes, podría haber actuado mientras aún estaba en la Legión). Quizás otros también habían sufrido abusos como yo y, al no saberlo, les negaban la oportunidad de encontrar la verdad.

En abril de 2001 visité a monseñor Colm McCaughon de la diócesis de Down y Connor y le conté lo que me había sucedido. Estaba demasiado escandalizado y preocupado como para decir algo. Le agradecí su ejemplo de sacerdocio para mí. Él me aconsejó sobre lo que podría hacer, dado que yo estaba preocupado por si el padre Eoghan seguía abusando de su autoridad para su satisfacción personal. Además, sentía que por lo menos él me daría una oportunidad de ayuda.

Escribió en mi nombre al vicario general de la Legión de Cristo, Luis Garza. Le dije a monseñor McCaughon que en la Legión había mucho secretismo y protección de sus miembros y de su imagen, que dudaba que ningún superior en la Legión me creyese por encima de otro legionario. Yo temía que enviar esa carta fuese sólo una empresa descabellada. Me dijo que él no lo creía y que ése era el procedimiento de la Iglesia. Me convenció de que al menos podríamos intentarlo y ver qué pasaba. Le mencioné que yo podría estar interesado en hablar con el padre Eoghan en persona, para «aclarar las cosas». También le advertí que de ninguna manera quería causar escándalo o perjuicio a la Iglesia.

Luis Garza contestó, y sus palabras me parecieron muy dolorosas. Estaba satisfecho porque no había problema con el padre Eoghan, que él había asegurado que no sabía de dónde había sacado yo semejante historia. Me ofreció hablar con el padre Eoghan, pero sólo en presencia de testigos. Me sentí intimidado y, todavía sumido en un período de negaciones y confusiones, lo dejé correr. De alguna forma encontré cierta paz, porque le había hecho saber al padre Eoghan que el poder de su fraude había terminado.

Decidí no pensar más en esto y eventualmente mi depresión disminuyó, o quizá yo aprendí a aceptarla y a vivir con sus manifestaciones. Intenté otra vez volver a la universidad, pero una vez más me resultó difícil integrarme en ese otro «sistema». La depresión no tardó en volver, y abandoné después de tres meses. Continué con mi asesoramiento psicológico.

Pero no puedo olvidar ni ocultar esta parte de mi pasado durante más tiempo. A menudo me preocupa que el padre Eoghan siga abusando de niños o de otros bajo su autoridad. He sabido que es superior de una comunidad legionaria en Colombia, así como director de un colegio legionario.

Siento que es mi deber moral informar una vez más a la Iglesia y a las autoridades civiles apropiadas de lo que el padre Eoghan me hizo. De esta forma espero encontrar justicia para prevenir males posteriores y ayudar a otras víctimas a curarse.

He solicitado a una autoridad externa iniciar una investigación formal y exhaustiva. No creo en ninguna investigación interna de la Legión de Cristo, y tampoco estaría satisfecho con ella.

Solicito que el padre Eoghan sea apartado de su ministerio hasta que se haga una investigación completa y satisfactoria, además de necesaria, dado que en la actualidad él dirige un colegio de primaria y secundaria en Medellín, Colombia, y también es el director nacional del Movimiento Católico para la Juventud del Regnum Christi en Colombia, así como el superior de la Comunidad de Religiosos de la Legión de Cristo en Medellín.

Confío en que durante esta investigación cualquiera del que él haya sido superior en cualquier período de su formación legionaria, no sólo como sacerdote, no sólo como instructor de Novicios en Dublín, sea preguntado sobre sus impropiedades sexuales en su formación.

Quiero advertir que yo no supe de su abuso durante años debido a su engaño, ya que el uso de su posición de autoridad era muy efectivo. Puede haber otros legionarios que aún vivan ignorantes de su abuso.

Como resultado de esta investigación, solicito que

el padre Eoghan Devlin sea apartado permanentemente de posiciones de autoridad en la Legión de Cristo y de su ministerio con niños y jóvenes. Debe cuestionarse su idoneidad para el sacerdocio y las exigencias que éste conlleva.

Le invito a enfrentarse con su propia conducta y con cualquier tipo de problemas con la sexualidad que pueda tener.

Estoy atemorizado. Temo por las cosas que la Legión dirá sobre mí. Por ejemplo, que estoy amargado porque he tenido que salir, que no estoy bien, que mi prolongada depresión es una evidencia de desorden mental y por supuesto de mi forma de contar grandes pero falsos cuentos, y cosas así. Algunos me han dicho que preguntaron por qué había salido de la Legión y fueron informados de que «Aaron no estaba bien de la cabeza». Esto sólo se añade a mi dolor.

También temo que esto pueda ser aún más doloroso para mí. Pero, como mi experiencia legionaria me ha enseñado, la verdad puede doler, pero las mentiras duelen mucho más. Quizá la verdad me lleve a la libertad.

He necesitado mucho valor y mucho tiempo para llegar a algo así. Me siento demasiado perdido e indefenso. ¿Me creerán? ¿Qué bien hará todo esto?

Espero que usted pueda ser capaz de ayudarme a encontrar justicia y sanación.

De momento, al cierre de la edición de este libro, las denuncias de Aaron ante la autoridad eclesiástica, ante la policía de Dublín y ante el obispo de Medellín iban por buen camino. El padre Eoghan había sido apartado de sus responsabilidades. Un grupo de padres del colegio

Cumbres en el que está destinado había iniciado una serie de acciones para averiguar los hechos. El padre Garza, desde Roma, que en abril de 2001 primero negó los hechos, habló posteriormente por teléfono con Aaron en 2004 para intentar calmarlo. A petición de éste, que pidió a los legionarios que todo lo concerniente a su caso se tratara por escrito, el padre Raymond Cosgrave, asistente especial de la Legión en Asuntos Diocesanos, remitió una carta a Aaron el 28 de abril de 2004 en la que, con el habitual cinismo macielino, le dice que le escribe en referencia a sus cartas del 30 de marzo y del 6 de abril dirigidas al padre Luis Garza sobre su querella contra el padre Eoghan Devlin:

> Me he encontrado con el padre Aquinas Duffy de los Servicios de Protección del Niño de la Archidiócesis de Dublín y me ha dado copia de una carta que escribiste «a quien pueda interesar», con fecha del 26 de marzo, que contiene información adicional y útil sobre la querella que hiciste inicialmente en el 2001. También he escrito a la Policía de Irlanda y a la Junta de Salud para el Este. El padre Devlin ha sido apartado del puesto que actualmente mantiene.

Ante la imposibilidad de tapar más los hechos, Cosgrave —quien como hemos visto en la carta reconoce que la primera denuncia fue formulada por Aaron en 2001—, le asegura que:

> Es nuestra intención hacer todo lo necesario para establecer la verdad de tu querella. Para empezar estamos realizando un proceso de acumulación de información que requerirá reuniones con una persona in-

dependiente, contigo y también con el padre Devlin. Espero que estés de acuerdo en formar parte de este proceso. Johanna Merry estará dispuesta a encontrarse contigo para ello.

También le ofrece encontrarse con él mismo o con el padre Garza en Irlanda.

Un violento despertar

También el ex legionario estadounidense Paul Menchaca pasó por una terrible experiencia en el noviciado legionario de Dublín, experiencia que él denomina «un violento despertar», durante su estancia allí los años 2000-2001. Menchaca ha sido una de las últimas víctimas de la legión de Maciel en facilitar su testimonio para la elaboración de esta investigación.

Feliz candidatado. A instancias de algunos de mis amigos y mi familia, estoy escribiendo esto como testimonio del abuso que sufrí y continúo sufriendo a manos de la Legión de Cristo.
Dejé mi hogar en Los Ángeles para el programa de Candidatado en Cheshire CT en el año 2000. Acababa de graduarme recientemente en la escuela superior. Salí para el programa de candidatado en contra de los deseos de mi familia, y de los religiosos y sacerdotes de mi entorno. Aunque yo estaba al tanto de las acusaciones contra la Legión como secta, me habían dicho que los críticos eran «enemigos de la Iglesia que buscaban la destrucción del trabajo de Dios».

Al entrar en el programa de candidatado, me encontré en el mundo soñado por un adolescente. Estaba rodeado por otros chicos de mi edad en un entorno con pocas reglas. En los dos meses en los que estuve en el programa nos permitían jugar al fútbol, baloncesto, hacer caminatas y viajar a través de Nueva Inglaterra. Nos animaban a hacer amigos y a confiar unos en otros. En ese tiempo yo no sospechaba lo que se avecinaba, considerando que no nos dieron ninguna información sobre el programa de noviciado. Aunque mis compañeros del candidatado solicitaron un programa del noviciado, nunca nos dieron ninguno, pese a que el edificio del noviciado estaba al lado del nuestro. La segunda cuestión de la que tuve conocimiento y me inquietó fue que algunos habían entrado en el programa de candidatado sin tener idea de que los estaban preparando para el noviciado.

El día que completé el retiro que implicaba mi entrada al noviciado fue uno de los más felices de mi vida. Por fin estaba ingresado en la comunidad que era «la fuerza de élite» de Cristo. Me sentí, y así me lo dijeron, que yo había sido «elegido»: Dios me había llamado para dedicar mi vida al trabajo de la Legión de Cristo. Como pude ver la noche que recibí mi sotana, las lágrimas llenaron los ojos de muchos de nosotros.

Mi primer día en el noviciado fue como si me hubiesen tirado en una cuba de agua helada. Nuestro casi caótico candidatado se transformó rápidamente en un entorno muy rígido. Se esperaba que ajustásemos toda nuestra vida a esos ideales de la Legión. Nos dieron múltiples libros de reglas que dictaban cada aspecto de nuestras vidas. A grandes rasgos, esos libros nos instruían sobre cómo comer, andar y hablar.

Ellos también dictaban nuestras comunicaciones con los amigos y la familia. Cualquier duda o problema que tuviésemos debía ser compartido sólo con los superiores legionarios.

Cuando llevaba unas dos semanas de mi noviciado en Cheshire, se anunció que mi sección tenía que hacer el noviciado fuera de Estados Unidos, la mayoría en Europa o Canadá. A mí me asignaron a Irlanda. Antes de salir para Europa, se me permitió llamar a mi familia una última vez. Al decirle a mi madre que me iba a Europa, ella pareció muy dolida y triste. Cuando le pregunté el porqué, me dijo que la noche anterior había tenido un sueño muy inquietante. Dijo que me había visto extremadamente delgado, pálido y con círculos oscuros alrededor de mis ojos. Cuando ella me preguntó en su sueño qué iba mal, le dije «estoy enfermo». Mi madre me explicó que se despertó llorando después del sueño por mi horrible aspecto. Le aseguré que todo estaba bien y que era muy feliz allí.

A aquellos de nosotros que íbamos a Europa nos dijeron que habíamos sido elegidos porque Europa necesitaba una mejor presencia católica, y después el mundo dirigiría la mirada hacia nosotros, los americanos. Menos de una semana después de recibido mi destino, junto con otros cinco, estaba en un avión rumbo a Irlanda.

MI EXPERIENCIA IRLANDESA. La emoción me embargaba en el avión hacia Irlanda. Era un país que había querido visitar toda mi vida; y ahora, ¡en menos de un par de horas estaría allí! En el avión mi mente volaba esperando con ansiedad llevar el amor de Cristo a las gentes de Europa. Mi primera duda seria apareció a los cinco minutos de llegar a Irlanda.

Tal como bajamos del avión fuimos recibidos por otros cinco legionarios. Como ya había notado en todos los novicios, advertí que todos parecían iguales. Eran como robots: todos ellos se veían y hablaban exactamente igual. Sí, recuerdo haberles visto no como seres humanos únicos, sino como robots. Al minuto de conocer a mis compañeros novicios, tuve la sospecha de que ésa no era mi vocación.

Le conté mis dudas a mi instructor de novicios (que era también mi director espiritual y mi confesor). Me dijo que eso era normal y que debía perseverar en mi vocación hacia la Legión. Le pregunté entonces sobre las visitas a casa: comprensiblemente, no había visitas familiares durante el noviciado. Puesto que yo estaba destinado en Europa, la próxima vez que podría esperar ver a mi familia sería dentro de unos seis años. Cuando le pregunté sobre la posibilidad de llamar a casa, me dijo que estaban permitidas un par de llamadas al año. Encontré esta extrema separación del mundo exterior difícil de comprender y aceptar. Después de todo, cuando estaba en el candidatado, nos permitían llamar a casa a cada momento. De hecho, nuestros superiores nos animaban a llamar a casa con regularidad.

A pesar de mis reservas, decidí seguir con el noviciado hasta tener claro que no era mi vocación. Al tiempo que progresaba en mi noviciado, me familiarizaba con las reglas que tenía que seguir. Lentamente, mis actos externos empezaron a ajustarse a las detalladas reglas de la Legión. Pero aunque exteriormente parecía acatar el estilo de vida legionario, mi vida interior estaba destrozada y mis dudas crecían con el tiempo.

Me di cuenta del extraño amor que se cultivaba en torno al fundador, el padre Maciel, al que llamábamos con un título especial, «Nuestro Padre». Las paredes del seminario estaban forradas de fotos del padre Maciel y su familia. Durante nuestras «Horas Eucarísticas» antes del Sagrado Sacramento, se esperaba de nosotros que meditásemos sobre sus cartas personales. Cada clase tenía una referencia a la heroica historia de Maciel. Entre los muchos poderes extraordinarios que se le atribuían estaba la habilidad de «leer las almas». De acuerdo con esto, tenía el don de saber de la vocación de una persona sólo con mirarla. El padre Maciel también dictó en las normas que su cumpleaños, el día de su bautizo y el de su santo deberían ser celebrados como fiestas de «Primerísimo», en igualdad con la Navidad y la Pascua.

Nuestra casa irlandesa era un colegio para chicos mexicanos muy adinerados que iban a Irlanda a estudiar inglés. Mi apostolado consistía en trabajar con esos chicos a través del ECyD (un grupo de juventud patrocinado por el Regnum Christi). Me dijeron que había dos fines para el ECyD: conseguir que los chicos se comprometieran con el Regnum Christi o, lo ideal, captarlos para el seminario menor en New Hampshire. Si veíamos a un joven del que pensásemos que podría ser un buen sacerdote, debíamos decírselo a uno de los capellanes legionarios. Entonces éste le explicaría al chico y a sus padres que la escuela de New Hampshire era una simple escuela preparatoria. Ellos escondían a sabiendas el hecho de que la escuela de New Hampshire era un seminario menor. Esto se hacía para prevenir que los padres «estropeasen la vocación que el chico tenía hacia la Legión».

Yo estaba encargado de dar charlas semanales a los chicos acompañados de un novicio senior. Yo quería ver que los chicos progresaran en su santidad cristiana, por lo que limitaba mis charlas a las aplicaciones prácticas y espirituales de la virtud. Las charlas del novicio senior giraban en torno a Nuestro Padre y sus cosas. Aunque la mayoría de los chicos no tenía conexión con el Regnum Christi ni con la Legión, también ellos eran adoctrinados en el amor al fundador.

En el cumpleaños del padre Maciel los chicos tenían un día sin escuela, señalado como día de fiesta grande en el colegio. La Legión le pidió a los chicos que hicieran pósters deseando al padre Maciel un feliz cumpleaños. A algunos de ellos se les pidió que escribiesen composiciones rogando por el fundador y su vida. De nuevo, la mayoría de los chicos y sus familias no tenían conexión con la Legión. ¿Por qué deberían celebrar ellos el cumpleaños de un hombre que no estaba muerto, que no era un santo y con el que no tenían conexión?

Muchas noches me mantenían despierto los gritos de esos chicos, que eran insultados y humillados con horribles palabras en español. Aunque yo vivía en el piso de arriba, podía oír los abusos verbales y emocionales que sufrían. Las contadas veces que me aventuré al segundo piso, vi con mis propios ojos los abusos y las humillaciones que sufrían. Las escenas de heridas y lágrimas son imágenes que aún siguen grabadas en mi mente. Yo buscaba el momento de escabullirme escaleras abajo y enseñar a esos chicos qué era el amor cristiano. Cuando bajaba las escaleras, podía reunir a los muchachos y mantenerlos junto a mí, para que me confiaran el dolor que habían sufrido. Les aseguré que ellos no eran horribles y que yo siempre estaría ahí para ayudarlos.

Cuando le conté a mi instructor de novicios (también rector de la casa) lo que había pasado, él desechó mi denuncia y me dijo que ésa era la forma en que se hacían las cosas en la Legión: el padre Maciel veía sus colegios como otra forma de seminario menor, donde los chicos debían ser puestos en su sitio.

Un día, mientras escuchaba cómo abusaban de los chicos, me eché a llorar descontroladamente. Me miré al espejo y no me vi a mí, sino a un desconocido. Había perdido unos quince kilos, mi piel estaba pálida y tenía círculos oscuros alrededor de los ojos. Cada momento de mi vida estaba controlado, no había privacidad y odiaba las tácticas y la devoción al padre Maciel. Durante casi un mes me privé de alimentos. El acto de comer era la única cosa sobre la que yo tenía control: por eso elegí no comer. Aquél parecía ser el único aspecto sobre el que tenía control en mi vida.

Al tiempo que lloraba, me ponía de rodillas y rezaba. Una ira extrema me consumía. Maldije a Dios, lo maldije por permitir que eso me ocurriese a mí y también a los chicos. Parecía que había una ruptura en mi cabeza: sabía que lo que estaba pasando estaba mal y que ésa no era mi vocación. Pero la idea de dejarlo me llenaba de temor.

Una vez más, le conté a mi instructor de novicios lo que estaba ocurriendo y finalmente le dije que quería dejarlo. Me dijo que necesitaba un permiso explícito del padre Maciel para dejarme salir. Fue entonces cuando se interrumpió mi contacto con el instructor de novicios. Se suspendió mi dirección espiritual.

Nunca tuve una palabra de respuesta del padre Maciel. Un par de días después de decirle a mi instructor de novicios que quería dejarlo, el asistente de novicios me llevó aparte y me sermoneó: me dijo que yo debería haber sido expulsado hacía mucho tiempo, que yo era una persona horrible y que si hubiese sido por él, habría sido expulsado hacía mucho tiempo, pero el padre Maciel había visto algo especial en mí; había sido llamado a ser un legionario, un legionario especial; yo hubiese podido llevar mucha gente a Cristo, de haberme ajustado a los planes de la Legión.

Conforme pasaba el tiempo, cada vez tenía más claro que ésa no era mi vocación. Quería salir, y decidí ser paciente y esperar el permiso. Durante ese tiempo fui aislado y boicoteado. Mis superiores me asignaron las tareas más humillantes en la casa. Durante el tiempo de conversación (uno de los pocos períodos en los que podíamos hablar unos con otros), llegó a ser normal para mí que me enviasen fuera a recoger las heces que dejaban los caballos en nuestro corral. Las semanas pasaban y yo no podía tener contacto con nadie, abandonado a mi suerte, sin darme siquiera el privilegio de la dirección espiritual.

DEJANDO LA LEGIÓN. Cansado de esperar la respuesta del padre Maciel, decidí tomar el asunto en mis manos. Fui a la biblioteca, cogí el libro de Derecho Canónico y escribí en un pequeño trozo de papel el Canon que da a los novicios el derecho de dejarlo en el momento que quieran. Dejé este papel para mi instructor, convencido de que volvería pronto a casa. Esa noche recibí la visita del asistente de novicios. Me dijo muy claramente: «Esto no es una escuela preparatoria; no puedes entrar e irte cuando quieras. Puedes entrar e irte cuando nosotros te lo digamos.» Dijo que si quería salir tendría que darles 1.500 dólares. De acuerdo con sus condiciones, llamé a mi madre. En lugar de pedirle el dinero le dije que estaba retenido en contra de mi voluntad y que llamase a las oficinas de la archidiócesis si no estaba en casa dentro de una semana. Al día siguiente tenía el billete de avión para volver a casa.

RECUPERACIÓN. Al dejar la Legión estaba extremadamente delgado, pálido, con círculos oscuros alrededor de mis ojos. Cuando mi madre me vio por primera vez, rompió a llorar y me preguntó qué había pasado. Mi respuesta fue «estoy enfermo». Mi última llamada de teléfono a casa antes de salir hacia Irlanda parecía estar llena de sueños muy proféticos, un signo del amor que mi familia y Dios sentían por mí.

Los primeros dos meses después de dejar la Legión fueron los peores días de mi vida. No podía conciliar el sueño porque estaba convencido de que iría al infierno por rechazar mi vocación. Quería volver a la Legión, decirles que lo lamentaba, rogarles que me dejasen volver. Cada día me sentía más enfadado contra todos los que me rodeaban. Por primera vez en mi vida, estallé contra mi madre sin razón aparente. Empecé a odiar a Dios y a la Iglesia por permitir que ese grupo existiese; mi fe fue reemplazada por un odio extremo.

Gracias a los esfuerzos de los que me rodeaban, mi odio disminuyó y recuperé la fe que había perdido. Pero mi lucha no ha acabado. Aún me despierto con vívidas imágenes en mi mente; las pesadillas son parte de mi vida; aún sigo odiando a la Legión y el Regnum Christi. Aún lloro cuando pienso en los chicos que dejé en Irlanda. Me siento aislado y solo cuando tengo que afrontar esas cuestiones.

Cuando hablo sobre mi experiencia en la Legión, rezo para que mi testimonio prevenga a otros de cometer los mismos errores. Preferiría experimentar otra vez el sufrimiento en la Legión que permitir que otro niño sea entregado a este grupo.

8

IMPUNIDAD... ¿HASTA CUÁNDO?

Cultiven el hábito de fijarse siempre en el lado positivo de las personas. Y aunque la evidencia les muestre que tal o cual persona adolece de graves deficiencias, Uds. pregúntense: ¿Y detrás de esto qué veo, qué cualidades y virtudes encerradas guarda esta persona?

Con estas palabras, extraídas de una carta al Regnum Christi del padre Maciel sobre la caridad apostólica, fechada el 6 de febrero de 2002, el fundador alude una vez más a las críticas y las denuncias que viene recibiendo, e intenta buscar una cobertura a sus acciones en el Evangelio de Cristo.

Sepan [dice en su carta] disculpar las acciones ajenas, o por lo menos traten de respetar sus intenciones. No quiero decir con esto que podemos transigir con el mal, sin más, como simulando no darnos cuenta de él. No. Quiero decir que debemos distinguir entre el pecado y el pecador, a ejemplo de Jesucristo. Tenemos que saber ponernos por encima del mal, para acoger al hombre. Emplearemos toda nuestra energía en combatir el pecado en el mundo; pero no al pecador. Por el contrario, a éste lo debemos rescatar y salvar.

Y Maciel, como tantos jerarcas de la Iglesia católica, habla de campañas orquestadas de desprestigio para ocultar sus propios pecados, aberraciones y ambiciones:

> A veces se encontrarán con personas o instituciones que de una u otra forma maquinan contra la Iglesia; tienen, por ejemplo, algunos grupos dentro de la misma Iglesia que se dedican a sembrar la confusión doctrinal y a quebrantar la fe y el afecto de las personas hacia el Papa. En este caso el deber que se nos impone es, por un lado abstenernos de juzgar y condenar a las personas, pero por otro, tenemos que desenmascarar sus estrategias para evitar que hagan daño a hermanos nuestros en la fe. Respetemos al «pecador», pero resistamos enérgicamente a su pecado por amor a la Iglesia y por fidelidad a nuestro compromiso cristiano.

En su poemario *Salterio de mis días*, Maciel afirma que aún no ha aprendido a odiar, y lo dice en respuesta a las críticas y las acusaciones que ha recibido a lo largo de su vida, para ahondar en la imagen de espiritualidad y santidad que quiere transmitir, porque en el fondo los hechos que continuamente van saliendo a la luz demuestran que las bases sobre las que Maciel ha erigido su imperio admiten poco «lavado de cara»:

Recibí de balde, de balde quiero dar también.
Y porque de balde quiero dar,
dar quiero, no sólo a los que me dan,
sino a los que me quitan.
Y yo quiero amar y amo a mis enemigos.
Y yo quiero, Señor,
hacer bien a los que me aborrecen.
Y yo bendigo, Señor, a los que me maldicen.
Y ni un día, Señor, he dejado de orar
por los que me calumnian y persiguen.
Porque no hiciste el mundo sólo
para los que te habían de amar,
sino también para los que te iban a crucificar.
Y a tus enemigos, Señor, les ofreciste
tu gracia más delicada:
a Judas, el traidor, un beso de amistad;
y al centurión que abrió tu cuerpo,
la visión que supera toda visión: tu fe.
A las puertas de la muerte me llevaron
porque no sabía odiar.
Y de las puertas de la muerte vuelvo
y aún no he aprendido a odiar.
Porque junto a Ti, Señor, he comprendido
que amor y dolor son las dos alas
que me elevan a la perfección.
Porque en esto quieres que nos conozcan:
en que tenemos caridad...
Y un ángel nos ha señalado, como a los hebreos,
para que en la hora apocalíptica del juicio
la espada de tu justicia
no se abata sobre nosotros.

A pesar de su permanente cinismo, de esta llamada constante a lo sobrenatural, a este «mesianismo» que cultiva y del que se rodea habitualmente, son muchos los que esperan que llegue el día del juicio para el fundador de los Legionarios de Cristo y el Regnum Christi, pero lo quieren aquí en la Tierra. Son muchos los que han sufrido acosos de todo tipo y humillaciones de Marcial Maciel, de ese *santo en vida* y de sus encumbrados, como hemos visto a lo largo de estas páginas. Y a juzgar por las denuncias que se están cursando y las acciones legales que se están emprendiendo, parece que ese juicio terrenal podría estar cerca, si se consigue acabar con los apoyos con los que Maciel cuenta en el Vaticano.

Carta abierta a Marcial Maciel en su 84 cumpleaños

Por ello, el 12 de marzo de 2004, Religióndigital.com, una página web de información religiosa que se actualiza diariamente y con la que colabora este autor, publicó una carta abierta a Marcial Maciel con motivo de sus 84.º cumpleaños. La carta me había sido enviada por las mismas víctimas de Maciel que me han facilitado sus testimonios para la realización de este libro y que querían recordar al fundador que no habían dejado la lucha, que seguían ahí, expectantes y atentos, esperando la hora de la justicia, y recordarle al Vaticano que el tema Maciel seguía abierto.

La carta dice así:

Queremos hacernos presentes hoy, 10 de marzo que es la fecha de su cumpleaños, y fiesta grande, Primerísima se llama en la Legión, para compartir con usted algunas reflexiones.

Fiesta en la Legión, en el Regnum Christi y en los colegios, quizá la primera en el Virgen del Bosque, que ha traído tantas polémicas en los últimos tiempos.

Vamos a comenzar por considerar los éxitos, esos que hacen decir a ciertos obispos y cardenales que la Legión es el futuro de la Iglesia por los números tan grandes que les muestran; esos que tanto le interesan a usted, y viendo la realidad de los seminarios de España debe sentirse orgulloso de las fotos de cientos de seminaristas que aparecen por muchos sitios e incluso en la web oficial de la Legión. Números grandes de sacerdotes ordenados que llenan el corazón del Papa en estos tiempos difíciles para el clero, y por qué no decirlo, de cierta envidia a esos sectores de la competencia.

No se puede negar la gran formación intelectual que ofrecen en la Legión, aunque en los últimos tiempos se vive más del mito que de la realidad, pero vamos a reconocer que las ocho horas diarias de estudio deben ayudar a quienes lo saben aprovechar.

La formación espiritual también es alabada por amplios sectores de la jerarquía, a pesar de los atropellos que sufren los miembros en la vivencia de lo que marcan las leyes del Derecho Canónico en temas tan importantes como la Confesión y la Dirección Espiritual, que usted hace que se vivan al estilo legionario.

Ya libres del yugo de los «Votos Privados», que impiden cualquier crítica dentro de la Legión, permítanos reflexionar también sobre otras cuestiones.

Ochenta y cuatro años, padre Maciel, de los que usted ha pasado un largo trecho moviendo todas la fichas necesarias para sacar adelante una Legión a su medida, y que ha servido ciertamente para recuperar o mantener la fe de un puñado de personas, pero que también ha arruinado no sólo la fe, sino la vida a muchos hombres y mujeres.

Ochenta y cuatro años marcados por esa disyuntiva entre sus éxitos y los fracasos de los demás; 84 años de los que deberá rendir cuentas a aquel Dios que usted pone por garante de su obra y al que más temprano que tarde tendrá que rendir cuentas de su actuar, de aquel actuar que conocemos bien quienes hemos pasado muchos años bajo su dominio, y no sólo de aquellas apariencias que desean dar los más fieles de sus seguidores.

Es verdad, padre Maciel, que la Legión se ha establecido en muchos países; pero también es verdad que a costa de muchas vidas arruinadas y de mucho sufrimiento, y no precisamente del sufrimiento místico del que usted se siente maestro y guía.

Seguramente los legionarios y miembros del Regnum Christi dirán que con la presente pretendemos atacar a la Iglesia, al Papa, a los obispos y sacerdotes, pero nada está más lejos de esa verdad.

¿Por qué tanto miedo a la verdad? El silencio no es siempre la mejor defensa de la verdad, y usted lo expresa en las Constituciones y normas que ha impuesto a sus seguidores, señalando que hay que defender a los miembros cuando son atacados en su honor y dignidad.

Usted ha recibido ataques muy serios por lo que respecta a los abusos sexuales desde los años cincuenta; y se ha creado el mito en el interior de la Legión orquestado por usted mismo de que lo único que se pretendía era destruir la «Obra de Dios», incluso por religiosos de la Compañía de Jesús que maquinaban en Roma por envidia hacia su persona.

Dice un refrán español que el silencio otorga, y usted ha callado por más de cincuenta años, ¿qué quiere que pensemos?

¿Por qué la presente no la hemos dirigido a la sede de la dirección general y en su lugar viene presentada de esta forma?

La razón es muy sencilla, padre Maciel, porque todas las cartas enviadas de forma ordinaria no obtienen nunca respuesta, sino sólo ese silencio cómplice que no estamos dispuestos a compartir.

¿Por qué los legionarios mienten, padre Maciel?

Mienten por lo que respecta a los números de los que componen la Legión; mienten por lo que respecta a los votos privados, como lo hace usted en el libro entrevista de Jesús Colina, pues dicen en ambos casos que son «Votos de Humildad y Caridad», lo cual sabe usted muy bien que no es cierto. Las cosas hay que llamarlas por su nombre y explicarlas como son.

El secretismo, no la discreción, que maneja la Legión en este como en otros campos es contrario al Evangelio del que usted se siente intérprete autorizado; ese secretismo propio de una secta, de esas que tantas críticas reciben dentro de la Legión, es contrario al Derecho Canónico del que también usted se siente autorizado a interpretar de acuerdo a su carisma.

¿Qué decir de la Caridad, corazón de toda la espiritualidad de la Legión?

¿Le parece a usted un acto de caridad el dejar literalmente tirados sin ningún tipo de ayuda a los legionarios que abandonan su obra por los motivos que sean? ¿Le parece un acto de caridad no dar ayuda a los que han sido víctimas de abusos sexuales dentro de la Legión?

Cuántos casos vamos conociendo, padre Maciel, de ex miembros que han quedado irremediablemente tocados después de su paso por la Legión; ex sacerdotes y ex religiosos que el único pecado que cometieron fue comentar que no estaban de acuerdo con ciertas normas, por lo demás contrarias al Derecho Canónico y a las leyes que rigen las democracias occidentales, y que han sido acusados de debilidad psicológica o no sé qué rara enfermedad mental. Es un argumento vil que usan para desprestigiar a los que no están de acuerdo con el actuar de la Legión representada en la autoridad suprema que usted tiene, y ni usted ni nadie tiene el derecho de denigrarlos de esa forma.

Es el caso de los sacerdotes; incluso algunos que quisieron seguir en el clero diocesano no han podido después de los informes que ustedes envían a los obispos, y se han visto casi obligados a abandonar el ministerio.

Es el caso de los religiosos, que después de muchos años en la Legión se ven enfrentados de un día para otro con ese mundo que aprendieron dentro de la Legión a temer y rechazar como contrario a las leyes de Dios. Sin estudios que les permitan ganar el sustento diario, sin posibilidad de asimilar esos criterios del mundo del que fueron despojados.

No negamos que hay algunos casos de religiosos que han recibido una ayuda económica que les permita el sustento en los primeros meses de su reencuentro con el mundo; pero son demasiados los que quedan como almas a la deriva. Son muchos los que tienen que comenzar a depender de sus familias, de aquellas familias que aprendieron a amar al estilo legionario que tanto le gusta a usted y que en el caso de aquellos que comenzaron su andadura en la Escuela Apostólica con once o doce años, resultan extraños dentro de las paredes del hogar que les vio nacer después de diez o quince años dentro del sistema legionario.

Todas éstas son reflexiones, padre Maciel, que como creyentes —sí padre Maciel, a pesar de todo seguimos creyendo en el Nazareno que trajo un mensaje que dista mucho del que usted y muchos superiores viven— tienen sólo el fin de evitar dolor y sufrimiento a los que seguirán saliendo de la Legión, y que por el sistema que ha instaurado, salen al mundo sin posibilidad de contacto con nadie que les pueda ayudar, como es el caso de quienes, con la ayuda de otras personas, hemos logrado superar el amargo trago del paso por la Legión.

En nuestras letras no queremos que encuentre odio o rencor, sino solamente el deseo de ayudar, cosa que ahora con libertad podemos hacer y que nos fue negada por tantos años en la Legión.

Muchos de nosotros estudiamos filosofía, esa filosofía tomista que habla de la adecuación entre lo que se ve y lo que percibe el intelecto; y es esa dicotomía entre lo que se predica y se vive lo que nos mueve a exponer estas verdades. Esa dicotomía entre la vida que usted vive y predica; todos conocemos los coches lujosos que tiene en cada país donde la Legión tiene un centro; todos los que hemos estado en la Legión por muchos años conocemos los viajes costosos que realiza en primera clase; conocemos de primera mano los hábitos que tiene de hospedarse en hoteles de lujo.

Conocemos su caridad, padre Maciel, esa caridad que tanto predica y de la que habla incluso en la carta que acaba de dirigir a los miembros del Regnum Christi con motivo de la Cuaresma, pero que es tan lejana después con aquellos que abandonamos la Legión y de muchos que permanecen dentro y con los que mantenemos contacto y son simplemente soportados para que los números no disminuyan.

Conocemos de primera mano las trampas (demasiadas, padre Maciel), y que comprendemos una vez que hemos pasado algún período de trabajo en México y que usted ha exportado a muchos lugares. Las matrículas que usaban los coches en Roma por muchos años, traídas desde México para evadir impuestos; la trampa de la cripta que se mandó construir con un permiso para un aparcamiento para la parroquia que los legionarios tienen al lado de la casa general. Las trampas que le acompañan desde los primeros años y que para muchos de sus legionarios son virtud, como los encuentros que siguió manteniendo en los años cincuenta cuando usted tenía la prohibición de la Santa Sede de entrar en la ciudad de Roma y tener contacto con los suyos por una investigación que había iniciado el Vaticano por las acusaciones que contra usted existían y existen hoy en día y de las que sólo se recibe como respuesta el silencio.

Esas trampas accidentales, si usted quiere, son serias cuando se trata de ordenaciones de muchos legionarios que no han completado sus estudios; esas trampas en la forma de trabajar en lugares donde obispos, en comunión con el Papa, no quieren que los legionarios trabajen en sus diócesis pero que lo siguen haciendo.

Para qué seguir con más cosas, padre Maciel, si lo que pretendemos es que ¡ojalá! estas reflexiones no se queden en el aire, sino que la Legión de verdad tome medidas para solucionar estas cosas que exponemos con la libertad que nos dan los años, el tiempo y la distancia.

¿EL PRINCIPIO DEL FIN DE UN EJÉRCITO?

Justo cuarenta días después de hacerse pública esta carta, concretamente el 22 de abril de 2004, el papa Juan Pablo II recibió en audiencia privada a un conocido cardenal de la curia vaticana y prefecto de una importante congregación. De reconocido prestigio y honestidad, el eminente purpurado traía una delicada misión para exponerla al Pontífice. En semanas anteriores había recibido varias informaciones de Estados Unidos sobre algunas cuestiones de Marcial Maciel y de los Legionarios de Cristo, invitándole a recibir en Roma a un sacerdote que iba a facilitarle una serie de documentos.

La cita del cardenal con este enviado de un importante y combativo grupo de ex legionarios se había realizado en la tarde del día anterior. El purpurado se quedó atónito cuando fue puesto al corriente de los hechos, cuando vio varios documentos con testimonios directos de casos de violación en seminarios legionarios de España e Irlanda, y prometió ojear, antes de su audiencia con el Pontífice, el libro *El Legionario*, de Alejandro Espinosa, que también le fue entregado.

El cardenal prometió a su interlocutor tomar cartas en el asunto, hablar con otros miembros de la curia, y pidió un margen de confianza para que pudiesen adoptarse las medidas pertinentes en relación con la misión que se le había confiado: pasar los filtros que protegen a Maciel en el Vaticano y facilitar información directa al Papa sobre lo que estaba ocurriendo.

En realidad este alto purpurado no era el único que había sido puesto al corriente, por las víctimas directas, de lo que se esconde detrás de la congregación y el movimiento de laicos de Marcial Maciel. Otro cardenal español y varios cardenales y obispos norteamericanos y latinoamericanos también habían sido informados de forma paralela. Había y hay motivos para la esperanza, pero ya se sabe que la discreción es una de las características de la Santa Sede y la curia vaticana, y que los ilustres pastores de la católica y romana Iglesia miden el tiempo con un reloj distinto al del resto de los mortales.

Sin embargo, empezaron a detectarse algunos gestos que indicaron a los denunciantes que su lucha comenzaba a germinar para la recolección posterior de los frutos: los responsables de la Legión en Roma empezaron a responder, y por escrito, a las demandas que se les iban formulando; Marcial Maciel hacía cada vez menos apariciones públicas, e incluso corrió el rumor que no pudo ser confirmado al cierre de la edición de este libro, de que había sido *desterrado* a México con la prohibición de salir del país.

En México y en otros países latinoamericanos los medios de comunicación cada vez son más beligerantes con la Legión y con sus centros. Las acusaciones de pederastia contra Maciel se airean continuamente.

Entretanto, en España el gobierno ha cambiado de signo y empiezan a cuestionarse oficialmente algunas de las subvenciones que desde distintos ámbitos administrativos vienen percibiendo instituciones y organismos de la Iglesia católica, entre ellos los de los Legionarios de Cristo. La Dirección General de Asuntos Religiosos tiene al frente una nueva titular y se promete una nueva forma de relación entre el Estado y la Iglesia católica, la posible redacción de unos nuevos acuerdos y, sobre todo, un talante mucho más ecuménico y de atención a otras confesiones que lo que había venido sucediendo durante las etapas de Ángel Acebes y José María Michavila.

Los denunciantes, los que aún permanecen en silencio tratando de recuperar las ilusiones perdidas y de superar las humillaciones y los abusos sufridos, están esperanzados, a pesar de que, como hombres de Iglesia que son o han sido, son conscientes de las dificultades para que Roma afronte determinadas situaciones.

No obstante, el nuevo libro del Papa, *¡Levantaos! ¡Vamos!*, puesto a la venta durante el mes de mayo de 2004, también contiene algún elemento de esperanza. Juan Pablo II, en la cuarta parte de su libro, en la que se refiere a la paternidad del obispo, inicia sus memorias hablando de la colaboración con los laicos y mencionando a algunas de las nuevas realidades eclesiales o nuevos carismas e iniciativas de laicos, en las que «sentía el soplo del Espíritu de Dios». El Pontífice menciona, por este orden, al Camino Neocatecumenal, al Opus Dei, la Obra de María o Focolares, Comunión y Liberación y la Comunidad del Arca. Todos estos movimientos y carismas están entre los más conocidos y que más incidencia tienen en la nueva evangelización.

Sorprendentemente, o quizá porque las denuncias habían llegado ya al Pontífice, éste no cita a los Legionarios de Cristo ni al Regnum Christi, que sí participaron en el encuentro de los nuevos movimientos en Pentecostés y a cuyo líder y fundador, el padre Marcial Maciel,

Juan Pablo II unos años antes había denominado «guía eficaz de la juventud». Casualidad o no, la ausencia es todo un símbolo para los ex legionarios y víctimas, como también lo es para este autor, que ha seguido muy de cerca el desarrollo de los nuevos movimientos y carismas eclesiales de laicos.

Mientras tanto, la congregación de Maciel intentó contraatacar frente a las denuncias mediáticas y a los foros de ex legionarios en Internet, creando su propia página web, camuflada como una página de ayuda a los que han dejado la Legión, e intentando, una vez más, calificar las acusaciones contra el fundador de infundadas, fruto de mentes desequilibradas o de personas que lanzaban estos ataques por considerarse, debido a su ambición y vanidad, agraviados durante su estancia en la congregación.

Varios fueron los que contestaron a los mensajes e intentos de manipulación que desde esa dirección electrónica hace el legionario padre Bannon, quien además intenta convencer y confundir a los participantes críticos en foros y chats de denuncia contra Maciel y su fundación. Uno de los que contestó al padre Bannon con contundencia fue Alejandro Espinosa, quien tanto me ha animado y apoyado, junto a otros, para la culminación de este libro:

> Nadie ha podido demostrar que sean falsas las acusaciones de abuso sexual, impiedad, drogadicción, relación con el narcotráfico aunque sea recibiendo limosnas, suspensión «a divinis», desobediencia, vida de magnate, perversión sexual, cinismo, mil máscaras para presentarse a la sociedad, actuación permanente y, últimamente, presunción de erudición enciclopédica, algo que todos desconocimos mientras convivi-

mos, puesto que ni las humanidades hizo completas, ¿me creerá que ni a leer aprendió...?, y otras lindezas. (Perdone que no le diga Padre, ya que sólo tengo uno que es Dios y quien me engendró que está en el cielo. No tengo por padre a un sinvergüenza.) Usted, señor Bannon, pretende ser la Biblia. Si son demostrables las falsedades, ¿por qué no las demuestra...? Usted miente igual que él (Maciel). Nunca ha demostrado nada, mucho menos inocencia.

APÉNDICE

DOCUMENTOS DE LA LEGIÓN DE CRISTO Y DEL REGNUM CHRISTI

1. Fotocopia del Decretum Laudis, del original en latín y su traducción autentificada por la notaría del arzobispado de Sevilla.
2. Portada de las Constituciones y la primera página del índice de contenidos.
3. Primeras páginas de la Interpretación de las Constituciones realizada por Marcial Maciel e incluida como Apéndice I en el documento del Primer Capítulo General Ordinario.
4. Tríptico informativo editado y distribuido por los Legionarios en México para promover la canonización de la madre de Marcial Maciel, Maura Degollado Guizar.
5. Carta del arzobispo de Hermosillo (México), Carlos Quintero Arce, dirigida al secretario general de los Legionarios de Cristo, padre Evaristo Sada, el 27 de noviembre de 2003, en la que el prelado narra el primer encuentro de Maciel con el papa Pío XII.
6. Página de los Legionarios de Cristo en Internet, editada en abril-mayo de 2002 tras las denuncias y condenas por pederastia en el seno de la Iglesia católica

de Estados Unidos, denuncias que utilizaron los medios de comunicación mexicanos para recordar que el caso de Marcial Maciel seguía envuelto en un manto de silencio. En esta página los legionarios intentan aportar pruebas para negar las acusaciones contra su fundador, y es la primera vez que, en sus publicaciones oficiales aunque de forma muy discreta, hacen mención directa a las acusaciones por pederastia contra Maciel.

7. Carta de Marcial Maciel a sus legionarios, fechada en Amsterdam el 21 de octubre de 1955, y en la que les narra cómo fue capaz de evitar que el avión en el que viajaba se estrellase. (Esta carta es una de las que se entregan a los legionarios, para su lectura obligada, dentro de los 13 tomos epistolares del fundador que se encuentran en todos los seminarios legionarios.)
8. Presupuesto de los gastos de alquiler de un helicóptero para los desplazamientos de Marcial Maciel en una visita a Medellín.
9. Correo electrónico entre legionarios con la anécdota del comentario de Maciel sobre la «Ley del burro».
10. Una muestra de los informes que redactan los legionarios sobre los obispos que se alojan en su casa general o en sus seminarios y de los comentarios que éstos hacen.
11. Carta del nuevo director legionario del Colegio Virgen del Bosque a los padres de los alumnos anunciándoles el cambio de ideario del centro.
12. Análisis de un artículo del periodista José Manuel Vidal en *El Mundo*, realizado por los legionarios en su página electrónica interna y de uso restringido, La red, mediante la que desde la casa central en Roma los máximos responsables del instituto religioso im-

parten doctrina, informan de algunas actividades y dan normas de funcionamiento.
13. Otra muestra de la página electrónica La red, comentando la historia de la fundación de la Legión con motivo del 59 aniversario de su fundación. (Este envío es de fecha 17 de enero de 2000.)
14. Correspondencia interna entre el padre Aaron Loughrey y su director espiritual, que se despide con la expresión *heil Christus!*
15. Inicio del testimonio de Aaron Loughrey. Del original en inglés.
16. Inicio del testimonio de Paul Menchaca sobre su experiencia en la Legión. Del original en inglés.
17. Carta del padre Raymond Cosgrave L.C., dirigida el 28 de abril de 2004 al ex legionario Aaron Loughrey, sobre los abusos que éste sufrió en el seminario legionario de Dublín.
18. Página del archivo del *Hartford Courant* con el inicio de las historias de abusos y las denuncias de 1997.
19. Fragmento (página de inicio y página final) de la extensa carta que otro de los primeros denunciantes, José Antonio Pérez Olvera, dirige al periodista Jason Berry, el 18 de diciembre de 1994, informándole de los abusos en la Legión de Cristo y sobre la supuesta pederastia del fundador.
20. Carta de uno de los primeros denunciantes, el ex legionario Juan José Vaca al papa Juan Pablo II, en la que le narra los abusos sufridos y de los que tuvo conocimiento durante su estancia en la Legión.
21. Carta del director de Juventud Misionera en Colombia solicitando ayuda económica a un empresario. (El nombre del destinatario ha sido borrado para preservar su intimidad.)

SACRA CONGREGATIO
DE RELIGIOSIS

Prot. N. 8365/64

DECRETUM

Institutum MISSIONARIORUM SACRATISSIMI CORDIS IESU ET VIRGINIS PERDOLENTIS v.d. "LEGIONARIOS DE CRISTO" ortum habuit anno 1946 in dicione Mexicana, "ut regnum Christi, iuxta exigentias christianae iustitiae et caritatis, instauretur in ipsa societate, per apostolatum et amplam diffusionem doctrinae catholicae".

Paulo post, idest anno 1948, praehabita licentia Sanctae Sedis, per decretum ab Ordinario Cuernavacen. latum, in Congregationem iuris dioecesani canonice erigebatur.

Nunc, autem, cum praefatum Institutum iam pluribus et sodalibus et domibus et operibus laetetur, Supremus Moderator, litteris commendaticiis Ordinariorum locorum, quorum interest, valide suffultus, qui de apta institutione, de regulari observantia, de recto regimine ac de zelo sodalium in operibus apostolatus exantlandis plaudenter obtestantur, supplices huic Sanctae Sedi porrexit preces ut ipsum DECRETO LAUDIS decoraretur, eiusque Constitutiones approbarentur.

Hoc itaque Sacrum Dicasterium Negotiis Religiosorum Sodalium praepositum, vigore facultatum a Sanctissimo Domino Nostro Paulo Divina Providentia PP. VI concessarum, attentis litteris testimonialibus Ordinariorum de quibus supra, audito insuper voto PP. Consultorum pro Institutis approbandis, reque in Congressu Plenario diei 6 mensis Februarii A.D. 1965 mature perpensa, Congregationem Missionariorum Sacratissimi Cordis Iesu et Virginis Perdolentis v.d. "Legionarios de Cristo", praesenti Decreto debitis congruisque verbis laudat et commendat, eiusque Constitutiones, lingua latina exaratas, iuxta textum cuius exemplar in tabulario eiusdem Sacri Dicasterii asservatur, approbat et confirmat ad septennalium, experimenti gratia.

Salva, de cetero, Ordinariorum locorum iurisdictione ad normam Sacrorum Canonum.

Contrariis quibuslibet non obstantibus.

Datum Romae, ex Aedibus Sacrae Congregationis de Religiosis, ... Iulii, A. D. 1 9 6 5.

Sagrada Congregación de Religiosos

Prot. No 8365/64

El Instituto de los Misioneros del Corazón de Jesús y de la Virgen de los Dolores, que llamaremos "Legionarios de Cristo", tuvo su origen en el año 1946 en una diócesis mexicana "para el establecimiento del Reino de Cristo de acuerdo a las exigencias de la justicia y cardad cristianas en la sociedad a través del apostolado y una amplia difusión de la doctrina católica.

Un poco después, es decir, en el año 1948, habiendo otorgado permiso de la Santa Sede, por decreto al Ordinario de Cuernavaca, fue erigida en Congregación diocesana.

Ahora ya, dado que el susodicho Instituto goza de muchos miembros y obras, El Supremo Moderador, apoyado fuertemente por cartas de recomendación de ordinarios de lugar en cuyas diócesis se encuentra, quienes testifican positivamente acerca del régimen adecuado, la observancia regular, el orden correcto y el celo en las obras de apostolado que se están realizando, ruegan a esta Santa Sede para que sea honrada por el Decreto de Alabanza y sus Constituciones sean aprobadas

Por lo tanto, el Prefecto de este Dictasterio de los Asuntos de las Comunidades Religiosas, en virtud de las facultades concedidas por nuestro Santísimo Padre el Papa Pablo VI, habiendo tomado en cuenta las cartas testimoniales de los Ordinarios, habiendo tomado en cuenta también el voto maduramente sopesado de los P. Consultores para la aprobación de Institutos, en el Congreso Plenario del 6 mes de febrero de A.D. 1965, por medio del presente decreto, con palabras debidas y convenientes, alaba y recomienda La Congregación de los Misioneros del Sagrado Corazón y de la Virgen de los Dolores a la que llamaremos, "Legionarios de Cristo" y sus Constituciones, un ejemplar de cuyo texto, escrito en latín, se conserva depositado en el archivo de este Dicasterio, aprueba y confirma como experimento durante siete años.

Exceptuando, por lo demás, lo que corresponde a la jurisdicción de los Ordinarios de lugar según la normas de los sagrados cánones.

Dado en Roma, en la Sede de la Sagrada Congregación de Religiosos, en el mes de julio A.D, 1965.

Cardenal Antonuitti
Prefecto

Segunda página del Documento 1

CONSTITUCIONES DE LA LEGIÓN DE CRISTO

Documento 2

ÍNDICE

PRIMERA PARTE
Fin, naturaleza y patronos de la Congregación — 3

SEGUNDA PARTE
Diversas etapas de la vida en la Legión — 8

Capítulo I
La admisión en la Congregación — 8
- Art. 1. — Disposiciones generales — 8
- Art. 2. — Los impedimentos para la admisión — 9
- Art. 3. — Las condiciones necesarias para la admisión — 10
- Art. 4. — Examen al que se han de someter los candidatos — 11

Capítulo II
La probación previa — 12

Capítulo III
El noviciado — 14
- Art. 1. — El centro de noviciado — 14
- Art. 2. — Requisitos para el noviciado — 14
- Art. 3. — Deberes del instructor de novicios y de los asistentes — 16
- Art. 4. — La formación de los novicios — 17
- Art. 5. — Los derechos de los novicios — 22
- Art. 6. — Los bienes de los novicios — 23

Capítulo IV
La profesión religiosa — 23
- Art. 1. — Los requisitos para la profesión — 23
- Art. 2. — Los efectos de la profesión — 30

Capítulo V
El período de estudios — 31
- Art. 1. — Criterios generales — 31
- Art. 2. — Los centros vocacionales — 35
- Art. 3. — Los centros de estudios de humanidades y ciencias — 37
- Art. 4. — Los centros de estudios superiores de filosofía y teología — 39

Segunda página del Documento 2

Apendice I

INTERPRETACIÓN DE LAS CONSTITUCIONES
hecha por el Fundador de la Congregacion de los Legionarios de Cristo

Por deseo del Fundador de la Congregacion de los Legionarios de Cristo, se incluye a continuacion la interpretacion legitima que el mismo ha hecho de algunos numeros de las Constituciones, con la finalidad de ayudar a nuestros religiosos a una mejor comprension del significado y aplicacion de las mismas.

Documento 3

1
 a. El instrumento principal para cumplir con las finalidades apostolicas marcadas en este numero es el Movimiento de apostolado *Regnum Christi*.
 b. La Legion de Cristo puede tener apostolados que dependan directamente de ella, segun el espiritu del n. 3 de estas Constituciones. Sin embargo, los legionarios deben buscar siempre la expansion del Movimiento *Regnum Christi*, independientemente del cargo, oficio o trabajo que desempenen.

1§1
 Los lideres que expresamente se enumeran en este parrafo no son los unicos a los que debe encauzarse la accion apostolica de los legionarios. La lista es solo indicativa. Hay otros grupos de lideres que no deben descuidarse, como son, por ejemplo, jovenes, empresarios, politicos, militares, operadores de los medios de comunicacion social, etc. Los nuevos campos de liderazgo que en el futuro puedan surgir, estan comprendidos en el espiritu de este parrafo, teniendo siempre presente que la Legion de Cristo debe dirigir su accion principalmente a los estamentos de lideres de mayor influjo social.

1§4
 a. La enumeracion que en este parrafo se hace es solo indicativa. No se excluyen otros tipos de obras que ayuden a difundir mas y con mayor eficacia la doctrina catolica.
 b. Con el termino «casas de publicidad>> se quieren indicar las casas especializadas en hacer llegar los mensajes al gran publico.

6 § 1, 1.° y 2.°
 a. El Obispo que preside una prelatura encomendada a la Legion -y analogamente el superior legionario que preside un vicariato apostolco, o una prefectura, apostolica o una

Segunda página del Documento 3

Maura Degollado Guízar
Hoja informativa número 2

ORACIÓN PARA LA BEATIFICACIÓN DE MAURA DEGOLLADO GUÍZAR

Oh Dios, fuente de todas las gracias, que te complaces en cuantos siguen de cerca el ejemplo de tu Hijo Jesucristo, modelo de toda santidad, te pedimos que nos concedas la beatificación de tu sierva Maura Degollado Guízar; que se santificó en el hogar como esposa fiel, madre bondadosa y educadora solícita de sus hijos en la fe. Ella que fue asidua en la oración y en los sacramentos, dócil a tu voluntad santísima, sea para nosotros ejemplo de amor y entrega personal al servicio de los pobres, y modelo de fe, de beneficencia y veneración hacia tus sacerdotes. Te lo pedimos por Jesucristo, tu Hijo, que contigo vive y reina en unión del Espíritu Santificador. Amén.

Te suplico, Padre de bondad, que, por intercesión de Maura Degollado, te dignes concederme el favor que te pido.

Un Padrenuestro, tres Avemarías, y Gloria.

(Con la aprobación del Vicariato de Roma)

FAVORES

Quien reciba algún favor por intercesión de Maura Degollado Guízar puede comunicarlo a:

Postulador P. Florián Rodero, L.C.
Via Aurelia Antica 461, 00165 Roma, Italia.
Tel. 39-6-6632906, Fax. 39-6-6632805
Vicepostulador P. John Devlin, L.C.
Ap. Postal 61, Col. del Valle, Garza García, N.L. México.
Tel. 52-83-63-12-43. Fax:52-81-63-2862

DONATIVOS

Las personas que deseen colaborar para la financiación del proceso pueden enviar sus donativos al Postulador o Vicepostulador a las siguientes cuentas bancarias:

U.S.A.
Cause of Canonization of Maura Degollado Guízar
Account no. 9368904500
ABA no. 011900571
Fleet Bank, New Haven, Connecticut.
Para deducibles, audir n° de TAX. n° 06-0923895

MÉXICO
Proceso de canonización de Maura Degollado Guízar
n° de cuenta 46035-4644-7
Banco Bital, suc. 499 (Calz. Tlalpan Esq. Sillón de Mendoza)

De las cartas de María... ...a uno de sus hijos.

Recibí tu cartita y siento mucho que sufras, porque has perdido tarjetas, pero en tu mano está corregirte. Pide a Jesús lo que necesites, es él la fortaleza "Pedid y recibiréis". No desmayes y verás cómo pronto eres como antes; no tengas voluntad propia, haz la voluntad de tus superiores y verás qué bien, pues ellos están inspirados por Dios y quieren tu felicidad y está tranquila y confiada siempre en que Nuestro Señor está contigo. Ahora que es tiempo de cuaresma, haz sacrificios, y privaciones para que nos conceda Jesús la conversión de (persona que actualmente vive), y a S. Josecito pégate como hormiguita y verás qué pronto volverá la ovejita extraviada a su redil. Piensa con frecuencia para qué fuimos criados y a dónde vamos: a Jesús. Y cuando menos lo pensemos nos llamará y en la brevedad del tiempo...

Con que sí, mi hijita, a hacer vida nueva. Yo pido mejor que antes. Da mis recuerdos cariñosos a todas las madres y que siempre te en el Santo Sacrificio de la Misa no las olvides. Tu papá y hermanitos te saludan mucho. Adiós, mi hijita, que Dios te llene de bendiciones y de hasta una santa, desea tu mamá que no te olvida y bendice.

Maura Degollado Guízar

Maura

Degollado Guízar se casó a la edad de 17 años con D. Francisco Maciel Enríquez, en Zamora, Michoacán, México. D. Francisco era originario también de Cotija y rico hacendado: caballero honesto, trabajador, exigente y generoso. Vivieron 38 años de matrimonio. D. Francisco murió después de una larga y dolorosa enfermedad que le mantuvo casi totalmente inválido durante varios años. Murió el 22 de diciembre de 1950.

Maura vivió su matrimonio con una fidelidad exquisita y delicada a su esposo para quien siempre tenía preparado algún detalle de cariño cuando regresaba de los frecuentes viajes que por motivos de negocios tenía que realizar.

Fue siempre dócil a las disposiciones de su esposo e influía en él para que condonara la deuda a muchos de los trabajadores de sus haciendas.

Durante la prolongada enfermedad de su esposo, ella no se apartó de su lado, comportándose con él con particular esmero, haciendo de esposa, madre y enfermera.

Permaneció viuda durante 37 años hasta el día de su fallecimiento. Durante su viudez intensificó la vida de unión con Dios a través de la vida sacramental y de oración.

MARCHA DEL PROCESO

Continúa el proceso diocesano en la fase de interrogatorios que finalizará próximamente con la última sesión de clausura que será pública.

Una vez cerrado el proceso diocesano, las actas se envían a Roma, para que sean analizadas por la Sagrada Congregación para la causa de los santos que, si lo considera conveniente y benéfico para la Iglesia, procede a la declaración de las virtudes heroicas.

Nos escriben...

Por medio de la presente hago constar que yo atendí el embarazo de la Sra. R.A. a partir aproximadamente de la semana 17 y mismo que terminó con el feliz nacimiento de su hija M. G. al cumplirse la semana 37.

Dado el difícil curso del embarazo en cuestión y los hallazgos clínicos encontrados al momento del alumbramiento, considero, como lo he señalado a la Sra.R.A. y a su esposo y, consideré increíble que el embarazo no haya terminado más temprano, pues pensé que no llegaría hasta el momento que alcanzó.

En efecto, tal señora hubo de pasar la mayor parte del embarazo en reposo por ser considerado de alto riesgo debido a algunos desprendimientos y molestias desde las primeras semanas de su embarazo y de que más adelante tuviera muy prematuramente contracciones de parto, hacia el quinto mes del embarazo y luego ya cerca de la fecha final del alumbramiento.

Entiendo que la Sra. R.A. se encomendó a Maura Degollado Guízar para que intercediera por ella ante Dios para lograr alcanzar esta fecha del embarazo y hago constar que médicamente lo considero increíble y puede incluso llamársele milagroso.

Me pongo a su disposición para proporcionarles cualquier información que requieran en mi calidad de médico y de haber atendido este embarazo.

Atentamente
Doctor L.C.

Hermosillo, Son., 27 de noviembre de 2003

P. Evaristo Sada, L.C.
Secretario General
Legionarios de Cristo, Roma

Muy querido padre:

Con mucho gusto deseo referirle algunos hechos de los que tuve la dicha y la gracia de ser testigo personal, hace ya muchos años, y que, considero, pueden tener un valor histórico para esa querida congregación de los legionarios de Cristo.

Conocí al P. Marcial Maciel de una manera muy sencilla, en la ciudad de Roma, en junio de 1946. Por entonces, acababa de terminar la 2ª Guerra Mundial. Había gran escasez y pobreza. Era un período muy difícil, mientras se iniciaba la reconstrucción de Europa y las cosas volvían a la normalidad.

Había terminado mis estudios de doctorado en Teología Dogmática en la Universidad Gregoriana de Roma. Habiendo entregado mi tesis, y mientras esperaba la fecha para defenderla, tenía disponibilidad de tiempo. Fue providencial, pues de esta manera pude ayudar al P. Maciel en ese paso que, ya en retrospectiva, parece que fue un momento importante para la fundación de la Legión de Cristo: el primer encuentro del Fundador con el Santo Padre, por entonces el Papa Pío XII.

† Az. Carlos Quintero Arce   Correspondencia Particular

Yo residía en el Colegio Pío Latinoamericano, ubicado en su antigua sede de *Gioacchino Belli*, número 3. Éramos muy pocos en el colegio. Unos 12 estudiantes. Debido a la guerra, muchos habían regresado a sus países. Yo permanecí en Roma con el permiso de mi Arzobispo, el futuro Cardenal Garibi Rivera, para hacer la tesis en Teología Dogmática. Regresé a México en el mes de julio pasando por Estados Unidos a visitar a mi hermano Silverio en San Francisco y llegar después a Guadalajara para iniciar mi primer ministerio sacerdotal como Vicario de la parroquia de Totatiche, Jalisco. Casi todos éramos sacerdotes. Yo fui ordenado en la Basílica de San Juan de Letrán, en Roma, el 8 de abril de 1944, por el Cardenal Vicario de Roma, Mons. Luigi Traglia.

Corría, pues, el mes de junio de 1946 cuando me enteré de que había llegado al colegio un sacerdote mexicano. Al día siguiente de su llegada, me acerqué de manera espontánea a él para preguntarle quién era y si venía a estudiar con nosotros. Él me respondió que era el P. Marcial Maciel, y que venía a Roma porque traía un encargo del obispo de Cuernavaca para la Sagrada Congregación de Religiosos, y porque quería tener una entrevista con el Santo Padre, e inmediatamente me preguntó si yo podía ayudarle.

Desde el primer momento trabé una muy buena amistad con él. Me di cuenta de que era un sacerdote fervoroso y muy inteligente. Al pasar con él esos primeros días en Roma constaté, además, que poseía un gran carisma personal y una memoria prodigiosa para recordar a todas aquellas personas con las que entraba en contacto. Estoy convencido de que Dios lo dotó de esas cualidades en vista de la misión que Él mismo le estaba encomendando como Fundador de una nueva congregación que, por entonces, constaba de tal vez un centenar de miembros, y que se llamaba Misioneros del Sagrado Corazón. De hecho, el P. Maciel me mostró una fotografía grande de

Segunda página del Documento 5

los miembros de la congregación. Realmente era admirable ver aquel grupo de seminaristas ya con la impronta propia de los legionarios de Cristo, nombre actual de la congregación.

Me impresionó de manera particular el hecho de que el P. Maciel, siendo tan joven sacerdote, ya contaba con un nutrido grupo de seminaristas y un magnífico centro de formación en Tlalpan, D.F.

Cuando el P. Maciel me preguntó de qué manera podía yo ayudarle a conseguir una entrevista con el Santo Padre, le hice ver que no era fácil ya que el protocolo era muy exigente. Le dije, sin embargo, que los seminaristas del Pío Latinoamericano, para acercarnos a saludar al Papa, solíamos pedir a algún cardenal amigo que nos permitiera acompañarle, a manera de secretario, en alguna ceremonia.

Así fue como le propuse al P. Maciel que hiciéramos lo mismo para que él pudiera acercarse al Santo Padre. Lo llevé a la Basílica de San Pedro para participar en una Misa que presidiría el Santo Padre. Recuerdo que había muchos cardenales presentes.

Entramos por un cancel y llegamos a la zona donde se encuentra *La Pietá* de Miguel Ángel. Pedí al P. Maciel que fuera vistiendo la sotana y el roquete. Yo le conseguí una esclavina, que el padre se puso bajo el brazo.

Cuando se formó la procesión para dar inicio a la Misa, le sugerí que se pusiera junto a algún cardenal, no recuerdo con precisión cuál de ellos. El P. Maciel estuvo con él durante toda la Misa. Al terminar, volvieron en procesión al punto de partida, junto a *La Pietá*, cerca del ascensor que toma el Santo Padre para volver a sus aposentos.

† Ay. Carlos Quintero Arce      Correspondencia Particular

Según costumbre, cada uno de los cardenales se acercó al Papa para el saludo protocolario, acompañado por su secretario. Fue en ese momento cuando el P. Maciel aprovechó para presentarse al Santo Padre y pedirle una audiencia, de manera que pudiera presentarle el proyecto de la fundación que traía entre manos. El Santo Padre le concedió la audiencia inmediatamente.

Yo mismo le ayudé a concertar la cita en la Secretaría de Cámara para recoger el boleto de acceso a la audiencia con el Papa. Y tuve la dicha de llevar al P. Maciel el día de la audiencia. Como el padre no conocía el Vaticano, lo acompañé hasta el *Portone di Bronzo*, y a la Secretaría de Cámara. De ahí pasó ya él solo a la sala donde tuvo la audiencia con el Papa. Esto ocurrió el miércoles 12 de junio de 1946.

Espero que esta breve narración, tan sencilla, pero al mismo tiempo tan entrañable para mí, pueda enriquecer el acervo histórico de la congregación de los legionarios de Cristo.

Quedo suyo afectuosamente en Cristo,

† Carlos Quintero Arce
Arzobispo emérito de
Hermosillo

Cuarta página del Documento 5

LegionaryFacts.org

- Inicio
- Declaración de los LC
- Declaración P. Maciel
- P. Richard Neuhaus
- Mons. Polidoro 1996
- Informe pericial
- Mons. Polidoro 1958
- Miguel Díaz
- Fr. Kearn's Column
- Letter to NCR 12/01
- Dr. Portos
- Cardinal Rivera
- Response to Courant
- Deal Hudson
- William Donohue
- Fr. Neuhaus

Lamentablemente continúan circulando acusaciones falsas contra el P. Marcial Maciel por supuestos hechos de hace 40-50 años. Los medios de comunicación social ignoran los datos y la evidencia científica que demuestran la falsedad de tales acusaciones. Estas historias se han utilizado no sólo para difamar al P. Maciel, sino también para atacar al Papa y a otros miembros de la jerarquía católica.

El vocero de los legionarios de Cristo en México publicó la siguiente declaración el 17 de abril de 2002. Presione aquí para leerla.

El P. Maciel declara categóricamente que las acusaciones que se hacen contra él son falsas.

El P. Richard John Neuhaus, en la edición de marzo del 2002 de la revista "First Things" analiza las acusaciones y explica por qué carecen de toda credibilidad. Lea este artículo en su traducción española.

Durante los años cincuenta se lanzaron muchas acusaciones contra el P. Maciel, pero ninguna de ellas era por desórdenes en materia sexual. El P. Maciel fue suspendido de sus facultades como Superior General de los Legionarios de Cristo, a fin de permitir la integridad y objetividad de la investigación. La Santa Sede envió a Mons. Polidoro Van Vlierberghe a vivir con los legionarios e interrogar a los religiosos, y descubrió que todas las acusaciones hechas en contra del P. Maciel eran infundadas. Fue entonces confirmado en el cargo de Superior General. Lea aquí el testimonio de Su Excelencia Mons. Polidoro Van Vlierberghe.

Según los medios de comunicación, los acusadores objetan que esta carta es falsa. En respuesta se adjunta el informe pericial caligráfico del Perito Calígrafo Judicial de la nómina de peritos de la Honorable Corte de Apelaciones de Santiago, Juan Morales Villagra, donde después de haber hecho un estudio sobre la carta original declara que "La firma colocada a nombre de MSGR. Polidoro Van Vlierberghe al pie de la nota mecanografiada fechada en Santiago el 12 de Diciembre de 1996, materia del presente Informe Pericial, es una firma auténtica que procede de la mano de Msgn. Polidoro VAN VLIERBERGHE." Oprima aquí para ver el informe pericial.

Sigue la carta que el entonces padre Van Vlierberghe escribió en 1958 explicando los resultados de su investigación cuando el Vaticano le nombró Visitador de los legionarios de Cristo. Por

Documento 6

caridad cristiana hemos quitado los nombres de aquellos que hicieron las acusaciones. Presione aquí para leer la carta.

Uno de los acusadores se retractó bajo juramento de las acusaciones que hizo en 1996, develando el complot. Lea aquí su declaración.

Podrá encontrar más documentación a este respecto en el sitio http://www.legionaryfacts.org/

Regresar

Para más información, visite los sitios:
http://www.legionofchrist.org/ y http://www.regnumchristi.org/

Regresar

Segunda página del Documento 6

21_L1655 L1655

Amsterdam, 21 de octubre de 1955

LEGIONARIOS DE CRISTO

Roma, Italia.

Carísimos en Cristo:

1

Ha sucedido lo que menos esperaba. El avión que tomé en Roma venía desde Tokio y como es natural ya estaba cansado y fatigado en su última jornada; por lo cual, poco cuerdamente, determinó echarse a descansar sobre Mont Blanc. En vista de la gravedad del caso me decidí a darle una platiquita. Le hablé de la constancia y la perseverancia final para evitar la catástrofe para él y para sus ocupantes; del gran premio que espera a los esforzados y de cómo de ellos es el Reino de lo cielos. Le convencí y gracias a Dios hemos llegado con bien.

¡Venga tu Reino!

MEMORANDUM

6 de junio de 1999

A: P. Manuel Aromir, L.C.
DE: P. Miguel Romeo, L.C.
ASUNTO: Helicóptero para Nuesto Padre en Medellín.

Estimado P. Manuel:

Con el fin de facilitar el transporte de Nuestro Padre en su estancia en Medellín podemos rentar un helicóptero. Las características son las siguientes:

1. **Empresa:** HELISERVICE LTDA.
   Tel: 2559596-2852376-2855562. Telefax 2855545
   Aeroparque Olaya Herrera. Hangar Nº 35
   Cra. 67 Nº 04-61 Medellín.
   Proprietario: Armando Rguez. Celular: 033-5000735
   Subgerente: Beatriz Tamayo Ospina. Celular: 033-5048730

2. **Días:** Miércoles 9 junio: Aeropuerto-Cumbres.
   Viernes 11 junio: Cumbres-Llano Grande, Llano Grande-Cumbres.
   Domingo 13 junio: Cumbres-aeropuerto.

3. **Capacidad:** 6 personas (pero nos pidieron que sólo llevásemos 4).

4. **Precio:** 700 dólares por todo. (Pero no debe desviarse de las rutas acordadas, debe ir directo).

5. **Otras condiciones:** Ningún helicóptero de ninguna compañía tiene permiso para volar más tarde de las 5:00 p.m. Conceden salir del aeropuerto de Rionegro a más tardar a las 5:00 p.m.

* Investigamos en otras cuatro compañías y en la más barata salía a 1400 dólares. Además, HELISERVICE es la que posee los mejores helicópteros.

Muchas gracias por todo.

Afectísimo en Cristo;

Documento 8

De: **Aromir Masaguer Manuel LC**
Enviado el: Martes 15 de Febrero de 2000 1:33 AM
Para: Romeo Miguel LC
Asunto: FW: La Ley del Burro

¡ Venga tu Reino !
Estimado en Cristo, P. Miguel: tal vez le pueda ayudar esto. Afmo. en Cristo
y el Movimiento: P. Manuel Aromir, L.C.

-----Original Message-----
From: Ortega Alejandro LC
Sent: lunes, 14 de febrero de 2000 19:35
To: Aromir Masaguer Manuel LC; Bedia Díez Eloy LC; Bannon Anthony LC; Díaz-Torre Emilio LC; Guerra Héctor LC; Herrero Serrano Antonio LC; Dueñas Rojas Juan Manuel LC; Fernández Cristóforo LC (C.E.S.); Corcuera Alvaro LC; Jiménez Esquivel Enrique LC; Clancy Donal LC; Náder Oscar LC; Coates Peter LC; Cosgrave Raymund LC; Acevedo Marín Octavio LC; Gill Richard LC; López Muñoz Alfonso LC; Kearns Owen LC; Atuire Caesar LC; Carmena Miguel LC; Sánchez García Cipriano LC; Barrajón Pedro LC; Williams Thomas LC; García Javier LC; Izquierdo García Antonio LC; Lucas Lucas Ramón LC; Prieto Leopoldo LC; Ryan Michael LC; Tamayo Fernando LC; Caballero José Antonio LC; Scarafoni Paolo LC; Villagrasa Jesús LC; Villalba Carlos LC; Corry Donald LC; Mateos Francisco LC; García de Alvear Carlos María LC

Subject: La Ley del Burro

¡Venga tu Reino!

Estimados en Cristo:

Varios de ustedes me pidieron que les pasara esta nota sobre "la ley del burro". Con mucho gusto se la remito por si les resulta de alguna utilidad. Fue un comentario que Nuestro Padre hizo en una ocasión a un miembro de la dirección general.

Aprovecho la ocasión para agradecerles el ejemplo de amor y entrega a la Legión y a la Iglesia que nos han dado en estos días.

Afectísimo en Cristo, Alejandro Ortega, L.C.

Los legionarios tenemos que aprender mucho del burro. El arriero lo carga con mucha leña y el burro camina. Si corre, le pegan por ir de prisa; si va lento, también le pegan, y sigue caminando. Al llegar al pueblo, si el arriero se detiene para vender leña, el burro aprovecha su tiempo libre para comer lo que encuentra. El burro es un animal muy sufrido y trabajador, se contenta con poco y rinde mucho; pero lo más importante es que el burro no pierde el camino, a pesar de los golpes.

Castrillón Hoyos, Darío
, VATICANO

10/10/2000 Legión Luis Carlos Aguirre	Fuimos a traer al Cardenal para su conferencia. Se mostró bastante abierto y amable. En el camino nos iba comentando de la región de Colombia de donde es él y de la región donde trabajó. Al salir del centro de estudios el Cardenal invitó a Mons. Berlie a llevarle al lugar donde está hospedado. Al despedirnos del P. Álvaro Corcuera y salir en el coche comentó: es un buen número de obispos el que está haciendo el curso. Se quedó maravillado con los jardines. Pasamos junto al Ateneo. El Cardenal comentó: «¡qué maravilla, que lugar tan hermoso!» y Mons. Berilie le dijo: «¿envidarán esto los que no lo tienen?». El Cardenal respondió que con seguridad pero que esto era fruto del trabajo de 50 años. Mons. Berlie le corrigió «60 años de vida luchando» Y añadió el cardenal «y trabajando desinteresadamente con laicos y sacerdotes». Mons. Berlie dijo: «sí ya ve la cantidad de gente que tiene el movimiento Regnum Christi y el bien que hace». El Cardenal se quejaba un poco de que su predecesor en Colombia había vendido una casa que tenía cerca del Ateneo y que ahora hubiera sido estupendo tener allí cerquita a los seminaristas para poder ir a estudiar. Nos contó quién le regaló la casa y cómo le dio el dinero un señor de colombia, etc,... En el trayecto el Cardenal nos seguía contando como consiguió la casa y en un momento comentó que cuando él era joven era muy duro y a veces se arrepentía y le daba verguenza recordar cosas que él había hecho como Obispo. El Cardenal se quedó muy agradecido con el servicio (lo mismo el secretario).

Catarinicchia, Emmanuele
Mazzara del Valle, ITALIA

06/10/2000 Legión Justo Gómez	Tiene mucho interés por todo lo que hacemos. Continuamente él, su secretario y el chofer agradecen la hospitalidad y el ambiente que aquí se vive.
07/10/2000 Legión Savio Zanetta	El obispo de Mazzana me preguntó esta mañana cómo se entra en la Legión y me preguntó si aceptamos a sacerdotes. Le dije que no. En otro momento el secretario preguntó al H. Justo Gómez lo mismo, es decir si aceptamos a personas ya ordenadas, también le contesté que no. Puede ser una mera coincidencia, pero quién sabe..
09/10/2000 Legión Paolo Scarafoni	Admira mucho las estructuras, y la capilla. Ha dicho que el fundador debe ser una persona con un espíritu extraordinario, capaz de arrastrar. Le gusta la disciplina de los religiosos. Ha sido una gracia de Dios que haya comenzado de joven, para poder ver afianzada hasta este punto la obra que Dios le ha encomendado.
09/10/2000 NP entrevista Justo Gómez	quiere hablar con Nuestro Padre para pedirle legionarios. Yo le dije que hablase con el P. Caesar.
10/10/2000 Legión Justo Gómez	Después de la visita al Ateneo, se manifestó entusiasta con la Legión. Él comentó que lo que más le ha impresionado de los legionarios es la formación integral. Hermanos que los ve trabajando, estudiando, jugando, formados en todos los campos.

por las "sorpresas" que habíamos preparado: la estudiantina, la cruz (que le aplastó un poco, pero le impresionó mucho).

Arellano Durán, Antonio *San Carlos de Venezuela, VENEZUELA*

05/10/2000 PCIMME *Justo Gómez*	Ya quiso mandar un seminarista al Mater Ecclesiae, pero como el seminarista falló en algo (él comentó soberbia y desobediencia) por eso no lo quiso mandar.
06/10/2000 Legión *Manuel Álvarez*	Desde el día que llegó se ha mostrado muy edificado por el testimonio de alegría que le han dado los hermanos. El día que llegó, después de cenar, me dijo: "que daría yo por tener 50 años menos y poder tener la gracia de ser uno de ustedes". Me llevó a la casa del Card. Javierre. Allí habló de las gracias que le han tocado al venir aquí a Roma, y como una de ellas mencionó el habernos conocido y poder estar renovándose en estos días en medio de nosotros. Me preguntó por el Nuestro Padre, pues lo conoció en Venezuela hace cincuenta años, cuando Nuestro Padre pasaba en sus giras de recaudación de fondos. Lo curioso es que ayer en la noche nos cruzamos con él, pero Nuestro Padre llevaba prisa y no se detuvo a saludar, pero su excelencia tampoco lo reconoció.
10/10/2000 Legión *Justo Gómez*	Mons. Antonio Orellana (obispo venezolano). Comenta es increíble como algunos obispos todavía no se dan cuenta que es más difícil trabajar con los ricos que con los pobres.
12/10/2000 Legión *Konstantin Ballestrem*	Hablando con el obispo de Jerusalén y el de Sicilia sobre el estilo de vida de la Legión dijo que se puede vivir como madre Teresa o como nosotros, da igual y no tiene importancia.

Borobia Isasa, Joaquín Carmelo *Tarazona, ESPAÑA*

06/10/2000 Misiones\ETC *Juan P. Ledesma*	Nos aprecia mucho y agradece las misiones del año pasado en su diócesis. Este año quiere que le avisemos para meterse directamente él en la programación de las mismas. Habló muy bien del P. Guerra y del Francisco de Vitoria, especialmente de Verdejo. Ayer se le entregó el folleto de explicación de la Legión y del Regnum Christi y se lo leyó entero. Está muy satisfecho del H. José Ramón Hurtado, que le atiende de mil maravillas. Hoy le pidió que le sacara fotos y nos regaló dos rosarios del Papa. Es muy amigo de Monseñor Antonio Cañizares (pues este último suele ir a descasar con él y viceversa). Por eso sería bueno, si al P. Guerra le interesa, ponerlos juntos en una comida.
07/10/2000 Misiones\ETC *Konstantin Ballestrem*	Juventud Misionera: quiere ocuparse de que todo salga muy bien, como el año pasado en su diócesis. Quiere facilitar un lugar para más jóvenes.
08/10/2000 Legión *Jesús Villagrasa*	Hablando con el P. Gregorio, al saber que había sido estudiando en Comillas y algunos detalles de los años pasados allí por la Legión, dijo con mucha fuerza, "pues el Fundador lo debió pasar muy mal". A mí me decía: "tú no conociste aquel ambiente, pero me imagino las que le hicieron pasar, no hace falta que me digan..."

**COLEGIO
VIRGEN DEL BOSQUE**

Madrid, 23 de septiembre de 2003

Muy estimados padres de familia:

Con la presente carta he querido ponerme en contacto con vosotros para haceros llegar un cordial saludo y al mismo tiempo, mi invitación para encontrarnos y poder saludaros personalmente.

Quisiera a través de estas líneas expresaros el vivo deseo que tengo de poder exponeros con todo detalle nuestro proyecto educativo, nuestro ideario y las ricas experiencias pedagógicas que hemos acumulado en tantos años dedicados a la enseñanza básica y superior. También quisiera exponeros nuestros proyectos y aspiraciones para, en perfecto acuerdo con vosotros, alcanzar las elevadas metas que este colegio se ha fijado y ayudar a cada uno de vuestros hijos en esta común e importante tarea de formarlos mujeres y hombres capaces de enfrentar con éxito los retos que nuestra sociedad les plantea.

A partir de mañana miércoles 24 de septiembre, estaré a vuestra disposición en el colegio para recibiros amablemente y responder a todas vuestras consultas. También estarán a vuestra disposición algunas personas que me estarán ayudando para atenderos con todo el tiempo y la consideración que os merecéis. A quienes deseéis venir, sólo os pedimos convenir previamente la cita.

Renovando, una vez más, mi saludo y mi mejor disposición, quedo atentamente de vosotros,

Manuel Galiot Pérez
Director

Documento 11

SÍNTESIS DE LOS MATERIALES APARECIDOS EN *LA RED*

Del el 17 hasta el 24 de enero de 2000

La red *es un página electrónica para uso exclusivo de los legionarios y miembros consagrados de la rama masculina*

AGERE

www.EL✦MUNDO.es

Critican a la Iglesia por no pedir perdón por la Guerra Civil
EL MUNDO. Domingo, 5 de diciembre de 1999

ANÁLISIS

Resumen

La Iglesia española muestra ser reaccionaria al no querer pedir perdón por la guerra civil, como está haciendo toda la Iglesia por sus culpas.

Análisis

1. El artículo alude a un episodio dramático de la historia de España, la guerra civil del 1936-39, que dejó millones de muertos, cuantiosos destrozos materiales y, en suma, un país devastado. El tema sigue suscitando reflexiones para determinar las causas de tal desastre.

2. Tomando pie del arrepentimiento que el Papa promueve en la Iglesia por las faltas de sus hijos en la historia, se presenta una Iglesia que no se da abasto para arrepentirse de tantos crímenes como ha cometido durante su historia en el mundo.

3. En este contexto el artículo quieren presionar para que la Iglesia de España pida también perdón "por la guerra civil" (¿por haberla causado? ¿por haberla alentado? ¿por haberla dirigido? Nótese la deliberada vaguedad del planteamiento).

4. Se hace por tanto una gravísima acusación a la Iglesia, sin probarla, dándola como un hecho universalmente reconocido. Esta acusación toma matices de cinismo al considerar que la Iglesia sufrió durante la guerra una masacre de gigantescas dimensiones.

El 38% de los católicos considera que debería haberse arrepentido de su papel

MADRID.- La Iglesia española ha eludido perdir perdón explícito por su papel durante el franquismo y la Guerra Civil. En contra del sentir de sus propias bases, de la opinión de sus teólogos, de sus religiosos y de la praxis de diversas conferencias episcopales de Europa, Asia y América y de las directivas marcadas por el propio Papa. Juan Pablo II pidió perdón más de 100 veces durante su pontificado y acaba de convocar una jornada especial para el 2000, en la que entonará un solemne mea culpa por todos los pecados de la Iglesia, desde la

Documento 12

Inquisición a las Cruzadas, pasando por la esclavitud, las guerras de religión, el antijudaísmo, Galileo y «todos los daños que la Iglesia ha causado a los no católicos».

Fieles a las indicaciones del Papa, que quiere pilotar la nave de Pedro al tercer milenio tras haberla limpiado de todas sus culpas, muchas conferencias episcopales publicaron documentos de arrepentimiento y perdón.

En Europa, los obispos alemanes pidieron perdón por el apoyo y el silencio ante el Holocausto. Los obispos franceses se arrepintieron públicamente por su silencio ante la persecución de los judíos y por su actitud ante el régimen de Vichy. Lo mismo hizo la Iglesia polaca por su inhibición ante el Holocausto y la todopoderosa Iglesia italiana, que pidió humildemente perdón a la comunidad judía. Reconoció que «la comunidad eclesial mantuvo, durante mucho tiempo, no sólo interpretaciones erróneas e injustas de las Escrituras, sino que, no supo dar pruebas de energía suficiente para denunciar y oponerse con fuerza al antisemitismo».

Hace tan sólo dos semanas, la Conferencia Española de Religiosos (CONFER), que aglutina a 95.000 frailes y monjas de España, publicó un sentido manifiesto, pidiendo perdón por los inquisidores, por «los religiosos soldados», por los «cómplices de sistemas opresores» y «por el machismo y el clericalismo».

Muchos teólogos se muestran defraudados por la «injustificable» postura eclesial. El secretario de la Asociación de Teólogos Juan XXIII, Juan José Tamayo, asegura que la Iglesia peca de «amnesia colectiva» y cree que «cargar la culpa sobre los españoles de uno y otro bando es falsear la Historia». Por su parte, el presidente de la citada asociación teológica, Enrique Miret, afirma que el documento episcopal «no satisface las expectativas de muchos católicos».

De hecho, en una reciente encuesta de la revista de los claretianos Misión abierta, el 37,7% de los católicos declara que la Iglesia no ha pedido suficientemente perdón por sus responsabilidades en la Guerra Civil, frente al 25,2% que cree que sí. Más aún, el 81% cree que la Iglesia «debe pedir perdón incluso aunque no lo pidan los otros implicados en la contienda».

Pero los obispos españoles, más papistas que el Papa, han optado por dar la espalda a sus superiores y a sus bases y pasar de puntillas sobre la Guerra Civil. «Para no reabrir viejas heridas» que, así, seguirán abiertas.

JOSE MANUEL VIDAL

Periódico de Información General Editado en España

Viernes, 3 de Diciembre de 1999
Número 894

EDITORIAL

Pido perdón por dejarme matar: Uno pensaba que era justo lo contrario, pero El País publica en su portada el siguiente titular: La Iglesia española elude pedir perdón por su implicación en la guerra civil. Y si lo dice El País, no seré yo, ignorante mortal, quien ose contradecirle.

gran modelo a imitar, aunque no surgen figuras con su carisma mediático cada día. Su fuerza y su proclamación de la verdad, pese a quien pese, deberían ser ejemplos a seguir por todos los que en la Iglesia tienen responsabilidades en este campo. De todas formas, lo del carisma mediático tampoco es imprescindible. Muchos profetas fueron tartamudos, ¿y quién puede dudar de su capacidad para comunicar? Faltan profetas.

¿Cómo vender el Evangelio como si de un producto de consumo más se tratara?

Pues vendiendo y valorando al máximo al prescriptor famoso. Tenemos el mejor de todos los tiempos: Jesús. Y, encima, Él es el mensaje. En pura ortodoxia publicitaria, esto es lo que debería hacerse. Y, en pura ortodoxia cristiana, me temo que lo tenemos un pelín olvidado: mucho congreso, mucha teología de salón, pero de amar y anunciar a Jesucristo, ¿qué? Nos olvidamos de que debemos anunciar a una Persona y no tanto un mensaje. Y en publicidad una campaña con famoso al que margina, u olvida, conduce siempre al fracaso. Lo de siempre: tenemos a Quien es más que un profeta, y lo hacemos callar.

HISTORIA

59º Aniversario de la Fundación de la Legión

3 de enero de 2000

64º Aniversario (1936) de la salida de Nuestro Padre de su casa en Cotija para irse al seminario de Veracruz. En aquél entonces el seminario se encontraba en Atzcapotzalco en la ciudad de México.

59º Aniversario (1941) de la Fundación de la Legión de Cristo. Después de algunos intentos que no resultaron, como la fundación de la Apostólica de la Inmaculada Concepción en Cotija. Nace la Legión en medio de mucha pobreza y sencillez. Nuestro Padre, con apenas 20 años, quería comenzar la fundación de la Legión el día primero de enero de 1941. Pero, como no llegaba el P. Rector, por estar enfermo, hubo de aplazarse el día de la fundación hasta el día 3 que, providencialmente, coincidió con el Viernes Primero del mes.

Foto de Nuestro Padre tomada

en los años de la fundación

Documento 13

Foto del primer grupo de apostólicos en Turín 39

Foto del primer rector de la apostólica, el P. Daniel Santana. Fue un fiel colaborador de Nuestro Padre. Era sacerdote salesiano

Retrato de la Srta. Natalia Retes la primera bienhechora un alma santa y generosa que ofreció a Nuestro Padre y a la Legión el sótano de su casa (Turín 39) su coche y parte de sus bienes. Nació en la ciudad de México. Murió el 18 de diciembre de 1948.

Segunda página del Documento 13

Foto de los primeros 13 apostólicos en 1941

Foto del altar de la fundación. Actualmente se
Encuentra en Cotija. Es de estilo gótico.

Hace 58 años (1942) se celebró el primer aniversario de la fundación de la Legión en la casa de Victoria 21, primera casa propiedad de la Legión. En el centro de la foto está el gran obispo, buen padre y amigo de la Legión, Mons. Francisco González Arias, obispo de Cuernavaca. Era tío segundo de Nuestro Padre. Siempre creyó en él y en la Legión. Fue consejero y director espiritual de Nuestro Padre. Dos años más tarde le ordenó sacerdote. En la parte central de la foto, a ambos lados del Sr. Obispo se ven a los dos primeros rectores. A la derecha del prelado, el P. Daniel Santana; a la izquierda, el P. Pedro Guzmán, que fue el segundo rector.

Tercera página del Documento 13

Foto de grupo en el día del primer aniversario
3 de enero de 1942

El segundo aniversario de la Legión (1943) se celebró también con gran dignidad. La comunidad recibió la visita de Mons. González Arias quien les celebró la Santa Misa, presidió la academia y los diversos actos conmemorativos. También en ese día, algo más tarde, celebró la Misa cantada el nuevo Rector de la Apostólica, el P. Antonio García Esparza.

Instantánea del día en el que se inauguró la capilla recién renovada de la casa de Victoria 21. En la foto están presentes el Sr. Obispo Mons. Francisco González Arias los dos rectores: el P. Daniel Santana y el P. Antonio Esparza y los primeros bienhechores: la Srta. Talita Retes La Sra. Gandarillas y la Sra. Braña.

Nuestro Padre pasea con el Sr. Obispo,
Mons. Francisco González

Cuarta página del Documento 13

V.T.R.

11-Enero.

Querido H. Angulo en Cristo,

Gracias por su atención hoy. Por supuesto era difícil decirte lo que dije. No quiero que se tomen medidas como Ud. mencionó. Pero sé que serían para mi propio bien. Además vendrían directamente de Dios. Sí, me duele. Pero, ¿qué más da? Todo sea por Dios.

Sigo con los medios necesarios: abnegación y amor. Esta pequeña cruz - cruz porque no quiero actuar como debería...- es para que ame a Dios. Viene de él.

Tampoco debo exagerar. Hay mucho que hacer y construir. Dios espera mi generosidad.

Gracias,

H. Aaron.

Bueno, H. Aaron. Felicidades por su valentía y por abrir la puerta a Dios. De cualquier manera, Él no forzará. No tomará medidas especiales. Es usted quien debe obrar.
Recuerde los puntos que le dio el P. Jesús y... adelante.
Heil Christus!

Northern Ireland

26th March 2004

To Whom It May Concern:

My name is Aaron Loughrey, I was born on the 13th of April, 1977, in Coleraine, Northern Ireland, diocese of Down and Connor.

I first met a vocational director from the Legion of Christ in September 1990. I was 13 years old. I visited the Novitiate many times, including a six week stay in 92 before, on the 15th of September 93, I received the Soutane, promised to live Chastity, Obedience, Poverty according to the Constitutions of the Legion of Christ and the traditional Legionary promises of non-criticism and not seeking personal posts of authority within the Congregation, and thus entered the Novitiate of the Legion of Christ, Leopardstown Rd. Dublin 18 at the age of 16.

The Instructor of Novices was Fr. James McKenna. LC. He was assigned to me as my Spiritual Director and Confessor. The following September, 1994, he was replaced by the Deacon Fr. Eoghan Devlin, LC. With several other Novices, I went to his ordination in Mexico City in November of the same year. He was also appointed my Confessor and Spiritual Director.

Under the guise of preparing me for the Profession of the Religious Vows and the Private Vows of the Legion of Christ, which I wanted to take at the end of my two-year Novitiate, he frequently asked me in spiritual direction personal questions of a sexual nature.

He asked me about any sexual 'experiences' I had as a child. He asked me about my brothers and sisters, other family and my friends, inquiring if I had seen any of them naked. He asked about any 'sexual games' I may have played as a child. He also asked me if I had any sexual fantasies, and what they were. He wanted to know to what level I was sexually 'aware'.

It was his duty to know this, as he was proposing me as a suitable candidate for religious life and I answered his questions as openly and honestly as possible, although I found them to be intrusive and uncomfortable. Also I had nothing to hide.

I did tell him, though, that I thought that I was attracted to men. He told me that homosexuality does not exist, that I oughtn't to worry about it because I was in an all-male environment, and was attracted to the more feminine qualities of other men around me, due to the lack of women to be attracted to. That when I was on the apostolate, and in 'the world' it would no longer be the case.

A RUDE AWAKENING

My experiences in the Legion of Christ 2000-2001

By Paul Menchaca,

Joyful Candidacy

At the request of some of my friends and family, I am writing this as a testimony to the abuse that I suffered, and continue to suffer, at the hands of the Legion of Christ.

I left my home in Los Angeles for the Candidacy program at Cheshire CT in 2000. I had just graduated recently from High School. I left for the candidacy program against the wishes of my family, and Religious and Priests around me. Although I was well aware of the cultic accusations against the Legion, I was told that the critics were "enemies of the Church who sought the destruction of the work of God".

Entering the candidacy program, I found myself in a teenager's dream world. I was surrounded by other boys my age in an environment with few rules. In the two months that I was in the Candidacy program we were allowed to play soccer, basketball, went on hikes, and traveled throughout New England. We were encouraged to make friends and to become familiar with one another. At this time I had no suspicions of what was coming, considering that we were given no information about the Novitiate program. Although my fellow Candidates requested a Novitiate schedule, we were never given one, even though the Novitiate Hall was right next door to our hall. The second disturbing trend that I noticed was that some were entering the Candidacy program with no idea that they were preparing for the novitiate.

The day that I completed the retreat that signaled my entrance into the novitiate was one of the happiest days of my life. I was finally entering the community that was Christ's "elite forces." I felt, and was told, that I was "chosen": God had called me to devote my life to the work of the Legion of Christ. As I looked around me the night I received my Cassock, tears flowed from many of our eyes.

My first day in the Novitiate was like being thrown into a vat of cold water. Our almost chaotic Candidacy transformed quickly into a very rigid environment. It was expected that we conform our whole life to that of the ideals of the Legion. We were given multiple rule books that dictated every aspect of our lives. In great detail, these books instructed us how to eat, walk and talk. They also dictated our communications with our friends and family. Any doubts or problems that we were to have could be shared with only the Legionary superiors.

Legionaries of Christ
LEOPARDSTOWN ROAD
DUBLIN 18, IRELAND
TELEPHONE: 2955905 / 2955902

April 28th., 2004.

PERSONAL

Mr. Aaron Loughrey

Dear Aaron,

I am writing concerning your letters of March 30th. and April 6th. addressed to Fr. Luis Garza L.C. about your complaint against Fr. Eoghan Devlin.

I have met with Fr. Aquinas Duffy of the Child Protection Service of the Archdiocese of Dublin and he has given me a copy of a letter your wrote "to whom it may concern", dated March 26th. which provides additional and helpful information about the complaint you first made in 2001. I have also written to the Gardai and the Eastern Health Board. Fr. Devlin has stood aside from the current position he holds.

It is our intention to do all that is necessary to establish the truth of your complaint. As a starting point we are putting in place a process of information gathering which will involve meetings by an independent person with you and also with Fr. Devlin. I hope that you will agree to be part of this process. Johanna Merry is available to meet with you and may be contacted at 087 2573450.

If you would also like to meet with me or with Fr. Garza here in ireland, please let me know and I will be happy to make the necessary arrangements. You can e-mail me at rcosgrave legionaries.org or ring me at 01-2955985 or write to me at Legionaries of Christ, Leopardstown Road, Dublin 18.

I look forward to hearing form you.

With every good wish.

Yours sincerely,

Rev. Raymund Cosgrave L.C.

Documento 17

Sunday, February 23, 1997

Page: A1 **Section:** MAIN **Edition:** STATEWIDE **Sources:** Legionarios de Cristo (50th anniversary history published in 1994); Legionaries World Wide Web home page.

Source: GERALD RENNER, Courant Religion Writer and JASON BERRY, Special to The Courant. Jason Berry, a New Orleans-based writer, is author of the book ``Lead Us Not into Temptation: Catholic Priests and the Sexual Abuse of Children,'' (Doubleday, 1992; Image paperback, 1994), for which he received a first-place book award in 1993 from the Catholic Press Association.

HEAD OF WORLDWIDE CATHOLIC ORDER ACCUSED OF HISTORY OF ABUSE

After decades of silence, nine men have come forward to accuse the head of an international Roman Catholic order of sexually abusing them when they were boys and young men training to be priests.

The men, in interviews in the United States and Mexico, said the Rev. Marcial Maciel Degollado, the founder of the Legionaries of Christ, molested them in Spain and Italy during the 1940s, '50s and '60s.

Several said Maciel told them he had permission from Pope Pius XII to seek them out sexually for relief of physical pain.

Those making the allegations include a priest, guidance counselor, professor, engineer and lawyer. Some of the men, now in their 50s and 60s, wept during the interviews. All said the events still haunt them.

They said they are coming forward now because Pope John Paul II did not respond to letters from two priests sent through church channels in 1978 and 1989 seeking an investigation, and then praised Maciel in 1994 as an ``efficacious guide to youth.''

``The pope has reprimanded Germans for lack of courage during the Nazi era. We are in a similar situation. For years we were silent. Then we tried to reach authorities in the church. This is a statement of conscience,'' said Jose de J. Barba Martin, one of the men alleging the abuse.

Maciel, who is based in Rome and travels often to Mexico, declined requests for an interview. But the Legionaries issued a lengthy denial on his behalf.

``Each of these allegations is false. Father Maciel has never engaged in sexual relations of any sort with any seminarian or novice, nor has he engaged in any of the other improprieties alleged,'' stated the Rev. Owen Kearns, the Legionaries' U.S. spokesman, based in Orange, Conn. His 19-page statement and other documents were provided by the Washington, D.C., office of Kirkland and Ellis, a Chicago law firm.

Documento 18

México, D.F. a 18 de diciembre de 1994.

MR. JASON BERRY

Estimado señor Berry:

No es una tarea fácil abrir la intimidad de la conciencia a una persona a la que uno no ha tratado ni ha tenido el gusto de conocer, en forma directa y, sobre todo, cuando esa apertura de lo íntimo del ser afecta directamente a un personaje, en particular, que está investido del máximo cargo y honor al que un hijo de Dios puede aspirar aquí en la tierra: el sacerdocio.

Por salud mental, debo dejar claro desde el inicio de esta carta, que no es mi deseo juzgar a la persona que ha sido causa de tanto daño moral, ni emitir opiniones que pudieran ser fruto de la pasión, de la venganza o del resentimiento. Quiero emitir mi testimonio ante usted de frente a mi conciencia, delante de Dios y totalmente apegado a la verdad. Sólo deseo cumplir con un deber que me impone mi naturaleza de cristiano y la firme determinación de no ser un cómplice silencioso de una tremenda injusticia y de un abuso constante hacia personas inocentes que se ha venido prolongando durante mucho tiempo sin que ninguna autoridad competente, dentro del ámbito religioso, eclesiástico o civil, haga nada, absolutamente nada, por detenerlo.

Sé que usted, Mr. Berry, escribió un libro notable y doloroso a la vez, para usted, en su calidad de católico creyente y practicante, en el que recopila innumerables casos de diferentes hombres consagrados a Dios que fueron infieles a su condición de sacerdotes o religiosos y al voto de castidad al que, por ministerio, estaban obligados. Muchos sacerdotes violentando a muchas personas en su ser íntimo, en el respeto a su cuerpo, a su integridad física y a su libertad sexual.

Mi caso, el caso que muchos compañeros le queremos tratar, se refiere a un solo hombre que, a través de mucho, muchísimo tiempo, ha venido violentando sistemáticamente la libertad sexual y la conciencia de un sinnúmero de seres que, por vocación, debían ser castos y a los que él, por obligación de sacerdote y fundador de un instituto religioso, debía conducir al respeto de sí mismos y a la castidad.

Nuestro caso es, quizá, más notable porque se trata de una per-

Existen muchos más compañeros que desean darle a usted su testimonio. Todos esperamos que tengan la oportunidad de hacerlo.

Le insisto, Mr. Berry, que a ninguno de nosotros nos impulsa la venganza o el rencor. Solo queremos que la verdad resplandezca y que la Iglesia, a la que todos amamos, se purifique.

Detrás del Padre Maciel hay un mundo de corrupción, de degeneración de riquezas mal habidas y de influencias inconfesables. Es una persona completamente amoral a la que solo le importa aparecer como benefactor de la humanidad, como el santo de los tiempos modernos. Sin embargo sólo se ha dedicado a acumular dinero y riquezas.

Alguno de nuestros compañeros dice que algún mérito debe tener al haber fundado una obra que es, supuestamente, famosa. Yo me quedo con la sentencia de Jesucristo: Al que escandalice a uno de estos pequeños que creen en mí, más le vale que le cuelguen al cuello una de esas piedras de molino que mueven los asnos y lo hundan en lo profundo del mar. ¡Ay del mundo por los escándalos! Es forzoso, ciertamente, que vengan escándalos, pero ¡ay de aquel hombre por quien el escándalo viene!

Gracias anticipadas por su paciencia y comprensión, Mr. Berry.

En nombre mío y de cada uno de mis compañeros, reciba usted un afectuoso saludo y todas las gracias de Dios en el nuevo año.

A t e n t a m e n t e

José Antonio Pérez Olvera

CARLOS FERNANDEZ FLORES, Notario Ciento Setenta y Seis del Distrito Federal, CERTIFICO: Que las firmas que aparecen al calce y al margen del presente documento, son del señor Licenciado JOSE ANTONIO PEREZ OLVERA, quien las reconoció como suyas, por ser de su puño y letra, así como el contenido del mencionado documento, en instrumento ante mí número seis mil ochocientos cinco, de fecha catorce de enero del año en curso, en la que quedó debidamente identificado.- Doy fe. - - México Distrito Federal, catorce de enero de mil novecientos noventa y siete.- -

JUAN J. VACA

1741

October 2, 1989

HIS HOLINESS POPE JOHN PAUL II
Vatican City.

RE: Laicization

Your Holiness:

    I have been ordained into the priesthood for the Legion of Christ in November 1969, and incardinated in the Diocese of Rockville Centre in October 1982. I officially left the active ministry on March 27, 1989. This letter is written with the intention of respectfully requesting my laicization in order to rectify the error made by being ordained into the priesthood.

Since the date of my ordination I have been painfully struggling with some of the priestly responsabilities, in particular with those related to intellect adherence to some disciplinary norms and celibacy life. I was not properly trained to live up to them because of two main reasons. First, because I was recruted from my home for the Order of the Legion of Christ when I was just ten years old. Second, because of the serious traumas I suffered for years of being sexually and psychologically abused by the Superior General and Founder, Marcial Maciel.

Back home in Mexico I was a happy child -the oldest of four (two sisters and one brother), active and involved in school and church activities, like altar boy and boy scout. My parents were parishioners of outstanding good reputation, very active in various parish programs and projects. Love, concern and responsability were the values in our happy family. I soon felt deprived of all the benefits of a good family life, because at the age of ten

Juan J. Vaca — 2 —

I was taken from my home by the priest Marcial Maciel, who at that time was founding the Legion of Christ. In October 1949, being just twelve years old, this priest convinced my parents to let him take me to Spain, with promisses of getting for me the best education in Europe.

> Few months after my arrival in the seminary of the Legion of Christ (at that time, in Cobreces and Comillas, Santander, Spain), this priest and founder, Marcial Maciel, started to abuse me sexually, in the same way I soon realized he was doing to other seminarians. For the next twelve years I couldn't get away from suffering his abuses and the impact of his shocking behavior. Due to the confainment, strict community discipline and cultist control of mind and conscience this Founder exercised on all of us, there was not a way for us to inform the proper authorities about him.

In 1963, I made an attempt to inform some bishops in Rome, who were attending the Vatican Council and staying at our quarters in Via Aurelia. Marcial Maciel knew from one of his informants that I have written down such information to be delivered to the proper Vatican authorities. He reacted with such an anger that, from that moment on, I was not considered any more "his son", his secretary and travel companion, instead he interrupted my Theology studies at the Gregorian, and sent me to Spain to work for long six years as dean of discipline at his Minor Seminary in Ontaneda, Santander, as well as vocational director and fund raiser.

For those twelve years I was kept in Europe away from my parents and family. I was not allowed to see them or keep close contact with them. When this Founder was

Juan J. Vaca

convinced, after six years, that I would keep silence about him, he induced me to be ordained in order to keep me in his Community and, in this way, making impossible for me to reveal to outsiders his aberrations and unspeakable way of life.

At that time, I accepted to be ordained because, being already 33 years old, I believed it was too late for me to do anything else in the world outside of the priesthood. At the same time, I was afraid of causing pain and grief to my parents if I ever left the priesthood.

After my ordination, Marcial Maciel kept me continously occupied with higher and higher responsabilities, afraid that I may abandon his Order some day. But, after being the President of the Legion of Christ in Orange, Conn. for five years, I could not stand any more the corruption and personality disorder of this Founder. I started to feel very desilussioned with the Order and with my priestly condition. Under these circumstances I decided to leave the Order and see if I could continue in the priesthood as a diocesan priest.

From March 1976 to January 1980, I made all efforts to enjoy my priestly ministry in a parish setting (St. Christopher's, Baldwin, N.Y.). I could not find satisfaction, and felt more and more distant from my priestly character. I realized, at that point, I was never called to be a priest, just forced into it by the circumstances of my life with the Founder of the Legion of Christ. I did not succeed at finding happiness and peace of mind as a priest. Then, in August 1978, my father dies and, for the first time, I started to experience a deep sense of relief and liberation. I could now leave the priesthood, and get eventually married. I always wanted to be on a to

Juan J. Vaca   - 4 -

a woman who could be my companion and wife for the rest
of my live. I was never morally free to make a personal
option for myself before. Then, four months after my
father's death, I took a leave of absence, with the inten
tion of marrying this person I have been in love with
for more than six months. At that point, I requested the
processing of my laicization.

Every thing seemed to go well, when suddenly my mother
started to get very sick and upset because of my decission
of leaving the priesthood. I was not ready to see my mother
under such a condition. At that time, I did not understand
that she was unconsciously forcing me to go back to the
active ministry. Besides, I did not get the employment
I was promised to have, which made me see the fact that
I was not prepared to deal with the uncertainties of the
world of work. So, instead of following my feelings and
last decission, I went back to the active ministry for
another nine years.

During those nine years, I felt more and more unhappy,
frustrated with the priesthood, and painfully yearning
for a married life. I tryed to commit mylself to my minis
try, helping and serving those who had any need. On doing
this, I started to help a family in particular (father,
mother and six children -ages 10 to 25, back in 1980).
The father was unemployed, always drinking and uncon-
cerned for his family and wife; they had stoped living
as husband and wife ten years before. Little by little
I became the substitute father and provider for this
family. I felt a deep sympathy and compassion for the
mother and, after a while, we fall deeply in love. All
the family members and relatives regarded me as their
best friend and the provider for their financial and
emotional problems. Since I so seriously took upon me

Juan J. Vaca

the responsability of providing for all their needs and I wanted so much for them to feel happy, I started to borrow money from different sources in order to meet my growing monthly bills. This situation placed myself in bankruptcy, caused me a serious deppression and, finally, precipitated a nervous breakdown that sent me to the hospital for two weeks. I felt like my entire world has collapsed. Three times I wanted to die. I could not take life as it was any more. I felt like betrayed and abused by my own mother the Church, because the authorities in Rome knew since 1956 some of the unspeakable personality disorders of Marcial Maciel, like his drug addiction, criminal sexual conduct, and the founded charges made by the Spanish Police against him in 1956. There I was about to die in a hospital, victim of the sexual and psychological abuses made by a man who enjoyed the highest reputation in the Church, highly esteemed by the Pope and Vatican dignataries, and who was able to deceive them all.

Why Rome never did any thing to do justice for so many of us, victims of the horrendous abuses commited by this Founder, Marcial Maciel? - I was in his bedroom of Salvator Mundi Hospital the day when Cardenal Valeri came and saw him in the pathetic state of drug addiction. I myself, as President of the Legion of Christ, signed checks and money orders to be delivered to Vatican dignataries and officials in the name of Marcial Maciel. His intention with these "Mass intentions" and "charity donations" was obvious, to secure their influnce and approbal for him and his organization.

After my hospitalization on April 1989, I accepted to be a resident at the Albuquerque Villa, in Albuquerque, New Mexico, program of renewal and rehabilitation for priests,

Juan J. Vaca   - 6 -

my ...orists, psychiatrist and counselors. As a result
of this three months experience, I accepted to try once
more the active ministry, this time in the Diocese of
Honolulu, Hawaii. I tryed the best I could, I prayed more
than ever, cultivated healthy friendships among priests
and religeous, sustained a regular spiritual guidance
with one of the best priests of the Diocese and professio
nal counseling with an excellent psychologist, Dr. Csaba.
After eight months of these efforts I became convinced
that my peace of mind and happiness was not in the
priesthood. I could not find them as a priest, because
I never choose myself to be a priest; others, like Marcial
Maciel directly, and my parents, indirectly, made that
choice for me.

After all those years of consultation, guidance and
prayer, I asked again for a leave of absence. On march 27,
1989, I officially left the active ministry and started
the painful process of looking for a suitable job. Four
months of anxiety and frustration ended, when I finally
was employed by this State educational institution , as
counselor and case manager. At that point, for the first
time in my life, I started to have this inner peace of
mind and true happiness.

In these past and painful two years, my only support,
besides my trust and faith in God, has been one person
whom He has meant to be my life companion and wife. I
have known her since 1985. I only started to think of her
as a possibility for me in November 1988, when I became
convinced in Hawaiii that the priesthood was not for me.
We both cared for each other very much, and started to
date more seriously when I left the active ministry in
March 1989. She received an annulment in 1984 and has a
15 year old son from her previous marriage. We are both

Sexta página del Documento 20

Juan J. Vaca   - 7 -

very compatible, and our love for each other is deep and
strong. She is for me the best God-sent blessing in my life.

Because we both felt the same for each other, and for
the best care of her son, we decided to get civilly
married on August 31, 1989. Since that date, every day
is a new experience of happiness and peace of mind for
me. I feel closer to God now than when I was an active
priest. Married life is what He intended for me. Of this
reality I am totally convinced.

Holy Father, all we want, my dear wife and I, is our
complete peace of mind by You granting me my laicization.
We strongly desire to receive the sacrament of marriage
and, on closing this petition, I respectfully request
Your blessing for our happy married life.

                                        Respectfully submited,

                                        Juan J. Vaca

Encl.: Curriculum Vitae.

His Holiness Pope John Paul II
Vatican City.

JUVENTUD MISIONERA

6 de abril del 2000

DR.
Presente.

Estimado en el Señor, Dr. :

Por medio de la presente me permito hacerle un cordial saludo y la seguridad de mis oraciones por usted y todos los suyos.

Me comentaron que usted es una persona a la cual le gusta ayudar en acciones sociales. Pues bien, me permito presentarle la organización a la que represento. **Juventud Misionera** es una obra de apostolado seglar que busca la recristianización de la sociedad a través de la acción social misionera y de la promoción de las comunidades humanas más necesitadas, siguiendo el mandato de Cristo: *"Id por todo el mundo y predicad el Evangelio"* (Mc. 16, 15), de acuerdo a las exigencias de la justicia y de la caridad evangélicas.

Es una organización católica internacional y apolítica. Se mantiene siempre al margen de cualquier partido o agrupación política, nacional o internacional, y no hace suyo ningún sistema ideológico o político.

Gracias a Dios, **Juventud Misionera** se ha extendido a más de 17 países en el mundo, entre ellos: Chile, Argentina, Venezuela, Brasil, México, Estados Unidos, Canadá, España, Francia, Italia, Alemania, Polonia, los países del Este de Europa y desde hace tres años tiene presencia en Colombia.

En estos tres años de presencia en Colombia, hemos tenidos misiones y promoción de los valores humanos y cristianos en el Chocó, Amagá, Montería, Cali, Fredonia, así como en varios barrios y municipios de Medellín.

Con la ayuda de Dios, esta Semana Santa jubilar tendremos la **'Megamisión 2000'**, en el casco urbano de Guarne. Esperamos contar con la presencia de al menos 40 jóvenes misioneros varones, y alrededor de 60 señoritas que irán a misionar a Venecia.

Documento 21

El costo aproximado por misionero es de 100.000 pesos, lo cual incluye el transporte de ida al lugar de misiones y el regreso a Medellín, alimentos, hospedaje, material para los misioneros y para entregar en las casas de las personas visitadas durante la misión, etc. Como usted podrá ver, se requiere un gran esfuerzo para que con esa petición de inscripción se puedan solventar todos los gastos pertinentes. Es por eso que queremos apelar a su buena voluntad y ver la posibilidad de apoyo, monetario o en especie, de parte de ustedes. Así podremos ofrecer a los chicos la inscripción a las misiones de $ 50.000 (en vez de $100.000) y ofrecer becas a aquellos que lo necesiten.

Con mucho gusto le hago saber a continuación alguno de los apartados en los que necesitamos más apoyo, para que usted pueda ver en qué manera quisiera y nos podrían colaborar para llevar a estos 100 jóvenes a misiones en esta Semana Santa del año jubilar.

Afiches de promoción "Haz algo por Dios"	$ 371.910
Camisas estampadas "Juventud Misionera"	$ 450.000
Gorras estampadas "Juventud Misionera"	$ 375.000
Rosarios, fichas, folletos, etc.	$ 650.000
Papelería misioneros	$ 325.000
Transporte	$ 230.000
Alimentos	$ 730.000

- Arroz
- Lentejas
- Garbanzos
- Verduras
- Frutas
- Leche
- Huevo
- Carne
- Varios

Le comento que Juventud Misionera es parte de la 'Fundación Andes', la cual puede expedirles un título de donación para efectos de pago de impuestos, en caso de requerirlo ustedes. Le he hecho llegar esta carta porque desafortunadamente me ausentaré de Medellín hasta el lunes o martes de la próxima semana. Espero que para esas fechas podamos ir a saludarle personalmente.

Esperando su amable respuesta y su colaboración para poder sacar adelante este proyecto en bien de las almas, en el cual ustedes pueden ser partícipes activos con su donación y sus oraciones, quedo de usted seguro servidor en Jesucristo,

José de Jesús González, L.C.
Director Regional de
Juventud Misionera Colombia

Parroquia de Guadalupe en Roma, donde Maciel se está preparando su panteón.

Pegatina de los centros vocacionales españoles.

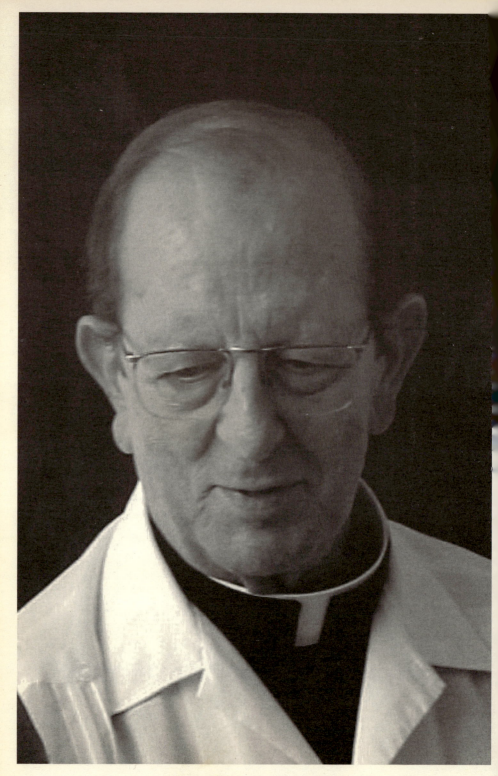

Primer plano de *Notre Père*.

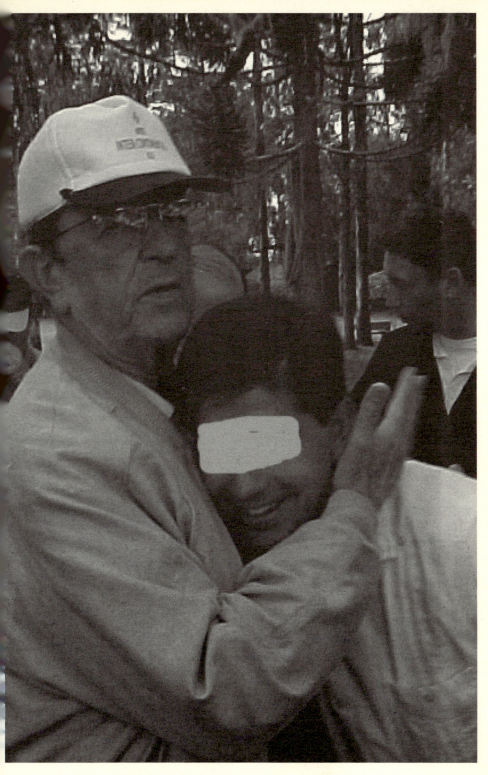

Marcial Maciel abrazando a un apostólico.

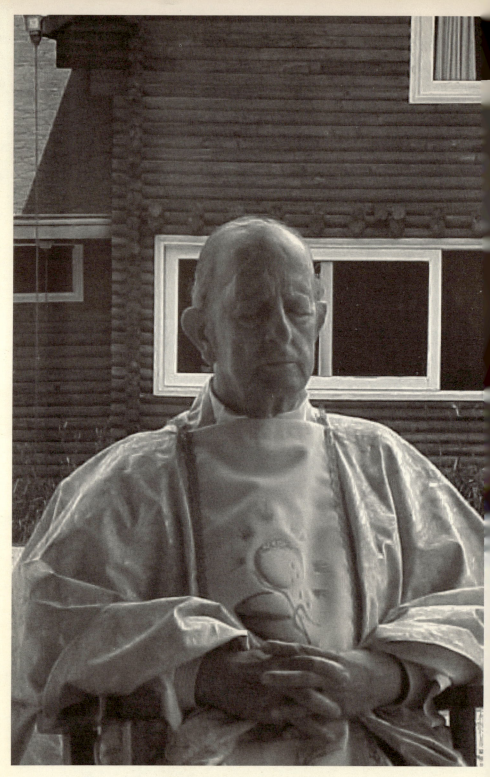

Marcial Maciel medita durante una celebración eucarística.

Una mirada fría del fundador de los Legionarios de Cristo.

Marcial Maciel durante la Consagración de la Eucaristía.

Entrada principal de la casa de los Legionarios en Roma.

Uno de los coches de Maciel, sin placa de matrícula, en el garaje de la casa general de la Legión en Roma.

Vista general del seminario de Ontaneda (Cantabria).

Vista de la piscina del seminario de Ontaneda (Cantabria).

BIBLIOGRAFÍA

Documentos, Constituciones, Manuales y Normas de la Legión de Cristo, consultados para la elaboración de este libro:
Constituciones de la Legión de Cristo.
Manual de Principios y Normas.
Manual del Regnum Christi.
Cartas de Marcial Maciel (trece tomos).
Estatutos de ECyD
(Educación, Cultura y Deporte).
Manual de Normas de Urbanidad
y Relaciones Humanas.
Comunicados de los dos Capítulos Generales
Ordinarios.
Salterio de mis días.

Libros citados en el texto o editados sobre Marcial Maciel y la Legión:

COLINA, Jesús: *Marcial Maciel. Mi vida es Cristo*, Planeta-Testimonio, Barcelona, 2003.

ESPINOSA ALCALÁ, Alejandro: *El Legionario*, Grijalbo, México, 2003.

JUAN PABLO II: «*¡Levantaos! ¡Vamos!*, Plaza y Janés, Barcelona, 2004.

MACIEL DEGOLLADO, Marcial: *La Formación integral del sacerdote*, Biblioteca de Autores Cristianos, Madrid, 1994.

MARTÍNEZ DE VELASCO, José: *Los Legionarios de Cristo. El nuevo ejército del Papa*, La Esfera de los Libros, Madrid, 2002.

TORRES ROBLES, Alfonso: *La prodigiosa aventura de los Legionarios de Cristo*, Foca, Madrid, 2001.

VV. AA.: *El círculo del poder y la espiral del silencio. La historia oculta del Padre Marcial Maciel y los Legionarios de Cristo*, Grijalbo, México, 2004.

ÍNDICE

PRESENTACIÓN, por Alejandro Espinosa 11
INTRODUCCIÓN 31

1. MARCIAL MACIEL, UN MESÍAS
   FRAUDULENTO 39
   Mi Reino sí es de este mundo 43
   Desde pequeñito le viene la casta al galgo 49
   La disyuntiva entre Cristo y la ambición
     de poder 53
   Maciel espía a los obispos 58
   Mon Père y los medios de comunicación 69
   Quiero ser santo como san Josemaría
     Escrivá 72
   Una vida de lujo frente a la austeridad *digna*
     de los legionarios 74

2. LAS ARMAS SECRETAS DE LA LEGIÓN
   DE CRISTO 81
   A mayor gloria de «Nuestro Padre» 86
   Discreción, siempre discreción 88
   Disciplina férrea, obediencia ciega 95

Propaganda, toda, incluso con mentiras 100
Fuera del mundo: la pérdida de las raíces,
la anulación de la voluntad y la dependencia
psicológica 111

3. LAS CONSTITUCIONES SECRETAS 121
El nihil obstat y el Decretum Laudis 131
La versión que conoció y aprobó Roma 142
Los votos privados 144
Contrarias al Derecho Canónico 146
Contra los derechos reconocidos
en las democracias occidentales 149

4. DOCUMENTOS CAPITULARES Y NORMAS
LEGIONARIAS 153
El secreto mejor guardado 155
Los ex legionarios se defienden 158
Las Constituciones paralelas 160
Los que abandonan: rémoras para el avance
de la Legión 164
El discurso de Maciel equiparado al Evangelio
de Cristo 168
Normas de las buenas formas y maneras
legionarias 169
El epistolario de «Nuestro Padre», lectura
obligada 174

5. LA VIDA SECRETA DEL REGNUM CHRISTI ... 177
Un ejército en la sombra 181
Los *paganos* de la financiación de la Legión .. 184
Las fundaciones para la captación de fondos .. 185

6. La educación de las élites
   como supervivencia de la Legión 191
   Centros de adoctrinamiento y captación de
     vocaciones 200
   El ECyD, la nueva cantera 203
   El control y la intromisión en la vida privada
     de las familias 207

7. Pederastia en los seminarios
   legionarios 211
   La vida en un seminario menor legionario ... 215
   La castración y doma del potro 221
   Se destapa el prostíbulo que llevó a Patricio a
     dejar la Legión 223
   Cronología de los abusos sexuales en
     Ontaneda 229
   ¿Por qué...?, una pregunta que sigue sin
     respuesta tras trece años 231
   La historia de Ricardo: humillado, violado y
     golpeado 232
   El dramático testimonio de Aaron: a quien
     pueda interesar 271
   Un violento despertar 289

8. Impunidad... ¿hasta cuándo? 299
   Carta abierta a Marcial Maciel en
     su 84 cumpleaños 302
   ¿El principio del fin de un ejército? 309

Apéndice: Documentos de la Legión
   de Cristo y del Regnum Christi 315
Bibliografía 369